职业教育高质量发展的实践经验与路径探索

——成都航空职业技术学院国家『双高计划』建设典型案例汇编

刘建超　祝登义◎主编

西南交通大学出版社
·成 都·

图书在版编目（C I P）数据

职业教育高质量发展的实践经验与路径探索：成都航空职业技术学院国家“双高计划”建设典型案例汇编 / 刘建超，祝登义主编. -- 成都：西南交通大学出版社，2024.6

ISBN 978-7-5643-9822-4

Ⅰ. ①职… Ⅱ. ①刘… ②祝… Ⅲ. ①高等职业教育 – 学校管理 – 案例 – 成都 Ⅳ. ①G718.5

中国国家版本馆 CIP 数据核字（2024）第 094731 号

Zhiye Jiaoyu Gaozhiliang Fazhan de Shijian Jingyan yu Lujing Tansuo
——Chengdu Hangkong Zhiye Jishu Xueyuan Guojia “Shuanggao Jihua” Jianshe Dianxing Anli Huibian

职业教育高质量发展的实践经验与路径探索

——成都航空职业技术学院国家“双高计划”建设典型案例汇编

刘建超　祝登义　**主编**

责任编辑	王同晓
封面设计	墨创文化
出版发行	西南交通大学出版社 （四川省成都市金牛区二环路北一段 111 号 西南交通大学创新大厦 21 楼）
营销部电话	028-87600564　028-87600533
邮政编码	610031
网址	http://www.xnjdcbs.com
印刷	成都勤德印务有限公司
成品尺寸	185 mm × 260 mm
印张	18
字数	450 千
版次	2024 年 6 月第 1 版
印次	2024 年 6 月第 1 次
书号	ISBN 978-7-5643-9822-4
定价	98.00 元

图书如有印装质量问题　本社负责退换

前言 PREFACE

2019 年 3 月，教育部、财政部印发的《关于实施中国特色高水平高职学校和专业建设计划的意见》（简称“双高计划”），明确提出实施中国特色高水平高职学校和专业建设的总体要求、任务内容与保障措施，要集中力量建设一批引领改革、支撑发展、具有中国特色和世界水平的高职学校和专业群。同年 12 月教育部公布了 56 所高职学校为高水平高职学校建设单位，141 所高职学校为高水平专业群建设单位。这是高职教育深入贯彻党的十九大及全国职业教育大会精神的战略之举，也是落实“中国教育现代化 2035”及《国家职业教育改革实施方案》的具体行动。“双高计划”的实施，立足于我国经济社会高质量发展的时代背景，基于高职教育自身发展实际与现实诉求，以立德树人为根本、以提升质量为核心、以内涵式发展为主线、以世界水平的高职学校和专业群建设为抓手，引领改革、支撑发展，从产教融合、师资建设、服务水平等多维度提升高职教育发展质量，有针对性地破解高职教育发展中的瓶颈问题，形成类型教育创新发展的中国模式，打造中国职业教育的国际品牌。2019 年 8 月，习近平总书记在甘肃考察山丹培黎学校时指出“发展职业教育前景广阔、大有可为”。2021 年，在建党 100 周年、“十四五”规划开局之年、开启全面建设社会主义现代化国家新征程的重要时刻，全国职业教育大会召开了。习近平总书记对职业教育工作作出重要指示，为新阶段职业教育改革发展指明了前进方向、提供了根本遵循。准确把握和领会习近平总书记重要指示和大会精神，需要着眼于国内国际两个大局，进一步解放思想、提高站位，从立足新发展阶段、贯彻新发展理念、构建新发展格局的高度，全面深化对职业教育的认识。

成都航空职业技术学院是首批“双高计划”高水平专业群建设单位（A 档），在引领职业教育改革、人才培养、支撑国家战略和地方经济发展等方面进行了积极探索，形成了一批可供推广、借鉴的典型案例。为此，学校梳理汇总了“双高计划”建设中期（2019—2022 年）的典型案例，为职业教育高质量发展贡献更多成航力量。

本书以“双高计划”建设十大任务为参考，分为十个章节，包括“打造技术技能人才培养高地”“打造技术技能创新服务平台”“打造高水平专业群”“打造高水平双师队伍”“提升校企合作水平”“提升服务发展水平”“提升学校治理水平”“提升信息化水平”“提升国际化水平”“加强党的建设”。本书案例涉及主题广泛、内容丰富，具有一定的汇编难度，限于编者水平，本书难免有诸多不足之处，敬请读者批评指正。

编　者

2023 年 10 月于成都航空职业技术学院

目录 CONTENTS

第一章　打造技术技能人才培养高地 / 001

- 立足产业、教育革新，打造精英人才培养高地 / 002
- 多措并举创新专业群人才培养模式，四方联动提升成航立德树人特色品牌 / 006
- 携手民族品牌共建协同育人长效机制，共育航空高端装备制造产业急需人才 / 010
- 系统设计培训服务机制，打造菜单式培训体系，提供沃尔沃整车制造技能人才培训整体解决方案 / 013
- 对标岗位要求，强化职业素养，探索专业基础教学的新途径 / 016
- 发挥平台优势，学科交叉融合，探索培养大一新生综合创新应用能力的实践 / 023
- 线上线下混合教学模式开发——“航空发动机原理与结构”国家在线开放课程建设 / 028
- 推进体教融合，深化三全五育，探索职业素养培养下的体育素养发展路径 / 032
- 立足航空产业、基于企业实际、以服务学生为导向、以信息化手段为抓手的教学方法革新 / 036
- 紧接高职教育地气，实施“16136”心理育人模式 / 039
- 实施“三融合六行动”劳动教育，培养具有劳动精神和工匠精神的时代新人 / 045
- 坚持“两个融入”“三个平台”“四个制度”，以航空报国故事浸润航空青年成长 / 050
- 创新融入航空报国精神的协同育人模式，培养为国铸重器的高素质技术技能人才 / 055

第二章　打造技术技能创新服务平台 / 061

- “产教、军民、科教”三融合，助力航空装备制造产业技术进步 / 062
- 创新科研工作机制，打造科研工作平台，服务航空强国战略，助力产业转型升级 / 066
- 搭平台、制标准、创体系，引领无人机产业发展 / 072
- 开发无人机行业技术标准，推动专业与产业同频共振 / 076
- 聚焦国防科技战略需求　深化协同创新体系建设 / 079
- 校地协同助力，搭建创新创业平台，学校与区政府共建成都航院大学科技园 / 084
- 强资质、建平台、育成果，校企协同打造航空技术创新服务高地 / 088

第三章　打造高水平专业群 / 093

- 建设航空装备制造全产业链技术技能平台，精准助力航空装备制造产业发展 / 094
- 主持专业目录及教学标准开发，成为国家职业教育标准规范制定者 / 099
- 开发无人机行业技术标准，推动无人机应用技术专业高质量建设，引领中国无人机产业高水平发展 / 103
- 创新“岗课赛证”融合育人路径，提升专业内涵建设水平 / 105
- 携手航空龙头企业，“思政 + 劳动教育”贯穿“三全育人”，引领职业教育多元融合教学模式新样态 / 110
- 高质量发展促进高质量就业，构建飞行器制造技术专业群就业服务体系 / 115
- 联合国内外一流加工企业共建共享航空类“六位一体”产教融合实训基地 / 120
- 基于产教深度融合，校企深度合作，育训深度并重的飞行器数字化制造技术专业人才培养新模式 / 126

第四章　打造高水平双师队伍 / 131

- 系统推进人才分类评价　激发教师干事创业活力 / 132
- 传承航空报国精神，建设全国高校黄大年式教师团队 / 136
- 对标国际、三师引领、四方共建，打造中国航空维修职业教育第一师资品牌 / 140
- “岗课赛证”，全方位培育高水平“双师型”教学团队——以培养建筑信息模型教学团队为例 / 145

第五章　提升校企合作水平 / 149

- 推进“双融合”多元协同育人，打造航空技术技能人才培养高地 / 150
- “企校双制，工学一体”，航空物流育训结合人才培养模式 / 155
- 深化产教融合校企合作，提高技术技能人才培养的适应性 / 158
- 军企校家联动，完善培育体系，打造高素质技术军士人才培养高地 / 162
- 强劲“中国心”，助推“动力梦”，校企“三定”培养航空发动机亟需人才 / 167
- 以“三说”引领毕业生到祖国最需要的地方建功立业 / 171

第六章　提升服务发展水平 / 175

- “以赛促教、以赛促训、赛训融合”，打造世界技能大赛国家级高水平育训基地 / 176
- 紧扣产业需求，以师带徒传绝技绝活，术能双修培养高技能人才助力企业技术攻关 / 180
- 传承工匠精神，服务区域产业，创新工学交替“双循环”专业人才培养模式 / 184
- 引领技术进步、支撑中小型制造企业发展，打造航空制造技术应用创新服务平台 / 188
- 聚焦智能制造，协力打造创新平台推动高质量发展 / 192
- 打造中小微企业技术服务平台，推动两业融合助力乡村振兴 / 195

第七章　提升学校治理水平 / 199

- 坚持“五个一”工作机制，以“五有”理念深入推进依法治校工作 / 200
- 问题导向，破立并举，“三个坚持”多维度深化教育评价改革 / 206
- 狠抓管理强绩效　深化改革提效能 / 209
- 践行“三个走向”，提升“四项能力”，充分发挥档案工作赋能学校高质量发展优势 / 213

第八章　提升信息化水平 / 217

- 提升数字化转型能力，构建教育治理新体系 / 218
- 夯实优质资源建设，紧扣教学模式改革，信息化赋能高素质技术技能人才培养 / 225

第九章　提升国际化水平 / 233

- 聚焦非洲，整合多方资源，彰显中国职教国际影响力 / 234
- 强化中塞技能人才培育　提升中塞职教合作水平 / 239
- 服务中国航空装备走出去，“一带一路”倡议助力非洲国家职业教育发展 / 243
- 多渠道多形式多样化，助力非洲国家职业技能提升 / 246

第十章　加强党的建设 / 251

- 聚焦“六个过硬”“五个到位”“七个有力”，打造党建业务融合发展的“成航样本” / 252
- “四融八入”促党建业务生态式融合 / 256
- 党建引领赓续红色基因，三全育人培育时代尖兵 / 260
- 航空报国精神融入高校思政课教学的成航实践 / 265
- 深化“三全育人”综合改革，构建航空特色鲜明的“大思政”育人格局 / 271
- “入专业入课程入课堂，入耳入脑入心”的课程思政综合改革的成航实践
  ——“无人机飞行原理”国家级课程思政示范课程及团队建设工作典型案例 / 275

Chapter One

第一章 打造技术技能人才培养高地

立足产业、教育革新，打造精英人才培养高地

岳太文

航空产业作为国家战略性产业，是国防空中力量和航空交通运输的物质支撑，航空装备产品更是大国重器。成都航空职业技术学院（简称：成都航院或成航）源于航空、依托航空、服务航空，自建校以来，始终秉承"航空报国·追求卓越"的精神，坚持"服务航空、服务国防、服务区域经济发展"的办学定位，精准对接国家战略需求，培养出一批又一批航空产业急需的高素质技术技能人才。新时期，学校积极贯彻党的二十大精神，聚焦科教兴国战略、人才强国战略，把培养航空装备制造领域紧缺的高素质、高水平技术技能人才作为专业群建设的方向和服务航空强国、民航强国、军民融合发展战略的重要抓手，创新办学体制、机制，搭建融合发展平台，创新人才培养模式，搭建校企联合教学资源，立足于西南地区航空制造产业，成为航空装备制造产业后备高技能人才和大国工匠的精英人才培养高地。

一、主要做法

（一）创新办学体制机制，搭建融合发展平台

航空产业是四川"5+1"产业体系构建的重要组成部分，职业教育对于航空产业的发展具有重要的推动作用。为解决校企"两张皮"的问题，学校牵头组建"航空职业教育集团"。2020年9月，航空职业教育集团获批教育部全国第一批示范性职业教育集团（联盟）培育单位，将包括航空工业成飞公司在内的航空工业企事单位、中国人民解放军部队企业、中国民航运输与服务企业以及各航空院校团结在一起，有效整合各单位资源，发挥各方优势，搭建起职业教育创新发展和产教协同发展的新平台。

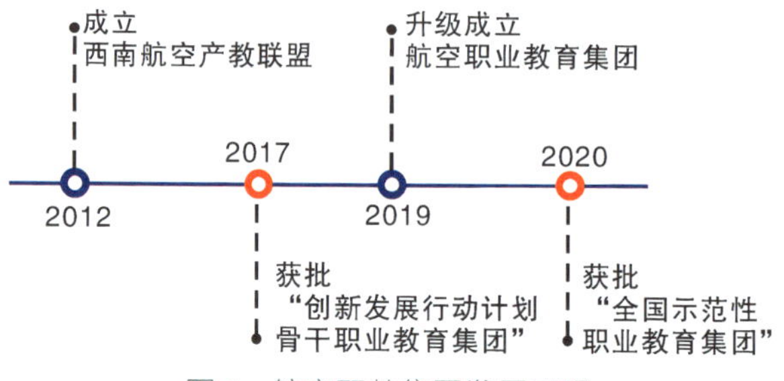

图1　航空职教集团发展历程

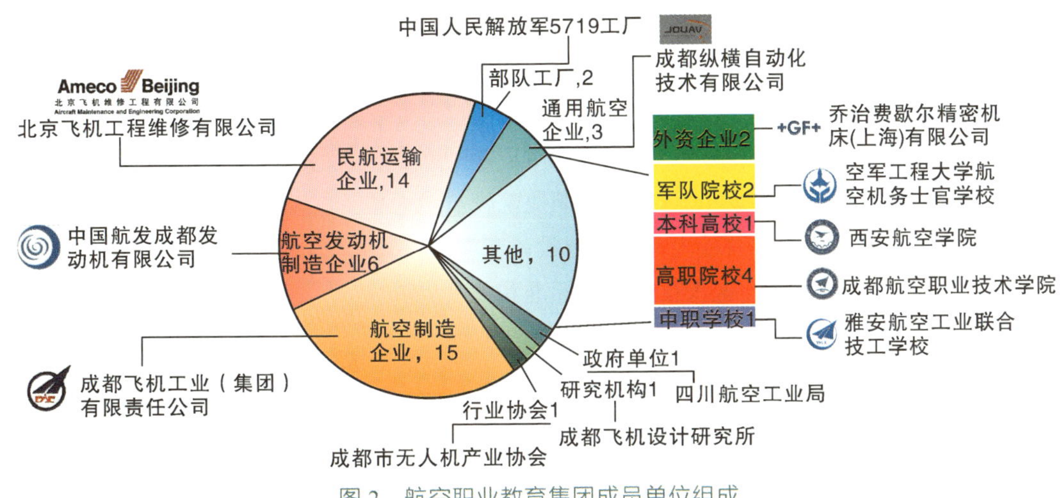

图 2　航空职业教育集团成员单位组成

依托航空职教集团内的企业资源，学校建立了多个产学研合作组织，在人才培养培训、应用技术创新等领域展开实体化运作，全方位构建合作密切、深度融合的高质量发展共同体。2020 年与成都市新都区人民政府、成飞集团携手共建航空产教园区，统筹职业教育和培训资源，打造共建、共治、共享的产教城融合发展高地。学校又成立航空装备制造产业学院，优化专业设置，以产教融合、校企合作为支撑，创新人才培养模式，提升行业服务能力及人才输出能力。2020 年，成都航院航空装备制造产业学院入选“四川省产教融合示范项目”。

（二）深化产教融合，创新人才培养模式改革

1. 探索“科教融合、项目牵引”的技术技能人才培养模式

为对接航空生产领域的转型发展需要，探索“科教融合、项目牵引”技术技能人才培养是为航空生产领域企业提供更加务实、高效的航空装备制造技术技能复合型人才，促进企业高效能发展的一项重要举措。学校联合成都飞机工业（集团）有限责任公司（简称：航空工业成飞或成飞）开展“成飞 - 成航 CAM（编程）中心”建设，实施“成飞 - 成航工艺转包”项目；联合中国航发成都发动机有限公司（简称：中国航发成发）实施“成发 - 成航工艺转包”项目，开展协同制造技术研究与应用验证。探索以企业需求为源头，科研技术服务项目合作为牵引，以兴趣引导、潜能激发、能力培养和素质提升为培养目标的科教融合创新性人才培养新模式，开设“成飞班”“五轴班”“工艺班”等订单班，实施校企协同育人，促进行业、企业参与职业教育人才培养的全过程，实现专业设置与产业需求对接，课程内容与职业标准对接，教学过程与生产过程对接，人才培养与应用技术科研项目相结合，提高人才培养的质量和针对性，实现为行业提供更适应工程应用的高素质技术技能复合型人才。

2．探索“以赛促教、赛学结合”的技术技能人才培养模式

为了适应航空装备制造与其他高端装备制造领域的高速发展，满足航空工业成飞、中国空空导弹研究院、中国工程物理研究院、中国人民解放军第五七一九工厂（简称：5719 厂）等航空军工企业和其他高端装备制造企事业单位对工匠型高水平技术技能人才的需求，依托“世界技能大赛　制造团队挑战赛”“全国全国职业院校技能大赛　复杂部件数控多轴联动加工技术赛项”“全国全国职业院校技能大赛　工业设计赛项”“SAMPE 国际复合材料竞赛”等国际、国内高端专业技能赛事，通过融入技能竞赛标准和技术，建立“以赛促教、以赛促练、以赛促学、以赛促创”的常态机制，打造结构化教师教学创新团队，打造世界技能大赛国家集训基地、四川省职业技能竞赛集训基地、成都市职业技能竞赛集训基地和高水平实践教学基地，拓展教学实践体系，建立高技能人才技术技能创新成果和绝技绝活传承机制，为高技能领军人才在带徒传技、技能攻关、技艺传承、技能推广等方面发挥作用，为学校技能人才工作注入强大动力，构筑技能大师成长通道。

（三）强化校企合作，搭建校企协同育人高地

在深化产教融合的过程中，学校集聚校企优质资源建设高水平专业，充分发挥头部企业的技术、人才和管理等领先优势，成立院士领衔的专业建设指导委员会，聘航空特级专家为产业学院院长、技能大师为兼职教师，打造“专家 + 名师”的团队；联合知名企业，在航空新材料、智能制造等领域，共建集教学、科研、生产、培训为一体的实训基地。学校联合航空工业成飞公司共建院士工作站、共建技能大师工作室，与厦门金鹭特种合金有限公司（简称：厦门金鹭）共建“成都航院 - 厦门金鹭金属切削实验室”，与北京精雕科技集团（简称：北京精雕）共建“数字化 & 多轴精密加工技术中心”，与海克斯康制造智能技术（青岛）有限公司（简称：海克斯康）共建成都经开区数字化几何计量公共技术服务平台等高水平航空技术应用中心、技术技能培训中心，与瑞士乔治费歇尔公司（简称：瑞士 GF）共建具有国际先进水平的智能制造技术应用创新基地，是首批教育部 - 瑞士乔治费歇尔智能制造创新实践基地教学资源开发中心和认证培训中心。学校还按照“资源效用扩大，服务能力倍增”的原则，重点发展由核心专业引领的飞行器制造技术专业群，实现专业结构与航空产业结构相契合。以“聚力共建”为核心，集聚整合校企优质资源，实现信息、人才、技术与物质资源共享，形成航空职业教育链、技术技能人才链与航空产业链、技术技能创新链的有机融合和共同发展，相互支撑的校企命运共同体，有效助推新产品开发和技术进步，助推人才培养与产业发展同频共振。

二、成果成效

（一）成为航空企业技术技能人才培养的首选单位

1965 年建校之初，成都航院就为航空工业成飞公司定制配套培养技能人才。建校 58 年

以来，已经为歼-10、歼-20、“翼龙”无人机等战机和民航客机的研制生产、维修维护培养了超过4万名高素质的技术技能人才，近一半的学生进入军工国防类单位就业，培养了一大批国家急需的航空产业的大国工匠、能工巧匠。他们中有航空工业的特级专家汤立民、世界技能大赛教练邵志永、航空工业全国技术能手张泰军、航空发动机高技能专家白强等。此外，还培养了“天府工匠”周树强、“全国青年技术岗位能手”陈宇、谢闻杰等一大批优秀毕业生。学校一直践行“航空报国·追求卓越”的初心，2019—2023年，向航空工业集团和中国航发集团分别输送毕业生2533人、17人，共2550人，始终是航空工业战略合作单位、中国航发高技能人才培育基地。

（二）成为航空企业应用技术创新服务的重要伙伴

学校与航空装备制造领先企业建立了深度的合作关系。承接大项目，成航与中国商用飞机有限责任公司（简称：中国商飞）、成飞一起承担国家民用飞机“大飞机智能制造网络示范”专项项目；独立中标航空制造企业千万级技改项目，承担年技术服务额超千万结构件工艺编程技术外包；承担翼龙适航标准体系开发；获省部级科技进步奖两项。完成大任务，成航协办航空工业集团、中国航发集团职工技能大赛，成为世界技能大赛两赛项集训基地；与空军、海军和武警部队协同培养航空机务技术士官，主要承担歼-10、歼-20、“翼龙”无人机和舰载机的生产、维护、保障等工作。

多措并举创新专业群人才培养模式，四方联动提升成航立德树人特色品牌

付成龙

对接航空装备制造产业，拓展办学空间，深化校企合作；联合航空工业成飞公司和产业链上零部件加工企业形成“学校＋龙头企业＋零部件制造商”三方合作，实现多主体联合办学和协同发展，创新专业共建、人才共育、资源共享、过程共管、成果共创、责任共担的人才培养机制；打造高新技术引领的集“实践教学、真实生产、社会培训、技术服务、技能竞赛、创新创业”六位一体的具备国际领先水平的开放共享型航空装备智能制造实训基地，营造真实的生产和技术开发工作环境；共同实施教育教学、共同评价培养质量，打造世界水平的飞行器制造技术专业群。探索“科教融合、项目牵引”“以赛促教、赛学结合”的人才培养模式，创新完善现代学徒制人才培养模式，多措并举创新专业群人才培养模式，树立高素质技术技能复合型人才培养的第一品牌，全面提升专业人才培养质量。培养国内一流、国际可比的航空装备制造技术技能人才，创新高素质技术技能复合型人才培养模式。

一、主要做法

（一）推广“中国特色现代学徒制”人才培养模式

主动瞄准国家战略需求，成航携手航空头部企业，深化产教融合，全面推行产学研合作，通过“政府、行业、企业、学校”四方合作机制，即构建以政府为主导、以行业协会为引领、以企业为主体、以职业院校为支撑、以需求为导向、以技术创新为动力的产教融合合作模式。

积极对接航空产业园区配套企业需求，成航携手瑞典海克斯康、瑞士 GF 等国际知名企业，在航空新材料、智能制造技术等领域，依托国家教育改革试点项目——现代学徒制人才培养模式，合作共建一批集教学、科研、生产、培训为一体，具有一流技术水平的产教融合实训基地、国家级示范性虚拟仿真实训基地和以成飞为代表的一批校外实训基地，开展“企中校，校中企”合作。校企双方在人才培养方案制定、课程开发、双师队伍建设等方面开展协同合作，深入推进产教融合和专创融合。开展企业真实生产环境的项目任务式学习改革，共同开发现代学徒制人才培养方案，共建工学交替课程。利用校企协同的合作方式提前聚集、培养新员工，着力发现、培育、吸引和储备优秀航空人才，不断提高专业群人才培养质量，加强技能人才培养前端精准输入；促进教育链、创新链与产业链有机衔接；促进校企多元师资及资源的有效整合，共育大国重器制造急需高素质专业化人才方阵。

（二）实施“科教融合、项目牵引”人才培养模式

围绕“成飞＋”战略发展需求，成航灵活运用产学研合作模式，建立以企业需求为导向，推动成果转化，促进产学研用相结合的协同创新体系。以企业科研技术服务项目牵引为抓手，在科研项目的开展过程中，学院教师主动参与企业课题研讨、技术攻关、新产品开发和技术转移，助力成飞生产和科研任务的完成。以“项目牵引、优势互补、资源共享、服务发展”为原则，以人才“培、用、留、享”为切入点和支撑点，共建“成飞－成航CAM中心”高水平科研平台，强强联手形成育人合力。

以企业实际工作任务驱动教学实践，创新项目式教学方式，依托数控工艺转包技术服务，创新开设“数控技术专业飞机结构件数字化工艺方向班”，先后定制化培养多名“工艺与操作”“五轴加工”复合型技术技能人才，逐步推广到航空钣金件建模、航空工装设计等岗位，深度实施“订单＋定制”“产教融岗”人才培养模式，真正实现教研一体、学科交叉、产教融合、协同育人、联合攻关，在科技创新实践中培养创新人才，推动人才培养深度融入国家发展战略。通过大平台、大项目、大任务的参与和锤炼，大量毕业生的工程意识和实战技能得到增强，同时其就业竞争力也得到大幅度提升。积极探索实施“科教融合、项目牵引”人才培养模式改革。科教融合打造专业盛宴，产教协同助推知行合一，实现“教育链＋创新链”一体化谋篇布局，产教融合、校企合作横向融通共育高素质技术技能人才，促进企业高效能高质量发展。

（三）创新“以赛促教、赛学结合”人才培养模式

构建以校级、省级、国家级竞赛项目为梯队的竞赛体系，重点支持政府主导、高水平的职业技能竞赛项目，全面提升教师指导竞赛的能力，激励学生参与竞赛的积极性。以世界技能大赛为牵引，将“世界技能大赛制造团队挑战赛”“世界技能大赛飞机维修”“国际复合材料竞赛”“塑料模具工程”相关要求和标准融入人才培养，开发“世赛班”“精英班”“竞赛班”等人才培养项目及课程方案，实现教学、企业、行业的无缝对接，打造一体化的资源共享平台，促进了专业建设、课程改革、师资队伍等各方面建设工作的有机统一。

以赛促学，资源覆盖莘莘学子；精神引领，锻造培育大国工匠；竞赛佳绩，提升学校国际影响力。将技能竞赛与日常教学有机融合，把反映行业先进水平的新工艺、新技术、新规范渗透到教学改革中，重构课程教学内容，开展项目化教学，实现竞赛和课程的融通，并将创新思维养成融入专业教育教学全过程；强化学生的实践操作能力，提升学生综合实践的水平。从而探索出职业教育“以赛促教、赛学结合”的人才培养模式创新。

（四）探索“高职长学制”人才培养模式

主动适应航空发动机智能制造技术发展，坚持“纵向贯通、横向融通”人才培养。立足于航空企业高起点、高目标要求，结合企业生产实际，与中等学校合作中高职贯通培养工作，实

行政府、行业、学校、企业四方联动的区域一体化人才培养模式，积极构建职业教育“立交桥”；依托行业龙头企业，引进以梁洪亮、刘时勇、张川、苟德森等技能大师，共建“技能大师工作室”，实现技能传承与工艺工法创新，提升“双师型”教师队伍建设水平，为教学提供有力支撑。依托专业群技能大师工作室，整合优势资源，集中对重点领域开展攻坚，充分发挥主体作用；校企共同选育、培养航空技能大师后备人才，为学生搭建发展的大平台。

航空发动机装配调试技术专业探索中高职衔接下的“高职长学制”人才培养模式，以中高职衔接人才培养模式为抓手，积极实施办学、人才培养、教学、教学评价等方面的全面改革，共建专业标准、构建课程体系、优化人才培养方案，将职业技能训练贯穿整个课程体系，促进教育链、人才链与产业链、创新链的有效衔接；支撑航空发动机装备制造需求的高层次、高技术、高技能型专业人才。

获奖证书

四川省代表队

在 2022 年全国职业院校技能大赛高职组飞机发动机拆装调试与维修比赛中荣获团体一等奖。

学校名称：成都航空职业技术学院

选手姓名：王毅、刘广、徐涛

指导教师：陈雯娴、石静

全国职业院校技能大赛组织委员会

二〇二二年五月

编号:202203516

图 1　发动机专业人才培养方案论证会

二、成果成效

（一）人才培养质量逐年提高，教学成果创佳绩

学校与头部企业联合开展中国特色现代学徒制、中高本贯通等工学结合人才培养模式改革，成为航空企业技术技能人才培养的首选单位。为更好地进行专业建设和人才培养，依托首批国家级职业教育教师教学创新团队，先后培养出一大批优秀教师：如“全国轻工技术能手”白晶斐，金砖国家职业技能大赛全国一等奖罗天海等。以“瞄准国家战略需求，携手航空头部企业共育大国重器制造人才的创新实践”为代表获得职业教育国家教学成果二等奖 3 项。将“航空报国”理想信念和“追求卓越”工匠精神融入人才培养全过程，连续为国家重大航空工程型号研制和生产输送高素质技术技能人才 2000 余人。毕业生中先后涌现出多名荣获全国荣誉称号（全国技术能手、全国青年岗位能手等）的优秀毕业，如张泰军、白强、郝崟栋、梁镖、谢闻杰、陈宇荣、崔鸿宇等。

图 2　中航工业高技能人才培训基地、国航发高技能人才培育基地铭牌

（二）人才培养特色显著增强，提升成航立德树人特色品牌

近年来，成航牵头研制多项具有航空特点、职业特征、类型特色的航空职业教育专业教学标准体系，引领了全国航空装备类相关专业建设和改革，助力国家职业教育标准体系建设，充分展示了我校飞行器制造专业群在全国职业院校的影响力。与此同时，作为全国首批 14 所“中非应用型联合人才培养项目”试点单位、首批坦桑尼亚国家岗位职业标准开发项目中方立项单位以及中非职业教育联合会发起单位，学校积极响应“一带一路”倡议，与中航国际成套设备有限公司（简称：中航国际）成套共建的“加蓬鲁班工坊”成为全国首批鲁班工坊运营项目，积极围绕人才培养、教育治理、产教融合等开展海外职业教育与培训，持续拓展职业教育国际合作内涵，助力培养非洲经济社会发展需要的青年技术技能人才。多种专业人才培养模式在校内外形成良好的示范效应，在张家界航空职业技术学院、扬州工业职业技术学院等国内外 30 余所院校推广应用，拓展了成航立德树人特色品牌，助推了中国职业教育国际影响力的提升。

携手民族品牌共建协同育人长效机制，共育航空高端装备制造产业急需人才

张波，袁忠，周宝，白凤光

成都航院进一步明确了“433”校企、校地合作主要方向，与青羊航空产业园、新都航空产业园、自贡航空产业园三大航空产业园；与航空工业成飞公司、中国航发成发、中国燃气涡轮研究院三个主机厂所；与海克斯康、北京精雕、厦门金鹭三大校企合作平台加强合作。本年度，成航先后搭建厦门金鹭、北京精雕两大校企合作平台，成立高效切削实验中心和数字化&多轴精密加工技术中心；并与成飞、成发等进一步深化合作并成立了成飞事业部和成发事业部；多次与新都、青羊、自贡航空产业园政企沟通协调，通过组织专场招聘会、订单培养、员工培训等方式解决企业用工难等问题，共同打造了高水平生产性实训基地、教学团队、培训团队和研发团队等，实施教学实战化、教科研一体化、团队融合化工程，共育航空高端装备制造等产业急需的高水平复合型技术技能人才。

一、主要做法

（一）开新局，创新模式促发展

为深入贯彻全国教育大会精神，落实国务院办公厅印发《关于深化产教融合的若干意见》，多年来，学校高度重视、积极组织、全面推进智能制造创新实践基地建设工作。

学校与北京精雕集团签订战略合作框架协议书，根据岗位需求定制相应专业的学生，组建“精雕班”。校企协同，以双方共建的技术研发验证中心为基地，创新实施现代学徒制，构建实战化、一体化、融合化的人才培养和科研合作体系，共育数字化制造及五轴精密加工领域高水平复合型技术技能人才。

联合打造教育部智能制造创新实践基地，引进一台先进叶片专机，协同开展以电火花成型、线切割、高速铣、中心内冷五轴、自动化生产线实训为主线的教学、实践、科研、培训等技术服务，共同开发飞行器制造技术专业群人才培养方案，如专业标准、课程标准、行业培训标准、专业教学资源等。合作制订数控技术、模具设计与制造两个专业工学结合的专业核心课程标准，共同编写活页式、工作手册式教材；成功申报“1+X”精密加工柔性产线安装调试及运维初高级证书，联合开发基于高端加工、柔性自动化生产线安装调试、柔性自动化生产线生产计划管理、特种加工技术、智能工厂等虚拟仿真教学平台，支撑专业群教学与科研工作。

（二）重构基于校企共建专业标准的人才培养方案

按“基础通用、核心分列、拓展互选、各具特色”以及“宽基础、重素养、活模块”的原则，联合民族一流加工方案企业和航空装备智能制造企业，基于校企共同制定的专业标准重构人才培养方案，强化复合型创新型人才的技能培养。优化专业群课程体系，提升打造通识类课程、思政类课程和航空文化素养类课程，增强核心能力培养；加强工程基本素养教育和航空基础技能训练，夯实职业基础技能；优化专业核心课程，赋能学生的核心职业能力；依托共享实践课程、创新创业课程和拓展课程，提高学生的职业发展能力。全面开展专业核心课程建设，融入航空装备制造领域新材料、新工艺、新技术、新标准及先进管理技术，开发优质课程教学资源，按国际化、多样化和模块化要求建设课程。

（三）抓师资，组建“高、精、尖”团队

航空装备制造产业学院牵头成立博士、工程师团队，走进企业，深度调研，加快推动科研成果转化，构建校企合作科研平台，培养既有理论教学能力，又有实践教学能力的高水平、应用型“双师双能”教师队伍，助力智能制造企业快速发展，达成课题联合申报、技术交流分享、实习实训基地共建等合作。

成立了“航空装备智能制造技术应用”创新教学科研团队，选送了多名教师到智能制造创新实践基地进行企业锻炼、顶岗及挂职，校企共同培养学术技术一流、引领行业创新发展的高端科研教育科研型人才；通过项目实施，教师团队工程实践能力、创新能力显著提高。

（四）提质量，精准培养适应航空等产业的技能工匠

以验证中心为平台，通过国产技术创新和推广应用，为区域内航空工业成飞公司为代表的航空装备制造世界一流军工企业提供“设备 + 软件 + 人才”的整体解决方案，将国产精密数控机床研发制造、企业应用与五轴数控加工人才培养相结合，以机育人、以人造机、人机协同，打造成航专属育人和就业环境。

二、成果成效

2021 年 5 月，以北京精雕工业软件、设备技术优势和学校行业资源、人才培养优势为依托，北京精雕集团投资 4000 万，包含 20 台精密数控机床和 50 套编程软件的“成都航院 - 北京精雕数字化 & 多轴精密加工技术中心”在学校落成，标志着双方的战略合作正式落地。

联合开发《航空结构件数字化工艺与编程》《航空结构件柔性线加工实训》《航空结构件质量控制与检测技术》《海德汉数控虚拟仿真活页式教材》《单元仿真与调试活页式教材》《智能生产线仿真与调试活页式教材》等 6 本活页式、工作手册式教材。

建成四川省模具智能制造工程实验室并在年度考核获评优秀，获批 300 万经费支持，成功

申报国家重大专项子课题“大飞机智能制造网络示范项目”。

依托智能生产线为某航发企业优化叶片加工工艺，为企业节约刀具成本70%，提能升效120%，授权国家发明专利5项、实用新型专利11项。

先后获得省部级纵向课题5项，市厅级科研项目20项，完成航空工业成飞公司、中国航发贵州黎阳航空发动机有限公司（简称：中国航发黎阳）等企业的横向课题80项。对航空结构件智能制造工艺、增材制造、无人机应用技术进行攻关，形成了关键核心技术。团队成员主持的某型直升机阀体智能制造工艺开发项目，解决了高精度深孔加工与检测技术；团队成员主持完成的飞机装配机器人智能钻铆系统项目，实现大型构件的制孔和铆接，解决了飞机制造过程中的装配质量与装配效率；团队成员主持完成的视频监控中运动目标图像分割关键技术研究项目，解决了视频目标跟踪与分割的关键技术；团队成员主持完成的基于ADS-B的非合作无人机监视技术研究项目，解决了无人机监视定位与跟踪关键技术问题；团队成员主持完成的航空发动机小型薄壁复杂腔体零件激光选区熔化成形工艺研究项目，解决了航空发动机小型薄壁复杂腔体零件SLM成形工艺参数控制技术问题；团队成员主持完成的高原山地无人机放牧系统开发项目，解决了偏远山区GNSS定位、牛羊生命健康监控、无人机放牧技术问题；团队成员主持完成的中国航发黎阳叶片智能检测分析系统，开发了叶片智能检测分析系统、叶片数据自动处理软件系统、榫根分析系统，形成了发动机叶片精密检测成套技术。正在进行的航空工业成飞自动化质量检测与管控系统项目，基于企业现有产品生产模式解决航空结构件的全自动化检测和检测数据的自动采集。

对接“歼-20”等飞机的生产研制，开设飞行器数字化制造技术、复合材料工程技术、航空装备表面处理技术等行业急需的新专业，为航空工业成飞输送了数百名技术技能人才；围绕“太行”等航空发动机核心零部件铸造、锻造等艰苦岗位，为中国航发黎阳、贵阳航发精密铸造有限公司、中国航发成发等企业培养“留得下、干得好、有发展”的人才，获企业称赞“你们培养的人才，就是我们需要的人才”；为军民融合企业定制培养五轴加工技术人才。毕业生中涌现出了全国技术能手张泰军、白强等一批大国工匠。团队利用科研平台优势开展创新创业活动，学生在“互联网+”大学生创新创业大赛、“发明杯”大学生创新创业大赛等国家、省级比赛中获奖19项，每年立项省级和校级创新创业项目20项。

系统设计培训服务机制，打造菜单式培训体系，提供沃尔沃整车制造技能人才培训整体解决方案

梁亚峰，王青春，王煜焱，高育帼

高职院校只有不断提升社会服务能力，才能获得社会的支持和认可，提升学校的社会影响力。成都航院始终以服务地方区域经济发展为己任，政行企校四方协同，主动适应学校所在区域汽车产业快速发展的外部环境，紧随汽车智能制造行业发展趋势，发挥汽车智能制造领域的办学优势，努力打造成航汽车品牌。成都航院与沃尔沃汽车成都制造厂（简称：沃尔沃成都工厂）的校企合作由来已久，双方在沃尔沃汽车学院的组织架构下开展了一系列的实质性合作内容，其中沃尔沃员工技能提升培训项目是双方重点合作的内容之一。该项目第一批次培训在2018年开始筹备，力图能够为沃尔沃成都工厂设备维修类人才的可持续发展提供支撑，于2019年下半年顺利开展并圆满完成。

一、主要做法

（一）建立激励机制，激发服务动力

学校通过顶层设计建立完善的社会培训服务激励机制，激发学校、学院、教师开展社会培训服务的动力：一是学校将社会服务工作纳入了学校重点任务，加强顶层系统化设计，搭建社会服务体系和平台，由继续教育学院统筹管理，形成培训项目业务层面的全程服务体系；二是项目承办二级学院汽车工程学院依托专业和人力资源优势设立社会服务机构，精准且实时对接政府、行业、企业的需求，形成社会服务需求的快速响应机制；三是学校充分贯彻落实教师承担社会培训及科技成果转化奖励收入不纳入绩效工资、单位工资总额基数指导原则，并在教师个人发展中体现社会服务成效，充分激发教师的服务动力。

（二）加强专业建设，挖掘服务潜力

紧密跟随汽车智能制造行业发展趋势，校企联合探索与实践智能制造背景下汽车制造人才培养，以专业建设牵引技能人才培养：一是联合吉利、特斯拉、沃尔沃等行业头部企业，开设订单班，联合培养汽车智能制造人才，整合个性化订单班企业课程中的新技术、新工艺、新标准，不断优化专业人才培养方案与课程体系，确保专业人才培养的先进性；二是通过教师下企业跟岗锻炼、进企业实践培训等多种形式开展专业教师技能培训和生产实践锻炼，让专业课教师具备将企业的新技术、新工艺转化为自身服务的能力；三是根据专业建设中扎实且及时更新的职

业岗位能力需求分析结果，精准开发职业培训课程，沿汽车智能制造岗位群打造多样化选择、灵活组合的职业培训菜单式课程体系，满足汽车制造企业的员工技能提升需求。

（三）推进平台建设，发挥服务效力

以国家级、省级高技能人才培养基地建设为牵引，以“成都经济技术开发区汽车产教联合体”为平台，系统化整合资源，发挥服务效力：一是持续推进国家级、省级高技能人才培养基地建设，锚定汽车智能制造、智能网联汽车等汽车行业发展方向，紧贴企业实际生产，持续完善培训软硬件条件建设；二是持续优化成航资产管理公司和继续教育学院平台功能与业务流程，搭建高效的业务对接窗口，实现社会培训服务的快速对接；三是发挥“成都经济技术开发区汽车产教联合体”平台作用，系统化整合联合体内学校、企业等单位的培训资源，建立快速高效的供需信息发布平台，持续发挥服务效力。

二、成果成效

探索出了一种具有明显行业特色和区位特点的企业员工技能提升培训模式，形成了一套系统化、进阶式的培训方案，重点梳理了相关技术岗位的技能与素质培训需求点，形成了一套面向沃尔沃成都工厂汽车制造设备维修方向的课程体系。通过项目的顺利实施，沃尔沃成都工厂员工获得了充实的基础性理论知识与高端的汽车智能制造技能。培训项目受到员工的一致好评。

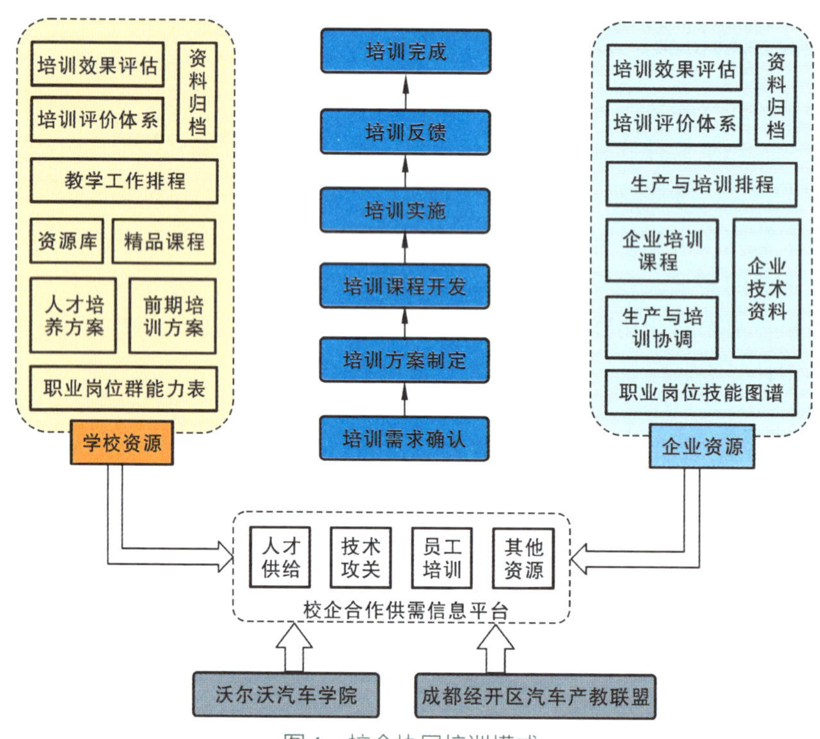

图 1　校企协同培训模式

本项目作为沃尔沃汽车集团关于设备维修类员工经员工技能提升计划的试点项目，得到了沃尔沃全球各大工厂的高度关注。2019 年 10 月末沃尔沃汽车集团总部在面向全球的就设备维修类员工技能提升的研讨会在成都召开，沃尔沃成都工厂的代表就本项目在本次研讨会中进行了分享。2019 年 11 月受到瑞典沃尔沃哥德堡托斯兰达工厂以及瑞典沃尔沃学院的邀请，汽车工程学院王青春教授一行 5 人赴瑞典访问交流，期间就本项目的培训经验进行了分享，并与当地工厂维修主管、企业学校的相关老师对于人才培养进行了探讨。2020 年校企双方合力申报了成都市企业职工培训项目，计划在 2021 年开展大规模的整车制造人员技能提升培训项目，项目第二批次培训在 2021 年顺利开展并圆满完成。

三、经验总结

通过本项目的实施，可以看出面向企业员工的社会培训项目，不论是对于企业还是对于学校，都是具有内生动力的需求。在这个科学技术突飞猛进的时代，在“工业 4.0”和中国智能制造战略的大背景下，企业的转型升级迫在眉睫，员工技能提升更是刻不容缓，而职业院校作为面向生产一线培养高技能人才的办学实体，承担社会培训是学校获得社会支持和认可，提升学校社会影响力的重要途径，因此面向企业员工的社会培训项目是对校企双方来讲是共赢的，有很大的潜力亟待挖掘。

通过项目的实施也发现了一些不足之处，主要矛盾体现在企业灵活多变的生产计划安排与学校严谨有序的培训计划之间。尤其是近两年来，汽车供应链受中美贸易摩擦等重大事件的影响，企业的生产计划有太多的不确定性因素，双方还需要进一步探索随动的培训计划安排，进而在提升适应性的同时提高培训效率。

本项目为校企合作培训的开展提供了一种可借鉴可推广的思路，能够适用于大多数企业和职业院校，但是值得注意的是职业院校自身内涵建设的能力在项目的实施中起到了决定性作用。不过，由政府资助的项目并非具有普适性，同时企业的性质和自身转型升级的动力对项目的促成也有比较大的影响。

对标岗位要求，强化职业素养，探索专业基础教学的新途径

张继花，何雨璞，周兴，万振宁

针对学生主动学习意识不强、对理论学习兴趣较低等问题，把握“岗课赛证”融合育人契机，在教学过程中，一是结合《我的世界》（Minecraft）游戏、仿真软件、职位演练等多种教学策略强化教学重点，分解教学难点，敦促学生达到知识目标。二是对标岗位，对标“1+X”证书制度（试点）仪器仪表检验工（中级以上），在实践操作环节，学生职业演练检验人员，有利于学生将理论知识和实践知识有机融合，有效提高学生的知识与技能的整合能力和创新创业就业能力，进而达到能力目标。三是采用诊断性评价、过程性评价、总结性评价及增值评价形成的评价体系，注重培养学生规范操作和精益求精的工匠精神，有效达成学生的素质目标。培养学生科学严谨的职业素养和责任感，同时提高学生的岗位素质，真正做到知行合一。

一、主要做法

依据数字电子技术专业人才培养方案和课程标准，针对电子设备生产装配、调试、质检岗位和产品研发助理发展岗位，融入全国大学生电子设计竞赛、全国全国职业院校技能大赛电子产品设计及制作等相关赛项评价标准，融入试点“1+X”证书制度维修电工（中级以上）和仪器仪表检验工（中级以上）职业技能等级标准，拓展了一种新型教学场景，着重发力于增强岗位实践，提高了学生的实操专精能力，培养了学校至行业岗位无缝衔接的高级技术技能人才。对于即将步入工作岗位的同学们，展开了一场别开生面的“争分夺秒抢人生，角色专精业务行”专项教学改革。

（一）因材施教，《我的世界》融入教学

根据学生的个人特点因材施教，放大学生主体在学习过程中的优点，重点培养学生进入工作岗位时的无缝衔接能力。在学情分析调研中发现：学生基本理论知识薄弱，个体差异明显，学习积极性较弱。在教学设计环节，抓住学生动手操作积极性更高的优点，打造趣味教学设计，激发学生的学习热情，重塑自信心。针对学生喜爱玩手游、依赖手机的特点，选择游戏《我的世界》融入教学全过程，使学生更积极地参与课堂，在游戏体验式学习中获得更多成就感。

《我的世界》是一款沙盒游戏，允许游戏玩家在三维空间中自由地创造精妙绝伦的建筑物，

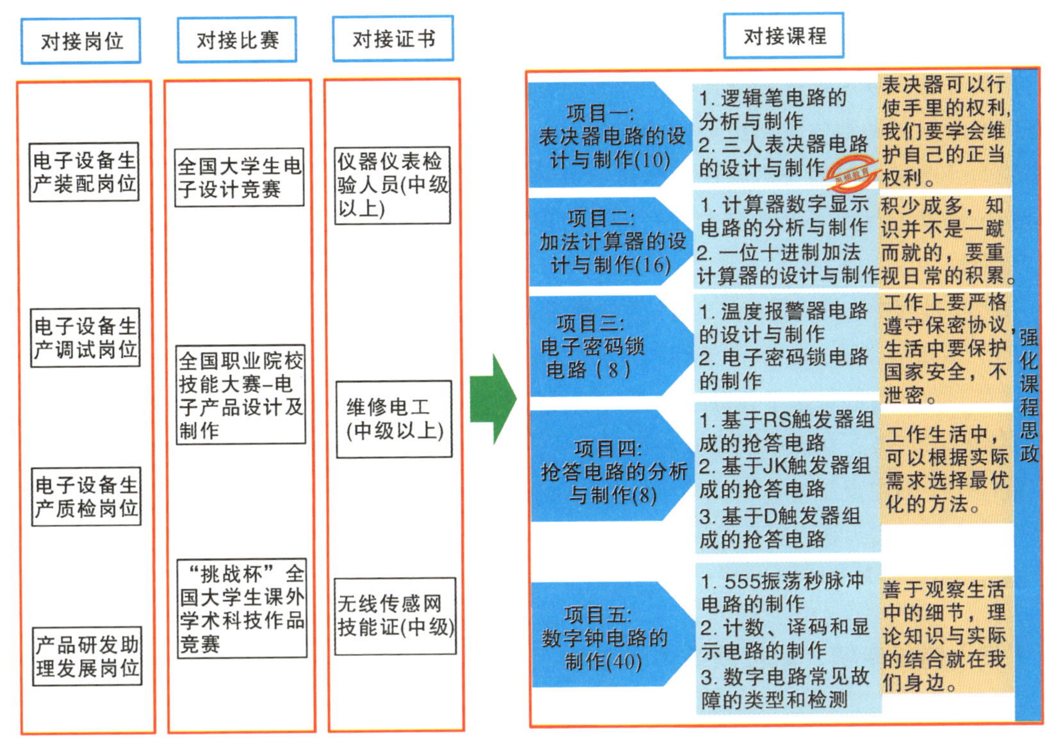

图 1　融合岗课赛证

同时也可以尝试红石电路的玩法。课前调查显示，大部分学生会玩这款游戏。学生通过课堂学习理论知识，课后登录《我的世界》，在充分体验游戏乐趣的同时，练习相应的逻辑运算。在传统教学方式之外，充分运用《我的世界》辅助教学，增强理论知识的趣味性。课堂之余，在《我的世界》布置相关练习，学生既完成了学习任务，也感受了游戏的乐趣，极大地提高了学生的自我效能感。

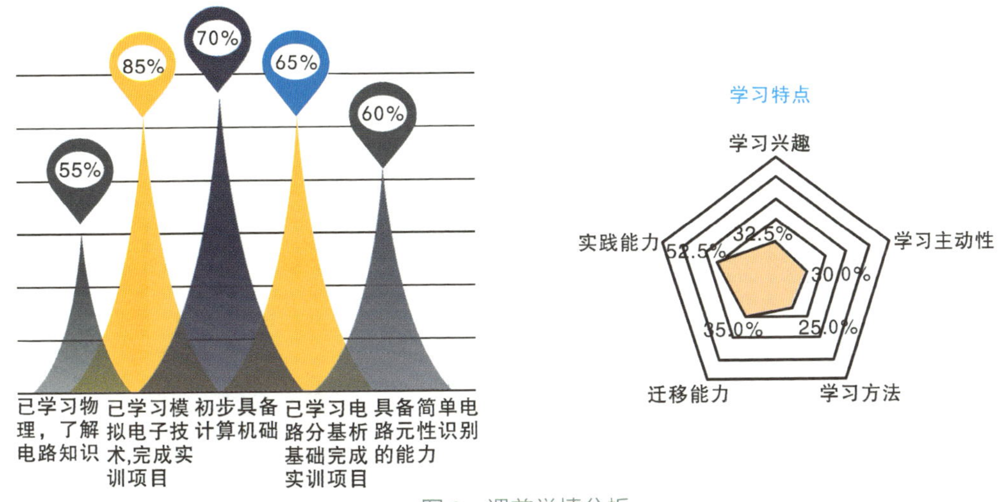

图 2　课前学情分析

（二）量身打造，“5shi”夯实理论基础

根据行业大数据系统调研比较，针对职业岗位的综合分析，通过对于行业近几年的深度了解沟通后，帮助学生做出更适合的职业谋划。以飞机电子设备维修专业为例，对口该专业的岗位为各航空公司的飞机附件维修技术员岗、航空线束制造岗以及电子设备生产质检岗，调研岗位需求中与数字电子技术课程相关的理论基础和实操技能，针对性地为该专业学生量身打造课程。

在教学过程中，首次提出“5shi”方法教学，伴随5大模式循环进行。“5shi”方法取自“多识（shi）多知”“示（shi）范演练”“因材施（shi）教”“小试（shi）牛刀”和“视（shi）野拓展”。在项目的每个子任务中，通过职教云平台，构建预习知识库，注重课前预习模式，学生明确学习任务；在课中顺序开展见习模式、实操模式、诊断模式，增强师生互动、生生互动，提高学生的主观参与程度，转换角色，对标岗位标准，培养职业素养；课后利用职教云平台，落实巩固模式，复习所学知识，理论落于实践，实践再次回到理论，加深理解，拓宽视野。以“5shi”方法来科学夯实学生的理论基础。

（三）岗位专精，职位演练体验教学

鉴于在和行业业内人士沟通中发现，大部分学生初出校园时由于实战经验非常薄弱，导致进入工作岗位后完全无法进行业务衔接，所以提前增强学生的工作岗位实战能力，让学生了解并熟悉岗位流程和工作，实现角色专精的育才理念。

为了提高学生的学习主动性，同时对接工作岗位，学习小组在规定时间内完成实训项目后，采用场景模拟，学生职位演练检验人员，对小组完成的实训成品进行高标准、严要求的复审。对标全国大学生电子设计大赛和全国职业院校技能大赛的评分标准与细则，参照仪器仪表检验人员和维修电工证书的要求技能，根据实际岗位的工艺要求和作业标准编写作品自评表和互评表。以从业人员的眼光来对待每一个产品，有利于学生将理论知识和实践经验进行有效融合，培养学生的主人翁意识，使学生具有集体荣誉感、社会责任感，让学生具有现代化行业需要的就业竞争能力。

图3　学生职位演练检验人员

（四）育德育人，教学过程实施多元评价

行业需要什么样的人才？学生以什么样的姿态进入行业？我们要传授学生在工作岗位引入主人翁意识的概念；帮助学生提升在同事间的相处及人际关系的沟通能力，师生之间达成一种亦师亦友的和谐关系，陪伴学生快速融入行业工作中去。学生有不同的学习背景，有不同的家庭环境，养成了不同的个性。不断优化教学方式，在教学评价体系中增设评价维度，引导学生更好地进行团队合作，让学生感受到自己的进步和集体的力量，增强信心。

在教学过程中实施多元评价，一是诊断性评价：学生在职教云完成预习作业，了解实训项目完成所需相关元器件，自动生成系统数据。实训项目过程中，教师随机抽查预习作业的完成情况，辅以评价，以参与度、作业完成度等测评学生学习态度。二是过程性评价：实训项目的完成度结合教师评分、小组互评得分、小组成绩生成。三是总结性评价：职教云统计学生完成复习作业情况，教师结合学生在整个项目完成中的综合表现进行评价。四是增值评价：针对不同的学生建立不同的激励机制，充分肯定学生的学习劲头，帮助学生建立学习自信，体现学生个人在教学过程中的成长价值。

二、经验总结

一是熟练掌握课堂内容，达成知识目标。《我的世界》沙盒游戏让抽象的逻辑电路变得生动有趣，增添课程教学的趣味，增加师生之间的有效互动，也是最受学生欢迎的环节。数据显示，学生的学习兴趣、学习主动性、学习方法均有大幅度提升，实践动手能力和知识迁移能力也得到了有效锻炼，学习效果显著。全班同学都高效地完成了实训项目的设计与制作，全班及格率 100%，良好率达到 92.5%，优秀率达到 37.5%。达成了知识目标。

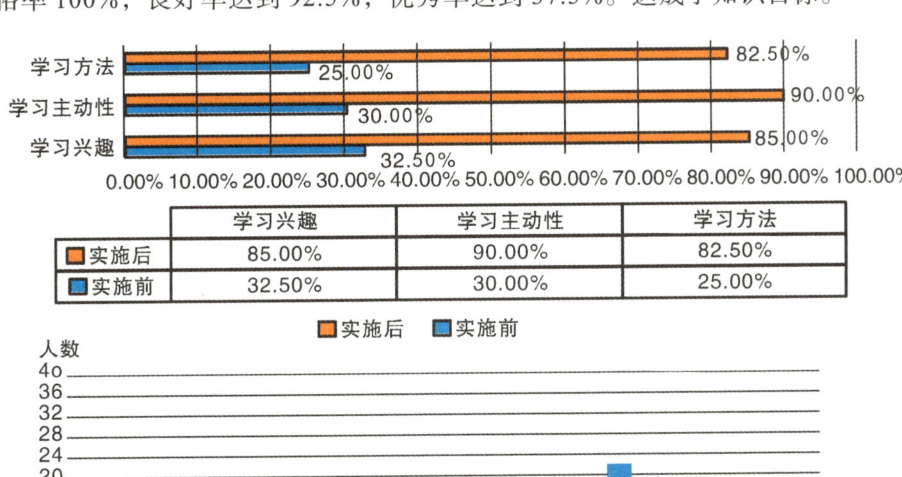

	学习兴趣	学习主动性	学习方法
实施后	85.00%	90.00%	82.50%
实施前	32.50%	30.00%	25.00%

图 4　实施前后的学习能力变化

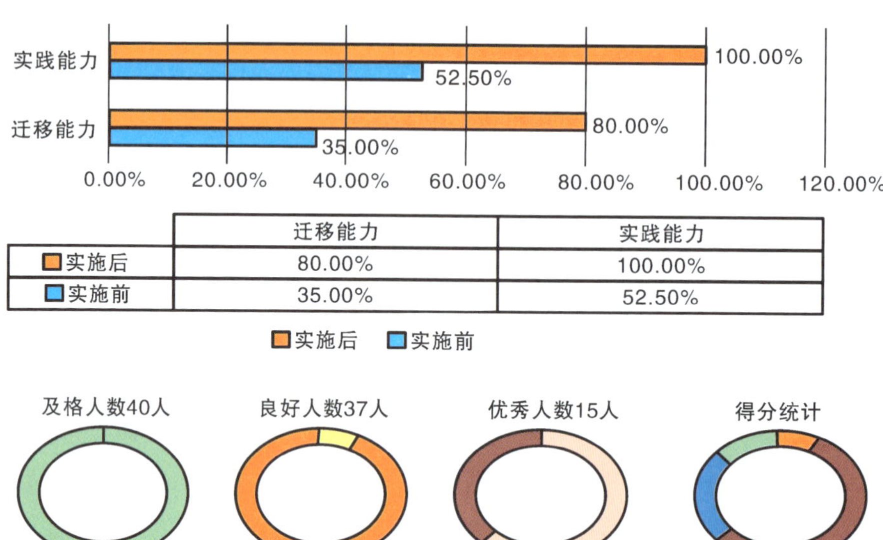

	迁移能力	实践能力
实施后	80.00%	100.00%
实施前	35.00%	52.50%

图 5 学生知识目标达成

二是对标工作岗位要求，达成能力目标。实训项目中的检验与评价环节，采用场景模拟，学生角色职业演练检验人员，对自己小组和其他学习小组完成的数字时钟进行检验。在岗位体验中，学生能够对作品进行准确的检验操作；能够及时发现线路连接的问题，并结合理论知识有效解决问题；能够合理地评价作品，熟练做到检测线路、调试功能、维护电路。有效提高了学生的逻辑思维能力、氛围融入能力、技能技术迭代能力和职业素养，达成了能力目标。

线路连接杂乱无章,交叉走线频繁，出现跨接集成块现象。
导线颜色杂乱，使用数量过多。
作品容易出现故障，排查故障时间较长，且信号较弱。

实施前

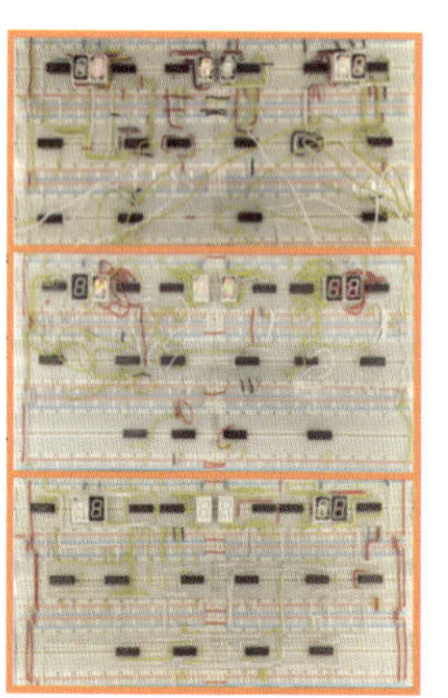

职业标准
工艺要求

虚实结合
合理布线

素养教育
实用美观

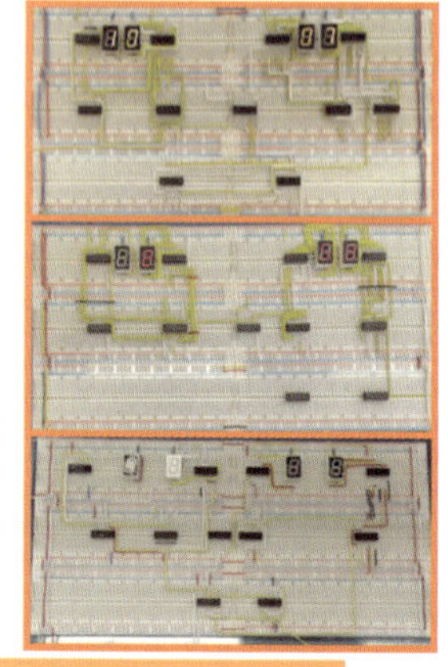

线路连接整齐有序,没有导线交叉，未出现跨接集成块现象。
导线颜色统一，使用长度、数量合理。
作品不易出现故障，故障易检修，且信号较强，示数明显。

实施后

角色扮演检验人员，对标工作岗位要求

学生能够正确识别集成器件，能够设计数字电子电路,简单分析数字电路，具备数字电子产品制作与调试的能力。达成能力目标。

图 6 学生能力目标达成

三是多元评价考核，达成素质目标。既要关注学生的学习结果，更要关注学习过程；既要关注学生的学习水平，更要关注学习态度。因此，评价不只是分数。我们在教学全过程中，对学生采取多元评价，包含：学生在预习、复习环节，系统给出的数据评价；学生在理论、实践环节，教师给出的成长评价；学生在互动、展示环节，学生给出的点评评价。学生既是被评价的对象，也是评价的主体，极大地提高了学生参与课堂的积极程度，充分激发了学生的内在潜能，提高了团队合作能力，培养了学生良好的职业道德，达成了素质目标。

平均分：9.34分　　平均时长：49.28秒

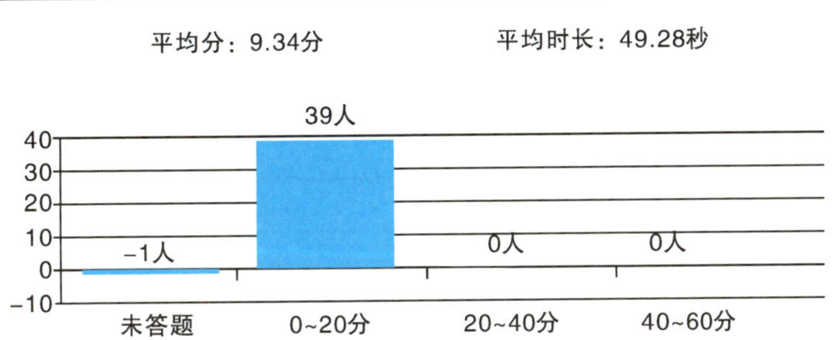

1: 74L5290在 实现计数逻辑功能时，异步控制输入端应如何控制？　查看详情
正确率：100%

2: 74L5290在异步置0逻辑功能时，异步控制输入端应如何控制？　查看详情
正确率：84.21%

检验人员评价表

内容	数字钟计数和显示电路的检验	班级	220311

检验人员评价表

内容	数字钟计数和显示电路的检验	班级	220311

检验人员评价表

内容	数字钟计数和显示电路的检验		班级	220311
组员	[illegible]		组长	[illegible]
项目	评价内容	分数	小组	教师
有关标准和技术要求的掌握（6分）	检验的全面性	2		
	熟练掌握有关标准、技术要求	2		
	对作品做出等级评定	2	10	10
原始记录的填写和保管（4分）	是否及时收集检验数据	2		
	是否提出合理化建议	2		

评价表

任务考核评价表

内容	数字钟计数和显示电路的设计与制作		班级	220311
组员	[illegible]		组长	[illegible]
项目	评价内容	分数	小组	教师
	元器件排布			

评价表

任务考核评价表

内容	数字钟计数和显示电路的设计与制作		班级	220311
组员	[illegible]		组长	[illegible]
项目	评价内容	分数	小组	教师
作品外观（40分）	元器件排布	8		
	线路走向、安装位置	6		
	导线数量	6	70	
	导线颜色	10		

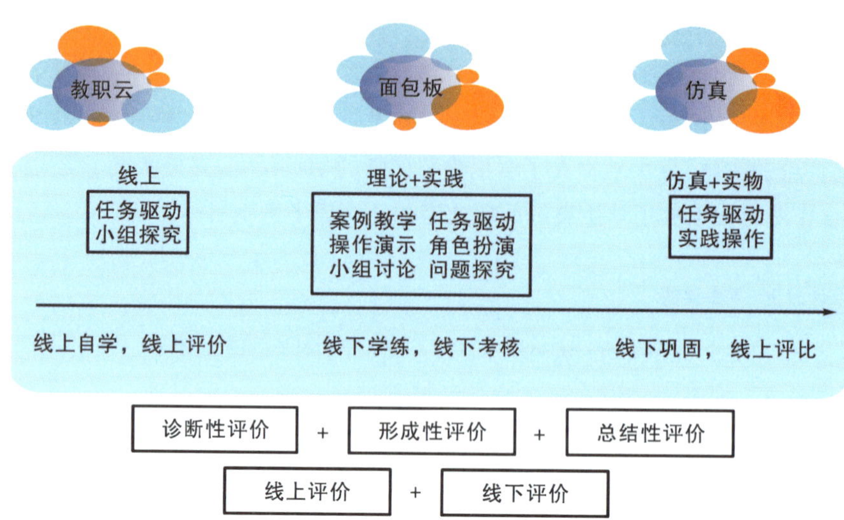
教职云
面包板
仿真
线上
任务驱动
小组探究
理论+实践
案例教学 任务驱动
操作演示 角色扮演
小组讨论 问题探究
仿真+实物
任务驱动
实践操作
线上自学，线上评价
线下学练，线下考核
线下巩固，线上评比
诊断性评价
+
形成性评价
+
总结性评价
线上评价
+
线下评价

图 7　学生素质目标达成

发挥平台优势，学科交叉融合，探索培养大一新生综合创新应用能力的实践

龙海燕，刘德兵，李兵，王秋琳

面向培养适应国家可持续发展需求的现场工程师，服务于国家创新驱动与制造强国战略，强化工程创新能力，坚持理论实践结合、学科专业交叉、校企协同创新、理工人文融通，构建面向工程实际、服务社会需求、校企协同创新的实践育人平台，培养服务于制造强国的技术技能人才，打造职业教育工程实践与创新教育体系。工程实训中心立足于专业基础平台，搭建了“创新理论课程 + 多学科融合实践育人双平台”（图 1），积极进行课程教学改革，在机电类专业基础课程融入 TRIZ 创新理论，培养学生创新思维，结合各类技能竞赛，强化学生工程综合应用能力，为专业人才培养奠定坚实的基础。

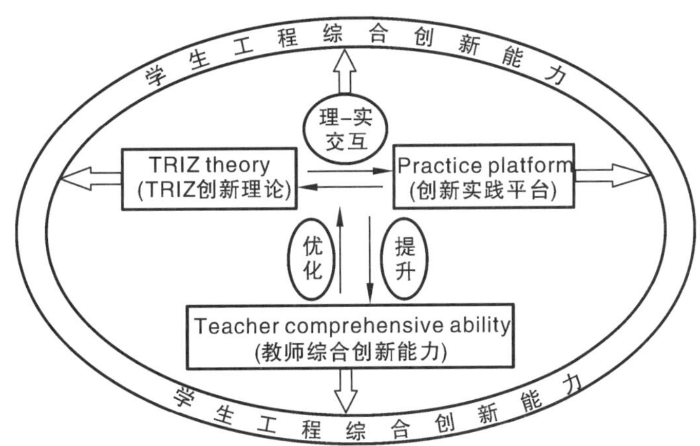

图 1　创新理论课程 + 多学科融合实践育人双平台

一、主要做法

（一）TRIZ 创新理论引入专业基础课程

将 TRIZ 创新理论引入电工电子技术、机械制图等常规课程教学中，让学生初步认识、了解 TRIZ 创新理论。对于大部分工科专业类的大一学生，TRIZ 创新理论体系较为复杂，因此，选择合适的 TRIZ 创新方法渗透到学科体系中，让学生认识、了解该创新方法，并通过实际案例讲解，掌握 TRIZ 创新理论解决实际问题的基本方法及流程。比如，使用 TRIZ 创新理论解

决电工电子技术课程教学设计问题，即在课程开发中，面对学时少、内容多、难度大的冲突，分类后，由物理矛盾这个线索，应用矛盾分离原理，找到最优解（合适的教学载体），具体过程如图 2 所示。

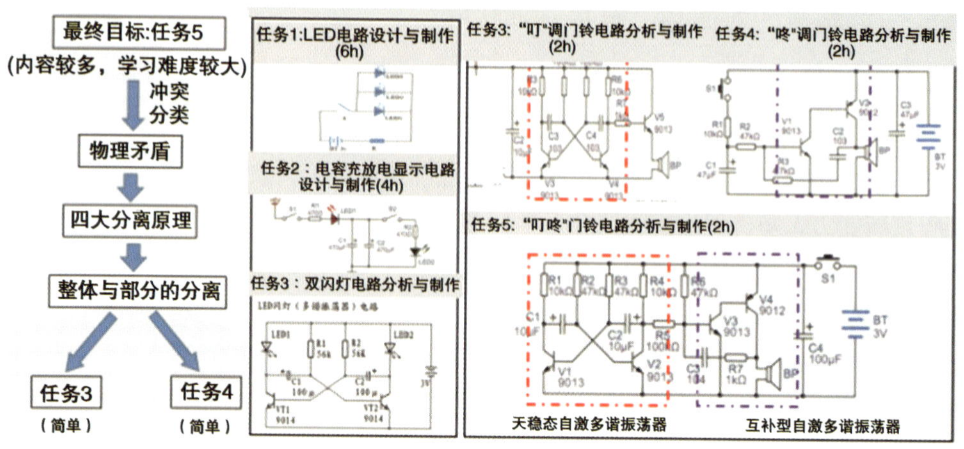

图 2　应用 TRIZ 原理设计电路分析课程教学载体

以“叮咚”双调门铃电路分析与制作为例，分析直流电路模块最终完成的任务。首先设计 4 个前序任务：LED 电路设计与制作、呼吸灯（电容充放电显示器）设计与制作、“叮”调门铃分析与制作（双闪灯）、“咚”调门铃分析与制作。这四个任务是帮助学生成功分析与制作“叮咚”双调门铃电路分析与制作电路的阶梯，同时各自独立自成体系，均以电子电路设计与制作实际工作过程：明确任务与安全文明操作要求—电路原理分析与参数计算—电路仿真验证与元器件选择—虚拟布局布线—电路装配与工艺—电路调试与故障诊断—设计指标检查评价——成果编写总结，共 8 个环节完成任务，为不同基础水平的学生进行难度梯度设计，满足各层次学习需求的学生。

（二）搭建“机电工程综合训练创新实践”在线课程平台

创新开发了“机电工程综合训练创新实践”课程资源包，包括课程标准、微课、课件等教学资料，该平台以创新设计工程机器人为任务载体，因为机器人本身是一种包含机械、控制、通信等诸多技术领域知识的技术，并且机器人设计可以结合现实生活中的问题，提出方案并最终解决问题，在这一过程能够使学生融入自己的设计想法，发挥学生的积极性和创新性，培养学生的创新意识、激发学生的创新欲望。这一层面主要面向选修课或第二课堂的学生，对培养学生的创新思维能力、“行业通用能力”起着关键性的作用。同时，在开发课程过程中，团队教师在创新教育教学方法方面也得到了相应提高。该课程体系如图 3 所示。

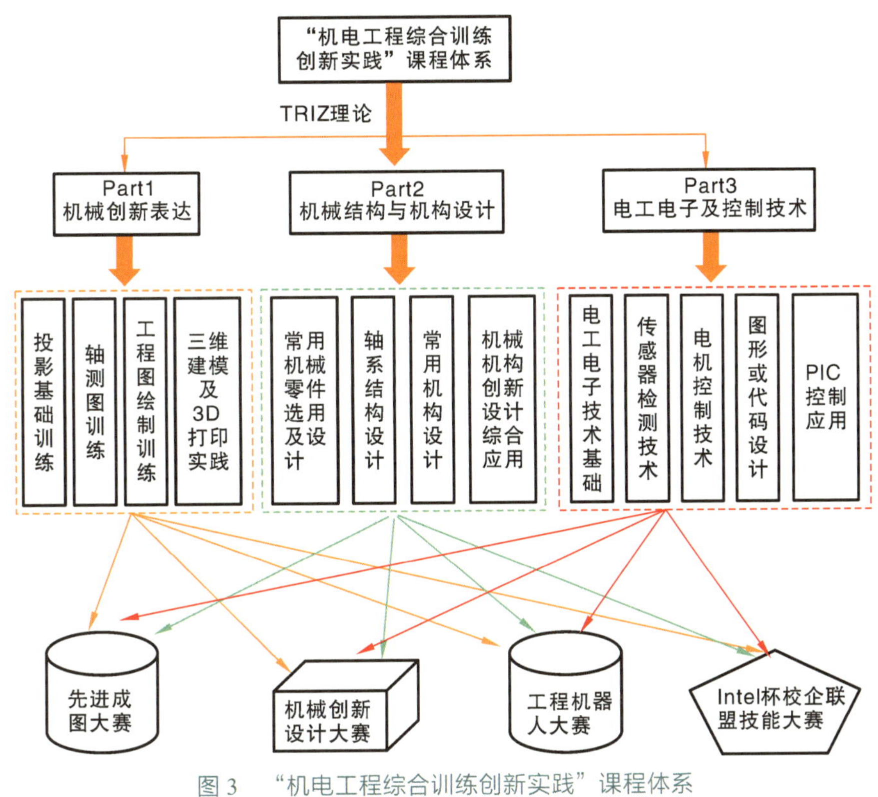

图 3 "机电工程综合训练创新实践"课程体系

该课程主要以中国工程机器人大赛为任务载体，通过 4 个训练任务培养学生的综合创新能力。4 个项目遵循由简单到复杂的认知规律，并且每个项目都包含 TRIZ 理论基础、小车结构设计及装配、小车创新表达、小车控制与调试以及知识拓展与学生面对面等内容，帮助学生逐步掌握 TRIZ 理论在机器人创新设计过程中的使用方法，提高其创新能力。

（三）共建了"机电综合创新实训室"平台

为学生创新设计和装配机电产品（工程机器人）提供了开放性开发平台。学生在第一、二层面的学习基础上，已经基本具备一定的创新思维和理论，进一步以创新实践平台为基础，成立多个创新方面的社团与协会，培养学生的创新兴趣，学生可以"天马行空"地融入自己的设计想法，在"做中学，玩中学"的过程中可以更好地激发学生的兴趣，使学生融入实训课程中，系统地培养学生掌握机械、电子技术专业知识，从而有效提高学生创新实践能力。以该平台为载体，师生参加了多项创新活动，取得了一定的成绩。比如，学生参加全国大学生工程训练综合能力大赛、四川省大学生机器人大赛、先进成图创新设计大赛、"英特尔杯"职业技能大赛等，收获了一等奖、二等奖、三等奖等奖项，同时还孵化了多个实用新型专利。教师在科研能力方面也得到了较大提高，已经成功申请多项市厅级科研课题。

创新能力的培养需要一个长期的过程，该成果由于教学时间有限，难以全面观察学生在各个创新维度的变化。在今后的实践中，还将持续关注学生的创新能力状况，更加准确地反映该成果的创新功能。另外，该成果开展的创新项目主要是机器人设计与制作，后续还可以增加其他可行的创新项目，从更多方面应用该教学模式指导创新活动。同时，创新活动需要投入较多的时间和精力，仅仅靠常规的课堂教学是不够的。因此为了能够更有效地开展创新实践，学校需要给学生提供课后可利用的学习空间，以便学生在课余时间对项目进行完善。

二、经验总结

一是探索出“T-P-T”教学模式。“T-P-T”教学模式，即“TRIZ theory（TRIZ 创新理论）-Practice platform（创新实践平台）-Teacher comprehensive ability（教师综合创新能力）”教学模式。在大学一年级将 TRIZ 创新理论融入多门专业基础课程教学，增强学生的工程创新理论基础；搭建创新课程平台和创新实践平台，在实践中去检验、提升学生的工程实践创新及解决问题的能力；教师的综合创新能力的自我提升，能够更好地指导学生，同时学生提升也能促进教师发展。

“T-P-T”教学模式中，通过培养学生应用 TRIZ 创新方法论，树立创新思想；在工程类比赛题目的完成中体会工程设计的流程，建立工程理念；通过图形表达、结构设计、运动设计、控制功能设计，完成实物作品；孵化创意或作品，为学生创业奠定一定理论和实践经验；提升教师的综合创新能力，让学生走得更远。

二是搭建了“创新理论课程＋多学科融合实践育人双平台”，为全校师生提供了创新活动实践环境，实现了利用 TRIZ 理论创新解决实际问题，如图 4 所示。

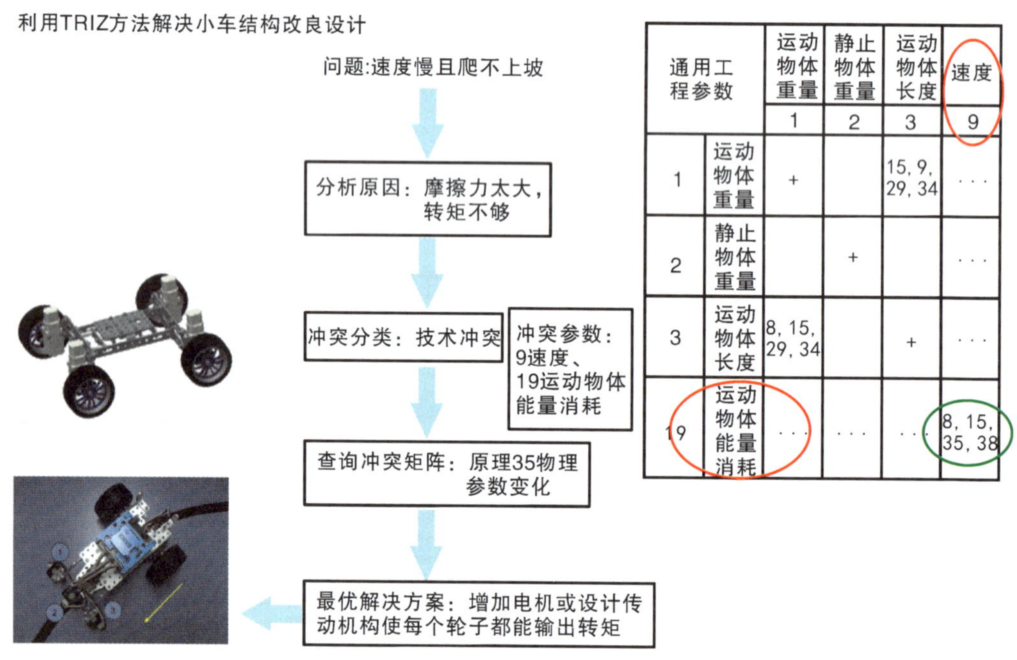

图 4　利用 TRIZ 理论改良小车结构

三是以技能竞赛为导向，提升学生的创新能力。在大学一年级开始从各专业选拔学生进行机电学科交叉创新培养，并以赛促学，为学生的后续专业学习和发展起到了积极的促进作用。

实践平台每年高质量完成 2000 余人次的创新实践教学任务，受训学生涵盖了机电学院、汽车学院、航空工程学院、信息工程学院、通航学院等。创新实践训练使学生在动手实践能力得到有效提升的同时，还激发了学生的创新创业能力。在全国大学生先进成图技术与产品信息建模创新大赛、四川省大学生机器人大赛、全国大学生工程能力训练大赛等比赛中，获得多个奖项。学生比赛成绩也充分证明该教学模式能够提高学生的工程创新能力。

通过不断探索与实践，团队教师在教学创新能力方面得到了较大提高，进行了多项教学改革项目，并取得了良好效果，为进行第二层次教学奠定师资基础。比如，获得了四川省职业院校教师教学能力大赛二等奖，成功申请“电工电子技术”校级课改课题立项 1 项。

线上线下混合教学模式开发——“航空发动机原理与结构”国家在线开放课程建设

海雯炯，何龙，张波，马超

2016 年，国家成立“航空发动机及燃气轮机”国家科技重大专项（简称：两机专项），同年学校开设航空发动机装配调试技术专业。2019 年，专业所在的飞行器制造专业群成为国家“双高计划”专业群 A 类核心专业，“航空发动机原理与结构”是本专业群的专业核心课。2018 年，本课程首次在智慧职教平台上开设慕课；2019 年，本课程获批成为国家资源库课程；2020 年，本课程立项校级课革项目、校级双语教材项目；2021 年，本课程又被评为教育部课程思政示范课；2022 年，本课程被评为四川省精品在线开放课、国家精品在线开放课。

一、主要做法

“航空发动机原理与结构”课程共 60 学时，开设于第 3 学期，主要介绍航空发动机五大部件、七大系统的原理结构和整体性能等内容。

课程秉承立德树人的教学理念，以“中国战鹰中国心、动力梦”为价值引领，面向军、民用航空发动机制造与维修产业链，以培养学生扎实的专业基础、科学的专业思维为专业教学目标，以培植航空报国的爱国情怀、严慎细实的职业操守、传递科学家精神为课程思政目标，对接军用航发职业技能等级标准、民航 CCAR-66R3《民用航空器维修人员执照管理规则》，将专业教学内容裁剪为三大任务，并以“固核心价值、植航空动力情怀、培工匠职业精神”为 3 条思政主线梳理出了课程思政内容，学生完成任务的过程是专业目标达成过程，也是潜移默化的思政育人过程。

（一）“双线并行”重构教学内容，培养航空强国技能人才

在内容组织上，打破理论课惯有的知识逻辑呈现式教学，以“摸‘骨架’——辨析原理结构，寻‘血液’——系统撰写工作特点报告，诊‘行为’——评判使用性能”三大任务为主线重构三大模块，以“固核心价值观、植航空动力情怀、培工匠职业精神”三个子项为思政教学主线梳理出思政育人内容，双线并行，并围绕飞行安全、飞行动力、国家战略等设置趣味专业问题。用问题突出知识的应用针对性，激发学生的学习兴趣；用任务培养学生知识应用能力，并配校企合作制作职业素养手册、工匠专家现场示范等项目活动，共同开展思政元素梳理和制作职业素养手册等，激发学生线上兴趣学知识，线下综合用知识完成任务，达成学而优。

（二）“虚拟仿真”呈现复杂原理，破解“三高三难”教学问题

航空发动机被公认为工业制造“皇冠上的明珠”，是集多学科为一体高精尖复杂装置，具有原理抽象、内部结构不可见、理解难度高等特点。为降低高职学生学习的难度，本课程按照国家资源库建设标准，开展以课程设计为主导的一体化资源建设，开发了动画、微课、3D 发动机等资源 544 个，动画微课仿真视频等高质量资源占比达 48%，覆盖了主干教学内容的全部难点，使抽象内容具象化、复杂内容简单化，有效化解教学难题。

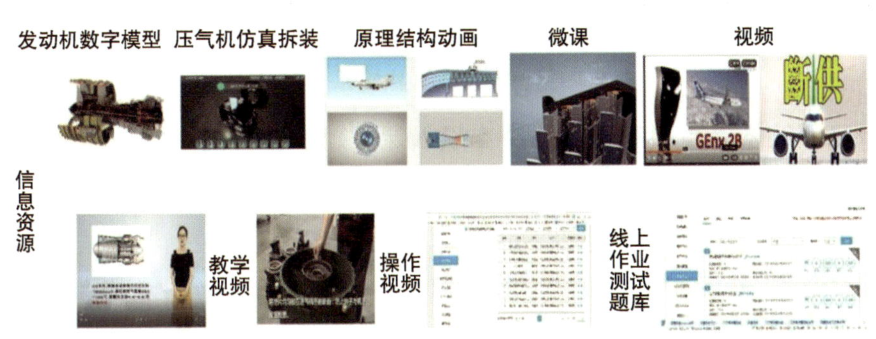

图 1　课程多样式信息资源示例

（三）开展线上线下混合式教学，解决“教”“学”两方两不易难题

基于上述容量达 10GB 的各类型资源，将资源与教学过程深度耦合，实施线上线下任务式教学，解决理论课“教”不易、高职学生“学”不易的难题。

针对不同的任务，围绕“双线”，设计不同的线上线下教学活动。比如任务一联系美国断供 C919 飞机发动机风波，采用课上“双探”+课下科普展板制作的方式开展教学。课前在智慧职教平台慕课或雨课堂等平台线上发布问题和预习资料；课上借助小实验、结构找寻比赛、读图识图讨论等教学活动，并融入型号史、中国航发技术进步、事件人物等育人引导，帮助学生分两步探索 C919 发动机类型、主体结构；课下学生利用所学制作该型发动机结构的科普展板，展示学生眼中的科技实力、中国自信。此外，学生课后还通过线上复习测试及时检测是否掌握教学重点，教师也能通过自测成绩及时掌握教学目标达成情况以便调整教学内容。

课程依托智慧职教平台搭建了问题牵引的线上教学内容体系和以中国航发故事、专业案例为主的思政内容专题，专任教师团队分工协作对线上课程进行维护，确保线上课程支撑课前导学、线上自学、课后复习测试等多样化教学方式，变灌输式教学为推动式引学，助力学生主动学、个性学，助力教师创新教学实践。

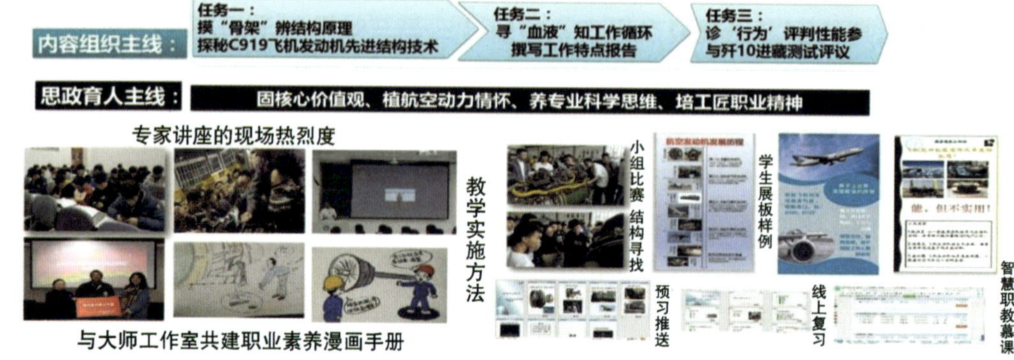

图 2　多样式线上线下教学活动

（四）三级统领保障、教师齐心协作投入课程建设，打造高标准高质量精品课

学校开展校级精品课和课程思政示范课立项建设工作，成立校级指导小组，对立项课程给予资金支持。二级学院成立了课程建设小组，每名二级学院领导参与一门课程，定期召开汇报会，评估监督建设进展，每门课程组建优质团队并配备一名思政课老师，共同进行课程建设。学院还送培专业教师参加线上线下的全国职业教师课等各类培训，如"思政教学能力提升研修班""如何打造金课"等，并制定了将教师课程建设成果作为职称评聘、评先评优等各种条件保障措施，激励教师开展课程建设。专业教师团队全心投入，积极承担各项课程建设任务，多次开展课程改革讨论，分阶段开展建设任务验收，并依托专业与中国航发成发共建的梁洪亮大师工作室，校企深度合作共同进行课程内容修订、课程思政元素梳理等工作，确保了课程建设满足岗位需求。多方协作助力课程建设，才能打造出高质量精品课。

二、成果成效

（一）有效助力校内专业课程教学效果提升

开课以来，课程已支持本校 10 个学期、46 个教学班。结果表明，学生学习兴趣、专业知识掌握、迁移应用等方面较以前有明显进步。专业学生两次获得全国职业院校技能大赛一等奖的优异成绩。专业航发订单班由往年 1 个增至 2 个，行业龙头企业珠海保税区摩天宇航空发动机维修有限公司、航空工业成飞等主动来校招聘。精英人才班学生供不应求，就业率达 100%。中国航发商用航空发动机有限责任公司的"临港工匠"吉仕强就出自我校本专业。

（二）有力促进教师团队成长进步

经过几年建设，课程团队整体教学能力不断提升，团队 4 人，其中高级职称 2 人，有 2 人是国家课程思政教学名师，有 1 人获得澳大利亚 TAE4 级教师资格证书，提升了团队双语教学实力，还有青年教师成功立项了新课程的校级精品课建设。

（三）推动课程示范效应和覆盖知名度提升

选课人员从最初的 200 人，壮大到现在 159 个单位的 3800 多人。成都华太航空科技股份有限公司、航空工业成飞、中国航发成发均要求在员工赋能培训中开设该线上课，可见应用广泛、影响覆盖四川主流航空企业，触及全国多家同类职业院校。

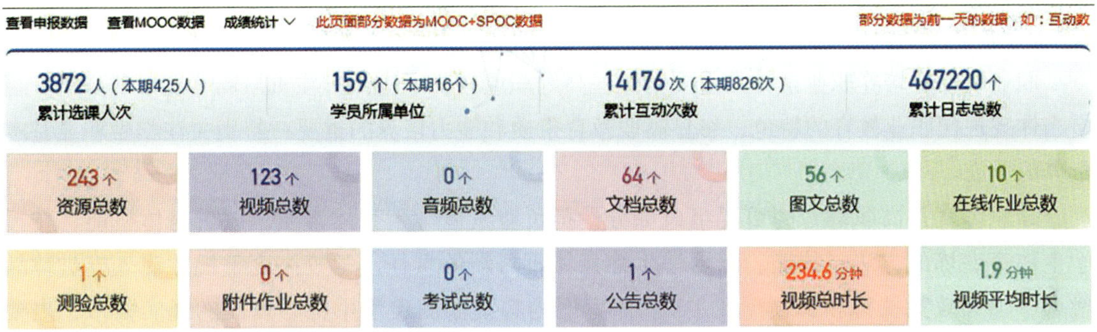

图 3　在线课程应用数据

推进体教融合，深化三全五育，探索职业素养培养下的体育素养发展路径

陈文正，杜瑜，熊敏

职业院校是培养职业素养的重要基地。高等职业教育不应该只注重培养“能工巧匠”，更应当体现现代职业教育的特色，彰显高职教育素质和能力培养的重要，特别关注学生职业基本素养的养成。

高职体育是高职教育的重要组成部分，担负着发展学生身体素质，改善身体机能，传授学生体育锻炼的方法、技能，培养学生终身体育习惯的重任。学校高度重视并深入推进体教融合，加大政策扶持和引领（图 1）。体育课内容既要满足学生身心发展的现实要求，更要满足学生终身体育需求和职业生涯需要，高度重视学生所学专业与体育基本能力的结合性培养，传授学生符合专业培养和未来职业岗位需求的特殊体育知识。以职业性体育意识驱动学生积极参加体育锻炼，利于学生以良好的身体素质、健康的心理状态和全面的职业素养步入职业生涯。

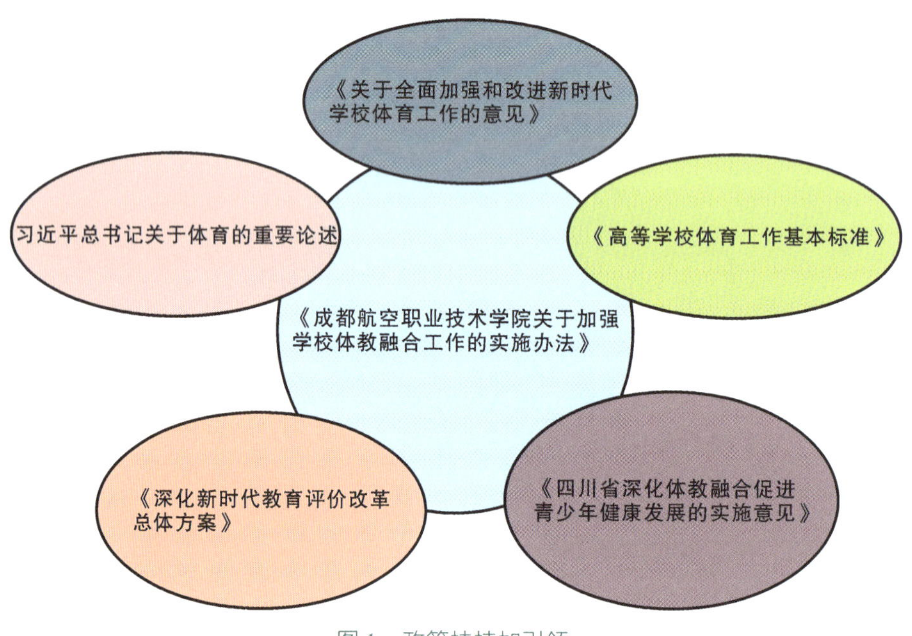

图 1　政策扶持加引领

一、主要做法

（一）“育人为本，开展职业体育探索模式”

学校体育课程的教学指导思想基于职业教育的特点和任务，以就业为导向，以岗位核心能力提高为理念，在“够用为度”的课时计划安排中，充分发挥体育的多重功能，将体育的健身功能、娱乐功能、教育功能等体现于体育教学的整个过程。形成了在实现增进学生身体健康、增强学生体质、培养终身体育意识的传统体育教学目标之外，达到了结合专业设置和职业特点，积极开展职业性体育课程，为未来的职业岗位需求服务培养学生的岗位特殊身体素质，以合格的身体素质、心理素质、综合能力为职业生涯做好准备，真正做到“将需要工作的人培养成工作需要的人”。

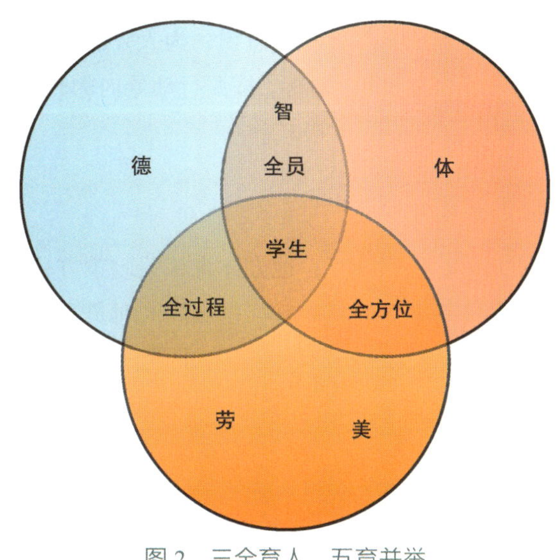

图 2　三全育人　五育并举

（二）“树理念、养习惯”

树立职业基本素养教育的理念，加强理想教育及意识教育，学生清楚地认识到自己的职业理想，建立了正确职业理念，从思想意识深处把握职业精神。通过学校体育课程，学生形成集体主义观念，形成与企业共同发展的职业精神。基于职业基本素养教育的理念、加强道德教育，使学生具备了良好的职业道德。通过体育课程，培养了学生不怕吃苦的精神，帮助学生树立了正确的劳动观念。观念的改变、习惯的养成，助力了成良好的职业纪律及职业习惯。

（三）职业素养教育的有效途径

满足学生个体发展需要，提高学生的职业素养，一方面努力做到“四满足”，即课程学习要满足工作岗位需求，个体需要满足群体需要，能力培养要满足职业技能需要，暂时需要满足终身需要；另一方面注意培养学生的职业基本素养，提高学生的通适能力。高职学生就业存在一定的盲目性，所从事的工作和所学专业往往并不一致，另外工作的流动性也较大。针对这一情况，就要根据不同的专业性质和特点，重视提高学生的“职业基本素养”，比如具有个体的适应性、专业的普适性、岗位的普适性的本领。让学生懂得一个人所拥有的技能不能以不变应万变，而要有应变的思想准备与能力。高职体育教育就应该注重“体育意识、习惯和能力的培养”，为终身体育打好基础，从而为青年人提供可持续发展的原动力。

（四）“设体系、建模式”

根据高职教育培养的不同专业的职业岗位特点，设置合理的体育课程体系。紧扣学生从职业需要出发这一主题，科学合理地设置高职教育体育教材内容，在符合高职人才培养总目标的要求下，开发、设置多种类型的体育课程。在授课时，真正落实学生的课堂主体地位，调动学生的体育课学习积极性。重视培养“终身体育”意识，为人才的今后发展提供原动力。体育教学根据自身特点，紧紧围绕高职教育的培养目标，按照行动导向的教学理念，以“认知—体验—养成”为教学思路，构建了切实可行的教学模式。

（五）体教融合体制机制建设

学校成立体育工作委员会负责贯彻国家、地方体育相关政策方针，制定出台符合学校校情的体育政策制度，为学校体育教育工作的发展打牢基石。同时负责全校性的体育赛事组织管理及运行。学校体育良好、科学的发展依托于“训、科、医”一体化机制、学校体教融合政策的扶持、专项基金的保障、全校师生的共同努力。

关注学生体质健康。全面实施《国家学生体质健康标准》，成立学生体质健康测试中心，安排专门人员负责，购买成套测试器材，对所有在校学生进行体质健康测试，测试成绩向学生反馈，并将测试结果经教育部门审核后上报国家学生体质健康标准数据管理系统。体测各项按统一的权重测算出总分，用于学生的综合素质测评、奖学金评定等评奖评优项目。

完善体育代表队管理制度。修订《成都航空职业技术学院运动队管理办法》（2018 版），对校运动队实施分级管理，目前常设高水平运动队（A 级）1 支：足球队（四川省唯一的一所高职院校获批高水平足球运动队建设单位，设有专项基金）；常设普通运动队（B 级）3 支：男篮、女篮、跆拳道；非常设普通运动队（C 级）：田径、健美操等。2021 年再次修订《成都航空职业技术学院体育特长生培养及学籍管理办法》。

二、经验总结

（一）制订教学计划时，突出体育教学的实用性

培养学生的职业素养，要注意结合学生的专业特点，再根据不同的体育运动项目的特性，找出适合学生需求、实用性较强的内容开展体育教学。要让学生认识到体育课不仅是进行身体

锻炼，而且能训练自己的意志品质，对自己的专业学习以及今后参加工作都会有一定的帮助，这样更容易激发学生接受体育教育的积极性和主动性。

（二）在体育教学过程中，注意教学进程的合理性

培养学生的职业素养，也应使学生体会到学习及工作中的张弛有度，合理分配。根据不同专业的学习特点，对于体育教学的内容和课程中的运动量合理安排，与学生的学习量和劳动量形成互补。教学中充分体现选择性和针对性，比如对于不常活动到的部位进行幅度较大的练习，对于经常弯曲的部位进行伸展性练习等。在教会学生锻炼的同时，还要教会学生懂得如何放松，让他们掌握一些肌肉放松操、保健操及静力牵拉操等放松方法，使他们在身心疲倦时能够进行积极的休息，消除疲劳。

（三）体育教学要强调体育锻炼的终身性

培养学生的职业素养，也必须让学生拥有健康的体魄，这就需要学生树立终身体育的理念，渗透终身锻炼的思想。高职体育课程，不能仅仅让学生得到一时的体育锻炼，更要结合学生的专业特点，帮他们选择适合自己的体育锻炼项目，制订科学合理的锻炼计划，实现终身体育的目标。

（四）形成良好的体育竞赛素养

近几年我校学生体测结果：不及格率约为10%，优良率＜15%。“十四五”期间我校目标：建立学生体质健康状况分析和研判机制，落实学生体质健康状况干预措施，力争不及格率＜5%，优良率＞30%。

学生体育竞赛实现了历史性的成绩突破，很好地实现了以赛促教、以赛促学，好成绩的取得更是带动了良好的校园体育文化传播及氛围。

立足航空产业、基于企业实际、以服务学生为导向、以信息化手段为抓手的教学方法革新

陈阳，张波，徐迟，刘俊男

教学方法是连接教师教与学生学的重要纽带，是提高教学质量和教学效率的重要保证。在"三教"（教师、教材、教法）改革背景下，成都航院主动对接航空装备制造产业链发展需求，针对相关职业岗位要求开展基于工作过程系统化的教学革新，通过深化校企合作，吸收行业专家参与课程创新与教材改革，开展立体化的教学方法创新。教学团队在教学实施过程中，因材施教，并充分利用网络、信息化教学手段，探索教法革新，开展了项目式、工学结合、线上线下混合式、沉浸式教学改革，全面促进了教学质量的提升，成功主持了多项国家级、省（部）级教改课题，荣获多项国家级、省（部）级教学能力奖，学生满意度及教学优秀评价率均高达90%及以上。

一、主要做法

（一）立足航空产业链，校企一体，探索教学新路径

"让专业紧贴产业，将产线当作课件。"成都航院紧跟国家战略需求和飞机及发动机重大型号工程的研制生产，对接航空全产业链布局专业群，形成高度契合航空制造、航空维修产业链的专业集群，成为促进教育链和人才链的关键一环。学院与成飞共建四川省模具产业智能制造应用技术工程实验室，与共建成飞-成航CAM中心，共建产教融合实训基地，联合申报四川省航空数字工程国防科技重点实验室；共建成都航空智能制造技术研究院；与中航（成都）无人机系统股份有限公司（简称：中航无人机）共同成立了无人机适航技术与标准研究所；与北京精雕共建数字化&多轴精密加工技术中心；与厦门金鹭共建成都方案中心；联合国际领先智能制造企业约翰内斯·海德汉博士（中国）有限公司共建海德汉高效加工实验室；联合航空龙头企业共建航空装备制造基础技能实训平台4个——与宝航公司共建模具生产性实训基地、海克斯康几何计量技术协同创新中心、数控实训基地、航空发动机维修基地。校企合作共同培养优秀人才，从企业实践中来，到企业实际中去。

围绕航空关键技术领域创新多种形式的人才培养模式。对接中国航空工业集团有限公司（简称：航空工业）高层次技能型人才需求，校企举办"世赛班"，联合培养国内一流、世界水平的飞机制造、装配和维修人才。学生梁镖获"全国技术能手"称号，学生崔鸿宇、谢闻杰、陈宇获"全国青年岗位能手"荣誉称号。为适应航空型号工程的批量生产，与成飞在复杂曲面加工、

图 1　智能制造技术应用创新示范中心

航空装备表面技术、飞机数字化装配等核心技术领域开展订单、定制培养，每年培养约 180 名学生进入成飞公司助力国之重器腾飞，成为成飞技术技能人才的首选单位和每年输送人才最多的单位，切实实现产教融合体企业就业；企校协同推进高职模具专业现代学徒制人才培养模式的创新与实践获得四川省教育教学成果奖二等奖；依托共建成飞 - 成航 CAM 中心，与企业签订技术服务合同，实施科教融合人才培养；与四川驼峰公司签订飞行员联合培养协议，开展飞行技术专业人才培养模式研究。

以企业实际生产为切入点，实现育训结合、德技并修的能力建设，构建课堂教学新生态。成都航院教学相关团队让学生在实际项目中、实践情境中完成知识的积累，依托校企合作，借助现代学徒制试点，在工作化的教学过程中将知识序化，通过实训、实习环节进行启发式、探究式学习方法，激发学生主动思考及换位思考的潜能，使企业参与进来，使学生动起手来，并在课堂中加入思政元素，实现真正的德技并修。在教学组织上按照“实践—理论—实践”的步骤，提高技能型人才的培养效率。

（二）强化标准引领，校企协同推动教学新思考

联合龙头加工企业、航空装备制造头部企业及专业协会全面启动并推进专业教学资源建设，充分发挥标准对课程建设的引领作用，从而推动教学方式的新思考。校企合作开发国家职业教育航空装备类专业目录及 7 个专业教学标准。全面分析航空装备制造岗位群关键能力、行业通用能力和职业特定能力，开发符合航空产业需要的“平台 + 模块 + 方向”专业群课程体系。编制梯队化建设方案：梳理所有专业核心课程、专业群通用专业基础课程，有序开展建设工作，以国家级、省级课程建设项目为牵引，融入新材料、新技术、新工艺、新模式，将思政教育、双创教育、专业教育优化融合，成体系有重点地开展专业核心课程建设。育训融合、校企合作开发适应新一代信息技术发展和航空产业转型升级所需的活页式、手册式、工学结合等新形态教材，不断创新与企业实际生产环境相适应的教材内容与形式，满足适应学生的教学模式。

（三）以学生为中心，开展线上线下相融合教学新模式

线上与线下相融合教学，充分发挥“线上”和“线下”两种教学的优势，做到合理配合，相互促进，即实施混合式教学。以信息化技术为抓手，探索以职教云、慕课、雨课堂为平台的线上教学模式，教师团队全面开展线上线下混合教学模式，有效促进航空职业教育教学模式创新，充分发挥虚拟仿真、虚实结合的信息化教学手段优势，大力开展虚拟仿真教学成为常态。以智慧校园建设为契机，激励教师利用信息化手段和“互联网 +”技术，开发数字教学资源，建成数字化学习中心，实现数字教学资源能在移动终端的交互，探索多种介质综合运用、表现力丰富的适应教学方法改革的立体化教材，推进“一书、一课、一平台”立体化资源建设。

结合网络，线上线下双管齐下，提升教学适用性。线上线下双管齐下的教学模式能够实现多个教学资源在空间上的互补，促进知识传授、能力培养和价值塑造的有机统一。学生易学，老师易教，加强了教学效果。

二、成果成效

荣获 4 个国家级和 1 个省级教学创新团队：“全国高校黄大年教师团队——航空装备智能制造专业群教师团队”“首批国家级职业教育教学创新团队——飞机机电设备维修教师团队”“国家级课程思政示范项目——航空发动机原理与结构教师团队”“国家级课程思政示范项目——无人机飞行原理教师团队”和“四川省首批职业教育教学创新团队——飞行器制造技术专业教学创新团队”。引领和推动了航空产业技术进步和转型升级，在国内高职院校中形成示范效应。

基于教法革新，成果丰硕。联合世界一流加工方案企业和航空装备智能制造企业，校企协同持续升级改造模具设计与制造国家级教学资源库 1 个，主持建设飞机机电设备维修国家级教学资源库 1 个，建成“航空发动机装配调试技术专业”省级资源库 1 个，建成“飞行器制造技术”“复合材料工程技术”“数控技术”校级教学资源库 3 个。

先后成功主持国家级教改课题 3 项，省（部）级教改课题 7 项，荣获省部级教学成果奖 8 项。梯队建设国家级、省级、校级精品课程，梳理所有专业核心课程、专业群通用专业基础课程，有序开展建设工作，建成国家级在线精品课程 3 门、省级在线精品课程 7 门、校级精品课程 20 余门。梯队建设国家级、省级、校级规划教材，直接认定“十四五”国家级规划教材 2 种，推荐“十四五”国家级规划教材 2 种，直接认定“十四五”省级规划教材 4 种，申报省级规划教材 6 种，认定校级规划教材 21 种等。

校企合作，搭建科研平台，组建高水平教师团队。建成智能制造技术应用创新示范中心、军民融合数字化测量公共技术平台、省级重点实验室四川省模具产业智能制造应用技术工程实验室，助力产业转型升级和技术创新，助力教师教学教法改革、科研提升，助力学生理论扎实、技能过硬。

紧接高职教育地气，实施“16136”心理育人模式

张琴，陈容，陈媛媛

为了贯彻习近平总书记关于教育的重要论述和全国教育大会精神，坚持育心与育德相统一，成都航院将“三全育人”理念贯穿到心理健康教育工作中，积极完善并实施各项心理工作机制，不断创新探索多元协同、全域监控、全方位融合的“16136”心理健康教育模式，构建起具有学校特点、高职教育特色的全环境心理育人格局，着力培养身心健康的高素质技术技能人才。2020年成航被授予“首批四川省高校心理健康教育示范中心”。

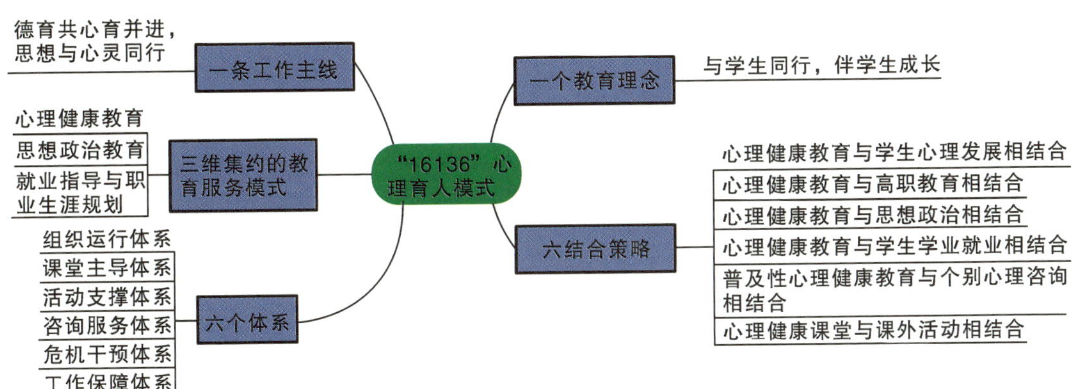

图1　“16136”心理健康教育模式架构

一、主要做法

（一）加大工作力度，建立健全“22334”组织运行体系

1. 成立两个小组，完善工作机制

2003年3月，学校成立了学生心理健康教育领导小组和工作小组。领导小组由学校党委副书记任组长，学生工作部部长任副组长，各学院党总支书记为主要成员，为学校心理健康教育工作的高效运行提供了领导保障。学生心理健康教育工作小组由专兼职教师组成，心理健康辅导中心主任负责，工作小组负责具体指导和落实心理健康教育的日常工作。

2. 建立两支队伍，加强工作力量

一支队伍是学校层面实施心理健康教育课程教学、心理咨询和培训指导任务的专业人员，均具有国家二级心理咨询师资格；另一支队伍是学院级层面从事心理健康教育工作。2019 年以来，学校重视专兼职心理教师心理健康教育能力的提升，通过“请进来、走出去”的方式，一方面，抓好专职心理健康教育师资队伍建设，做好专业能力继续教育，提升心理专职教师的专业胜任力；另一方面，加强辅导员等兼职队伍建设，通过培训使他们掌握基本的心理健康维护技能。

3. 设立三级学生组织，开展三级心理活动，构建四级危机干预机制

学校设立了校学生会心理部、学院学生会心理部和班级心理委员三级心理健康教育自助互助组织。在学校心理健康辅导中心的指导下，学生三级心理健康教育组织在校、院、班三级开展心理健康教育活动。在此基础上，将危机干预机制延伸到学生的每个寝室，构建了学校、学院、班级、寝室四级危机干预机制。

（二）提高教学质量，建立健全“一必多选”的课程主导体系

1. 一门必修课，推动育心与育德相结合

抓好课程主阵地，自 2001 年将《大学生心理健康教育》课程设为必修课以来，充分发挥大学生心理健康教育课程的育人作用。在课程目标的设置上，凸显心理健康教育课程育德目标，例如增设“增强明辨是非的能力，培养理性平和的健康心态”等“大学生心理健康教育”的课程育德目标，突出课程内容的价值引导，努力推动育心与育德相结合。

2. 多门选修课，全方位满足不同的需求

2013 年，学校在高职院校中率先尝试开设了“企业心理学”，服务学生职业生涯发展的需要；同年，面向士官生开设了“士兵心理学”，服务士官生军人化发展的需要；2014 年，面向物业管理和民航服务专业的学生开设了“服务心理学”，服务学生职业生涯发展需要；2020 年，面向空保专业学生开设了“犯罪心理学”选修课，帮助学生掌握犯罪心理学知识，为将来的职业提前做好准备。

（三）拓展教学途径，建立健全“日常 + 专项”的活动支撑体系

1. 坚持日常活动，营造浓厚氛围

一是学校建立了心理健康专题网站，开设了“成航心育”微信公众号；二是学校广播站每周有专门时段播放心理健康节目；三是各学院二级心理健康辅导站老师指导本学院心理部开展

经常性、丰富多彩的心理健康活动；四是各学院打造本学院的微信公众号心理专栏宣传心理健康知识；五是心理委员负责组织班级心育活动、情景剧表演等。

2. 开展专项活动，吸引师生参与

学校心理健康教育专项活动，都是在一定的心理学理论指导下开展的，如手语表演大赛、心理剧大赛、班级心理漫画展、心理征文比赛等，都运用了艺术治疗的理念。而户外拓展活动、各班心理主题班会等则运用了团体心理辅导的理论。

学校心理健康教育专项活动分为校级、院级、班级活动等三个层次，每个层次的活动各有侧重。校级的活动侧重于活动的心理学专业性，将心理健康知识渗透于易于学生参与的多样化的形式之中，如手语操表演大赛、心理知识竞赛、心理漫画展、心理读书会等活动。院级的活动多侧重于与各学院文化的结合，并渗透感恩教育、生命关怀、情感教育等内容。班级层次的活动主要借助团体辅导的形式，以心理主题班会为载体，渗透适应教育、人际交往、团队合作、压力与挫折应对等内容。

校级的专项心理健康教育活动有“5·25”心理健康文化月、心理健康服务月（每年10~11 月）等。这些积极心理健康教育活动开展得如火如荼，深受学生喜爱，深入人心，好评如潮。如年度“5·25”心理健康文化月已经举办了 23 届，手语操表演大赛已经举办了 3 届，心理健康服务月已经举办了 13 届，心理情景剧大赛已经举办了 20 届。

（四）解决心理问题，建立健全“361°”咨询服务体系

1. “准全天候”状态，做好咨询服务

健全完善心理咨询的值班、预约、重点反馈等制度，做好心理咨询值班安排；专兼职心理咨询教师手机 24 小时开机，学生有心理困惑或问题可及时咨询老师；学生可随时到学院与兼职心理老师交流、咨询。

2. 创新职业测评，了解职业倾向

针对高职教育特点和人才培养目标，学校创新性开发了高职学生职业倾向测评软件，自 2014 年以来每年新生入校后心理健康辅导中心都将开放学校的心理测试平台，尽早让学生对自己的职业倾向有一定的了解，有意识地形成职业意识。

3. 开展团体辅导，促进学生成长

针对不同学生群体需求，研究制订相应的团体辅导计划和实施方案；经常开展班级或社团等群体性团体辅导活动，努力帮助学生解决心理困惑和问题，促进学生健康快乐成长。

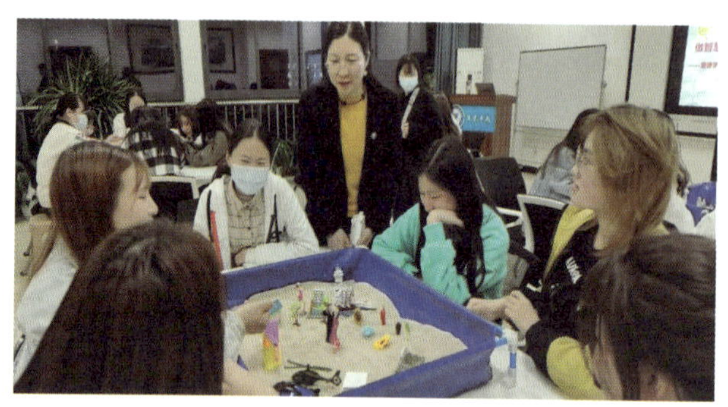

图 2　团体心理沙盘体验活动

图 3　“相亲相爱一家人”班级团体心理辅导

（五）实施困难救助，建立健全“六支撑”危机干预体系

1. 普及危机干预知识

每年秋季学期，为大一新生开设“大学生常见心理问题的识别”“当危机来临……”校园心理危机干预等专题讲座，普及心理健康常识的同时，强化学生心理危机意识，提高其危机应变能力。

2. 新生心理健康普查

2016 以来，学校一直使用教育部高校心理测评系统对大一新生进行心理健康普查。近五年来，心理健康辅导中心对学校 2 万余名学生开展了心理普查。通过测试和心理访谈发现，存在心理健康问题的学生人数和严重程度逐年递增。通过心理健康普查，及时了解了大一新生的心理健康状况，对需要跟进心理干预的学生跟进了心理咨询。对普遍存在的新生适应问题，心理健康辅导中心开展了形式多样、主题丰富的讲座、团体心理辅导及时给予学生支持和帮助，最大限地度防止心理危机事件的发生。

3. 加强危机干预培训

每年定期为辅导员、宿管人员、心理委员、寝室长举办危机干预培训，提高相关人员的危机预防与干预能力，发挥其在危机干预中的积极作用。

4. 健全危机干预制度

一是修订了《危机干预实施办法》；二是建立了有严重心理障碍学生的基本信息登记表、危机干预报告单；三是各学院制作学生联系卡；四是坚持心理委员每二周召开寝室长会议制度，填写班级心理健康动态周报表；五是每个寝室张贴危机干预电话一览表。

5. 做好危机事件处理

坚持 24 小时畅通心理教师电话，向有紧急需要的同学提供快速、便利的心理疏导帮助。对有较严重心理不适学生，及时干预与转介。实施心理危机事件处理书面报告制，完善档案管理。

6. 校、家、院三方合作

学校与成都市第四人民医院建立了医校合作关系，畅通就医绿色通道，全面建立“学校＋学生家长＋专业医院”的联动机制。在心理危机干预过程中，以学生为主体，学校发挥主导作用，引导学生家庭积极配合，请专业医院协作参与，从而实现学生转危为机，保证生命安全底线。

（六）搞好条件建设，建立健全“四有”工作保障体系

学校重视心理健康教育的软硬件建设，保障人员、资金、场地、设施设备到位。目前，学校配备专职心理咨询师 4 名，其中一人兼任心理咨询室主任，负责全校心理健康教育工作的规划及推进。学校另有兼职心理咨询师 9 人。专职人员数量符合四川省心理健康教育师生比 1 ∶ 4000 的要求。学校心理健康辅导中心拥有 200 多平米的场地，配备了心理书籍若干、心理沙盘、音乐放松椅、催眠椅等设施设备，为开展心理咨询、团体辅导、阅读治疗、音乐治疗等工作提供了条件。学校每年按照生均 15 元的标准划拨心理健康教育专项经费，保证心理健康教育各项工作运作流畅。

二、成果成效

（一）开展了丰富多彩的心理健康教育活动，教育效果较为明显

截至目前，成都航院共开展了 23 届大学生心理健康教育月活动，300 余场心理健康主题讲座，根据高职学生不同阶段心理发展需要举办了不同主题的团体心理辅导，丰富了学生的心理健康知识，增强了学生的心理健康意识，提升了学生自身心理调节的能力。

（二）有效预防和妥善处理了心理危机事件，促进了平安和谐校园建设

近五年来，通过新生心理普查、个别访谈等方式，主动、及时发现学生存在的心理危机，平时对有异常的学生给予重点关注，对 1200 余名学生进行心理疏导，许多学生缓解、克服了心理障碍。通过定期危机排查、及时追踪和监控个体，有效预防和妥善处理了心理危机突发事件 40 余起，保障了校园的安全稳定和谐。

（三）取得了一系列科研、教育教学成果，具有一定社会影响

成都航院冉超凤教授主编的教材《高职大学生心理健康与成长》被教育部评为普通高等教育精品教材、国家“十一五”“十二五”“十三五”“十四五”规划教材；编辑出版了《高

职院校心理健康教育理论研究与实践探索——2013 年全国高职院校心理健康教育学术年会论文集》；主持开展了省级课题“高职学生职业倾向测评体系软件开发与研究”，该软件应用于近三万名学生，效果良好（也适用于新教师引进）；“以心理健康课程为载体提升高职大学生职业发展能力的研究与实践”获校级教育教学成果一等奖；先后发表心理专题论文数十篇。

实施“三融合六行动”劳动教育，培养具有劳动精神和工匠精神的时代新人

闫天龙，孙亚玲

为深入贯彻落实习近平总书记在全国教育大会上的重要讲话精神和《中共中央、国务院关于全面加强新时代大中小学劳动教育的意见》、教育部《大中小学劳动教育指导纲要（试行）》文件精神，充分发挥劳动教育在树德、增智、强体、育美中的综合育人价值，教育引导学生崇尚劳动、尊重劳动、热爱劳动，学校创新构建了“三融合六行动”劳动教育体系，实现了“理论+实践”劳动教育覆盖率100%，并形成了“居家劳动一小时”“企业锻炼日”“寝室美化亮丽校园”“技能大师工作室”等系列品牌活动，家校企社协同培养了具有劳动精神、劳模精神、工匠精神的时代新人。

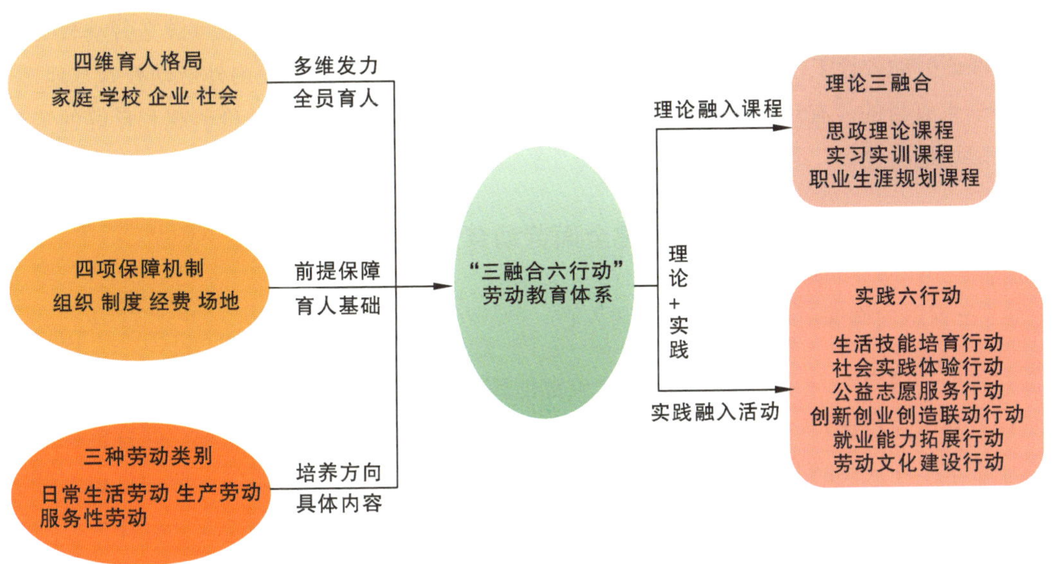

图1 “三融合六行动”劳动教育体系架构

一、主要做法

（一）“三类别四保障”，形成立体劳动育人机制

1. 三种类别确保劳动育人实施有序

学校劳动教育以日常生活劳动教育、生产劳动教育和服务性劳动教育为依托，明晰三类劳动教育的具体内容和培养目标，确保劳动育人工作有序实施。其中，日常生活劳动教育以学生宿舍为主要基地，让学生立足于个人生活事务处理，培养良好的生活习惯和卫生习惯，强化自立自强意识；生产劳动教育以寒暑假社会实践活动为契机，让学生体验工农业生产创造物质财富的过程，增强产品质量意识，学会尊重普通劳动者，体会平凡劳动中的伟大；服务性劳动教育以大学生勤工助学和志愿服务为载体，注重让学生利用所学知识技能，培植主动服务他人和服务社会的情怀，强化社会责任感。

2. 四项保障确保劳动教育推进有力

学校从组织、制度、经费、场地四个维度筑牢保障机制，确保劳动育人工作有力推进。一是成立学校及学院劳动教育领导小组，负责劳动教育的规划设计、资源整合、过程管理、总结评价和信息反馈等工作，同时设置专职人员负责协调劳动教育总体方案及落实具体工作，保障组织有方。二是将劳动教育开展情况纳入各二级学院的绩效考核，制订学生综合素质测评劳动加分减分实施办法，保障劳动教育工作管理的科学化，保障制度有依。三是设立劳动教育专项经费，保证劳动教育工作持续化、常态化，保障经费有源。四是建立校内外劳动教育基地多个，能保证学生有目的、有计划地参加实际生产劳动，培养学生正确的劳动价值观和良好的劳动品质，保障场地有物。

（二）“三融合六行动”，构建全面劳动育人体系

1. 三课融合确保劳动育人理论入脑入心

在将劳动教育纳入必修课的同时，学校也创新劳动教育理论教育模式，结合学校实际探索出劳动教育与三门课程有机融合的特色理论教育。一是将劳动教育与思政理论课有机融合，在大一年级学生初入学时开展劳动理论教育课程，将马克思主义劳动价值观、劳动意识、劳动精神与思想政治理论课教育有机融合，牢固树立劳动最光荣、劳动最崇高、劳动最伟大、劳动最美丽的观念。二是将劳动教育与实习实训课程有机融合，在实习实训课中有机融入劳动教育内容，讲授劳动技能、劳动安全等知识，根据专业实习实训要求，讲授劳动工具的使用和劳动过程的安全保护等知识，让安全劳动思维、文明劳动理念根植心间。三是将劳动教育与职业生涯规划课有机融合，在课程中融入劳动精神、劳模精神、工匠精神，帮助学生树立正确的择业观、

就业观，纠正学生慢就业甚至不就业的思想和行为，鼓励学生将个人理想和国家发展融合实现，利用所学专业知识和技能到祖国最需要的地方去，在实现大我中成就小我。

2. 六项行动确保劳动育人实践百举百全

学校通过“生活技能培育行动”“社会实践体验行动”“公益志愿服务行动”“创新创业创造联动行动”“就业能力拓展行动”“劳动文化建设行动”六项劳动实践行动，有目的、有计划地组织学生参加日常生活劳动、生产劳动和服务性劳动，亲历实际的劳动过程，从实践中体悟劳动精神。一是生活技能培育行动着力打造家庭和校园劳动，培养学生养成良好的个人生活习惯，在集体劳动中提升个人生活技能。二是社会实践体验行动通过设立食堂卫生、校园绿化等勤工助学岗，通过走进工厂劳动一线与工人一起出力流汗，通过走进田间地头与农民一起辛勤劳作等方式，全方位让学生体验不同劳动的辛劳，在实践中培养学生尊重劳动的意识。三是公益志愿服务行动重点开设了帮扶类、社区类、会议类、节日类、赛事类等五大志愿服务项目。不定期走进社区、走进赛事、走进养老院等，在志愿者劳动中培养奉献、友爱、互助、进步的志愿者精神。四是创新创业联动行动通过开展创业项目路演和创新创业大赛，定期组织“创新创业周”活动，着力提升学生的创新精神、创业意识和创造能力。五是就业能力拓展行动分类多层次设计“生涯规划月”“职前研习营”等生涯规划类项目，定期开展专业特色的实习实训，助力学生锤炼意志、增长才干、拓宽见识。六是劳动文化建设行动依托文化素质学校、校报、校院官网、易班网、微信微博微视频等一校一报两网三微平台，立体化宣传劳动教育。打造“劳模进校园”“工匠面对面”“技能大师工作室”等经典品牌项目，让学生零距离接触劳动模范、技能大师，体验领悟传承工匠精神。

图 2　劳动实践活动部分照片

（三）“家校企社”同发力，打造四维劳动育人格局

1. 家校协同提升劳动育人温度

利用寒暑假推广“居家劳动一小时”“我为我家出把力”等家庭活动，养成良好的个人生活习惯同时体验父母的劳动辛苦；在校期间在学校推出“寝室美化”“青春食堂”“靓丽校园”“留

给母校一间整洁如初的寝室”等活动，着力于集体劳动中提升个人生活技能。家庭与学校协同发力，在时间与空间上全覆盖进行劳动教育，将感恩融入劳动教育，提升育人温度。

2. 校企协同提升劳动育人力度

设立“企业锻炼日”，让学生走进企业与企业家、工人一起创新实践，体验劳动；依托龙泉驿区中小微企业共建创新创业平台，与企业共建创业项目路演和创新创业大赛，加强学生到基层就业创业的引导；深化产教融合，多个企业设立校外实习实训基地，定期组织学生深入企业参与实习实训。学校与企业共同培养学生“干一行爱一行”的敬业精神，以及吃苦耐劳、团结合作、严谨细致的工作态度，提升育人力度。

3. 校社协同提升劳动育人广度

学校与所在龙泉驿区柏合街道11个村（社区）完成大学生志愿服务村（社区）结对工作，适时开展结对社区街道清扫活动、社区文化宣传、社区文明劝导、社区老幼帮扶等工作，让劳动教育入社入户入民心；与柏合街道黎明社区等共建劳动教育实践基地，通过社区区域清扫、社区志愿者服务等活动，让学生在社区劳动中领悟社会责任感和奉献精神，学校和社区协同劳动育人，进一步丰富和拓展了劳动实践场所，提升劳动育人广度。

二、成果成效

（一）高赋能，牢固树立正确劳动观念

学校通过“理论+实践”的方式，全方位、多角度地引导学生树立正确的劳动观念。一方面将劳动教育与实习实训课、思政理论课和职业生涯规划课有机融合，将劳动教育纳入文化素质学分体系考核，将劳动精神、劳模精神、工匠精神等融入学生日常，覆盖率达100%；另一方面通过六项实践活动，有效提升了学生强化动手实践能力，促使学生在劳动中充分运用所学知识解决实际问题，同时在劳动中接受锻炼、磨炼意志，有力培养了学生正确的劳动价值观和良好的劳动品质。

（二）齐发力，劳动教育工作荣誉丰硕

近年来，学校组织“三下乡”社会实践，鼓励学生聚焦科技下乡、教育扶贫，以实际行动助力脱贫攻坚，学校首个“大学生乡村振兴实践基地”在阿坝州松潘县安宏乡正式挂牌。与11个社区结对志愿劳动工作，与部分社区共建劳动教育实践基地。此外，学校还获得成都市大中专学生志愿者暑期“三下乡”社会实践活动“优秀组织奖”，校青年志愿者服务总队获成都市志愿服务“优秀团队”；1个实践团队获“团中央‘镜头中的三下乡’优秀团队入围奖”，1个实践项目入选教育部社会实践精品范例成果；国旗仪仗队获得“成都市最美高校国旗护卫队”称号（网评全市高校第二）；等等。

（三）频交流，劳动教育工作广受认可

四川旅游学院、四川工商学院、四川建筑职业技术学院、四川卫生康复职业学院、四川邮电职业技术学院、四川财经职业学院、四川华新现代职业学院等兄弟院校到校调研，在考察交流会上，学校通过多种渠道、方式宣介推广“三融合六行动”劳动教育工作法，得到学生思想政治工作同仁们的高度认可与肯定。

坚持“两个融入”“三个平台”“四个制度”，以航空报国故事浸润航空青年成长

邵红梅，易姝

弘扬航空报国精神，担当航空强国重任，努力培养航空工业高素质技术技能人才、能工巧匠、大国工匠，是航空职业院校的重要使命，要激励广大青年走技能成才、技能报国之路。成都航院通过广泛宣传航空报国精神，从使命担当的忠诚精神、坚忍执着的奉献精神、敢于突破的创新精神、接续奋斗的逐梦精神四个精神内涵中深入挖掘典型事迹，从而引导学生树立航空文化自信，以航空报国故事的浸润式育人机制，促进优良学风传承，坚定学生的理想信念，培养具有“五有一知”品格特质的航空新青年。

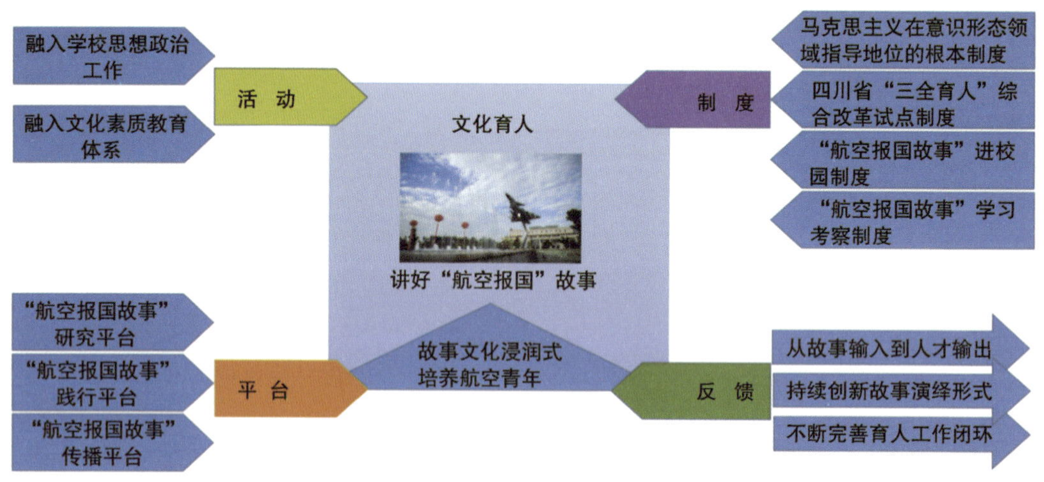

图 1 故事浸润式育人体系

一、主要做法

（一）坚持“两个融入”打造品牌活动，讲深航空报国故事

坚持航空报国精神融入学校思想政治工作，加强第一课堂建设，强化师资队伍，通过课程顶层设计，将航空报国故事融入教学课堂，使得“忠诚奉献·逐梦蓝天”的航空报国精神深入

师生心中。坚持航空报国精神融入文化素质教育体系，着力完善第二、第三课堂建设，加强校企深度合作、校企协同培养，党委组织部、宣传部、教务处、学生工作部、团委、马克思主义学院、就业办等单位齐抓共管打造品牌活动，以“一团一品”凝聚团结青年，以“一社一品”组织动员青年，以“青春志愿”服务引领青年，以“成航大讲堂”“青年微讲坛”“航空科普教育”等航空特色活动有效整合多重资源协同育人，“十大育人体系”同心同向，以故事为抓手推进“三全育人”落细落实，把“故事浸润”的新理念贯穿于立德树人的全过程。

1. 融入了学校思想政治工作

校领导、专兼职团干部、辅导员等思政工作者在开学典礼、毕业典礼、班团活动、校园活动中讲述“英雄机组故事”“航空报国故事”；依托产教融合和课程思政项目建设，校团委协同学校党委组织部、党委宣传部、马克思主义学院等单位在团课、专题学习、主题教育中深入挖掘社会中的航空育人资源和育人新点，以逻辑演绎推进航空报国故事思政课堂。

2. 融入了文化素质教育体系

学校各级团组织依托大学生文化素质学校，充分尊重基层团支部首创主体地位，孵化培育“一团一品”及“一社一品”等航空报国故事讲述的学生活动载体；充分挖掘学生发展成长中所蕴含的航空报国故事元素，着力打造“成航大讲堂”“青年微讲坛”和“航空科普教育”等故事浸润学生品牌活动，以文化人、培育具有航空报国情怀的时代新人。

（二）建立“三个平台”，讲透航空报国故事

坚持将“航空报国精神”教育融入教育实践，依托专业学习、社会实践、就业求职和校企合作搭建深化航空报国信念、凝练航空文化成果的重要平台，通过校企协同培养共育故事主人翁。以“讲故事”为抓手，邀请企业、校友、专家、工匠人才等作为客座讲师定期到校讲述“航空报国故事”；以社会主义核心价值观教育为主题，搭建具有示范性、专业性、实践性、服务性、公益性特征的“故事浸润平台”；以高素质技术技能人才培养为目标，不断传承创新故事场域，丰富航空报国文化的故事内涵与特征。

1. 建立航空报国故事研究平台

马克思主义学院、团委、学生工作部、科技处、招生就业等部门联合成立青年发展研究中心、学生生涯研究中心，建立成都航空产业与文化建设研究中心、学风传承基地，打造辅导员工作站、团干部工作站等举措，为讲好航空报国故事搭建理论研究及传承创新平台。

2. 建立航空报国故事践行平台

与中国航空工业集团公司、中国航空发动机集团、中国空空导弹研究院、中国国际航空公司（简称：国航）等行业龙头企业和优秀校友建立良好沟通机制，打造优质校外实践实习基地（平

台），与政府、企业、社区等联合打造大学生社会实践和志愿服务基地，为航空青年提供实习实践锻炼的践行平台，提升育人实效。

3．建立航空报国故事传播平台

打造线上、线下传播平台，常态利用橱窗、海报、横幅以及学生事务服务中心、学生活动中心等实体阵地开展宣传教育；形成融媒体中心线上传播平台，打造官网、QQ、微博、微信、抖音、B 站等媒体矩阵，聚焦“青年化内容生产”，提升主流意识形态传播效能。

（三）坚持“四个制度”，讲实航空报国故事

始终加强和改进学校思想政治工作，深挖航空报国文化精神内涵，有效整合教育教学和校友校企资源，创新话语体系、建立健全制度，不断增强航空报国故事浸润航空青年成长的说服力和感召力。加强顶层设计，构筑完备、精准的航空报国故事支持制度体系，建立与学校思想引领工作、“三全育人”综合改革试点工作高度适配、灵活可行的可持续体系，进一步落实常态化实践教育和学习考察，结合院校办学传统、行业优势和专业特点，实现全景熏陶、全程渗透、全员育人、全面影响、全体受益。

1．坚持马克思主义在意识形态领域的指导地位的根本制度

将讲好航空报国故事、弘扬航空报国精神作为学校思想引领工作的重要抓手，纳入学校“双高计划”建设，纳入学校年度工作要点，纳入学校学生思想政治教育的长期规划，纳入班风学风建设，培育相关社团组织，推动其不断体系化、制度化，不断增强主流意识形态的导向力和凝聚力，不断提升明辨、批驳错误社会思潮的理论功底与实践能力。

2．坚持“三全育人”综合改革试点制度

以航空报国故事教育为契机，深化四川省“三全育人”综合改革试点工作，助力推进完善“一体两翼三全五工（1235A）”一体化育人模式，构建合理规范的长效保障机制，依托“一院一品”“一社一品”“一队一品”项目立项资助制度，校内各单位团结一致、形成合力，确保各项工作有序推进，实现传承创新的规范化和科学化。

3．坚持航空报国故事进校园制度

邀请“英雄机组”成员刘传健、吴诗翼等走进校园举办知识讲座，定期在“成航大讲堂”和各学院讲座中邀请主题宣讲团来校宣讲，通过身边真实的航空报国故事树立楷模，引发青年思考。

4．坚持航空报国故事学习考察制度

将探访航空报国故事作为常态化实践教育，定期组织青年师生社会调查、社会实践队伍，

定期组织“青马”学员、暑期社会实践队到航空企业考察学习，走进“三线”企业、航空企业，聆听“三线”故事、航空故事，传承与弘扬航空报国精神。

二、经验总结

围绕立德树人根本任务、航空报国、航空强国使命担当，成都航院坚持讲好航空报国故事，通过学生对品牌教育活动的互动评价及反馈结果，持续完善传承内容体系，不断改进演绎形式，坚持与时俱进，创新学习载体，从而形成讲好、讲透、讲实航空报国故事的人才培养实现过程，打造更具时代特色、更受学生欢迎的学风建设模式，构建文化育人背景下“活动＋平台＋制度＋反馈”的一体化故事浸润育人机制，形成文化育人的立体化工作矩阵，打造文化育人品牌。

（一）航空报国精神融入人才培养体系，实现航空报国故事贯穿人才培养始终

大一阶段，组织新生参观校史馆，观看学校建设发展视频，参加主题开学典礼、校史讲座等感受航空报国精神；大二阶段，开展主题教育活动，参与“走进航空/航发”企业社会实践，校内外志愿服务活动等深刻体悟航空报国精神；大三阶段，通过专业学习、顶岗实习、职业规划与指导、就业指导等引导广大学子“学航空、爱航空、献身航空”，践行航空报国精神。将“航空报国故事”融入服务青年学生文化素质成长的“德智体美劳”五育并举的第二课堂、第三课堂。在“航空报国故事”及其折射的“五有一知”航空新青年特质的基础上，通过对学生需求的调研和对高职院校文化素质教育的顶层思考，设计出文化素质教育体系的五大模块，即“语言与文学”“历史与文化”“哲学与人生”“艺术与审美”“社会与职场”，再通过五大模块的课程、讲座、社团、竞赛、培训、社会实践、文艺活动、人文展览等来具体承载故事讲述、故事传播。

（二）打造一批品牌活动、项目及学生社团组织，推动共青团工作深度融入学校“大思政”工作体系、“三全育人”工作格局

依托航空科技文化节、大学生文化艺术节等品牌活动弘扬航空报国精神；打造社团文化周，鼓励学术科技类、思想政治类社团发展，挖掘航空报国精神新元素；支持大学生艺术团建设，创作具有航空报国精神的原创艺术作品，通过“美育＋思政”的模式丰富传播内涵，讲好航空报国故事。年度开展各类贯穿“航空报国故事”讲述、“航空报国精神”弘扬的活动超过300场，年度立项“一院一品”“一团一品”活动10余个，开展6期“青马工程”培训班，培养了一批坚定信仰、积极传播和模范践行马克思主义的排头兵；发挥“成航好人榜”等学生朋辈的榜样示范作用，组织开展“成航·青年说”微讲坛，大力支持大学生艺术团建设，创作歌曲《与你同航》《青春之翼》、无人机放牧主题的舞蹈《升生不息》等多个原创作品，打造“走动的思政课堂”，使“忠诚奉献·逐梦蓝天”的航空报国精神深入师生心中。

（三）建设航空文化学风传承示范基地，形成以航空报国故事为主线的故事浸润式育人体系

建设航空产业发展与文化普及科普基地、航空产业发展与文化建设研究中心、航空文化学风传承示范基地，把社会实践和志愿服务活动作为技术技能人才培养模式的重要载体，打造“思政 + 专业 + 文化”三位一体志愿服务，从而实现以航空报国故事为主线的故事浸润式育人体系构建。“忠诚奉献 · 逐梦蓝天”的航空报国精神学风系列传播项目获批“中国科协 2022 年度学风传承行动项目”，“英雄机组故事浸润航空青年文化育人项目”成功入选“四川省高校思想政治工作精品项目”。

成都航院紧紧围绕立德树人的根本任务，勇担建设航空强国的使命，弘扬航空报国精神，努力探索以航空报国故事为抓手，以思想引领为龙头、文化素质教育为基础、社会实践为行动的文化育人格局。坚持“两个融入”“三个平台”“四个制度”，健全培养体系，创新培养机制，拓展平台载体，通过理论研究与实践探索，讲深、讲透、讲实航空报国故事，通过讲好故事将“文”内化为精神追求，将“行”外化为实际行动，浸润航空青年成长。

创新融入航空报国精神的协同育人模式，培养为国铸重器的高素质技术技能人才

陈玉华，邹勇，叶峰

2015 年 C919 总装下线之际，习近平总书记作出重要指示，向广大参研单位和人员表示热烈的祝贺。希望大家继续弘扬航空报国精神，坚持安全第一、质量第一，脚踏实地、精益求精，扎实做好首飞前的准备工作，为进一步提升我国装备制造能力，使自己的大飞机早日翱翔蓝天再作新贡献。“忠诚奉献·逐梦蓝天”的航空报国精神，一直是成航人“航空报国·追求卓越”学校精神的核心内涵。学校按照“教学有模式，育人有范式”的思路，借鉴飞机集成制造系统理念，顶层设计、整体架构了“一体两翼三全五工程（1235A）”一体化育人模式；近年来逐步完善为系统集成的“1235A”一体化育人模式，培养“三好一优一强”（思想素质好、身心素质好、文化素质好，职业素养优，专业能力强）的高素质技术技能人才。学生逐步将航空报国精神内化于心、外化于行，积极投身于航空、国防事业，涌现了一大批忠诚奉献于祖国、为国铸重器的高素质技术技能人才。

一、主要做法

（一）开展融入航空报国精神的“立德树人”系统研究

以问题为导向，研究先行做好顶层设计，整体谋划集成系统，整合力量统筹推进，创新整体解决方案。围绕航空报国精神融入什么、如何融入、谁来融入以及融入得有没有效果，开展精神融入与培育、育人模式与机制等国家级、省级 11 个项目的育人研究。通过教育思想讨论，对“立德树人”内涵形成共识；确定学生发展标准为“三好一优一强”；明晰航空报国精神有机融入的出发点、契合点、共鸣点和支撑点；完善学生综合评价为德智体 + 发展素质；围绕工作成效和目标导向，更新全员工作观念，确立了“航空报国、技术立身，追求卓越、文化成人，育人为本、德育为先，创新服务、促进发展”的人才教育观和思政工作系统集成观。

（二）构建融入航空报国精神的“1235A”育人模式

1——航空报国精神带动“一体”。将思政理论课教学“主渠道”和日常思政教育“主阵地”融为一体。打造思政课程精品课和课程思政“金课”，获省级思政课程示范课 2 门、课程思政国家级示范课 2 门和省级示范课 6 门；创设成航大讲堂、逐梦蓝天等八大类活动。

2——航空报国精神助力“两翼”。成立文化素质学校，设立 10 个必修学分，推进涵盖文

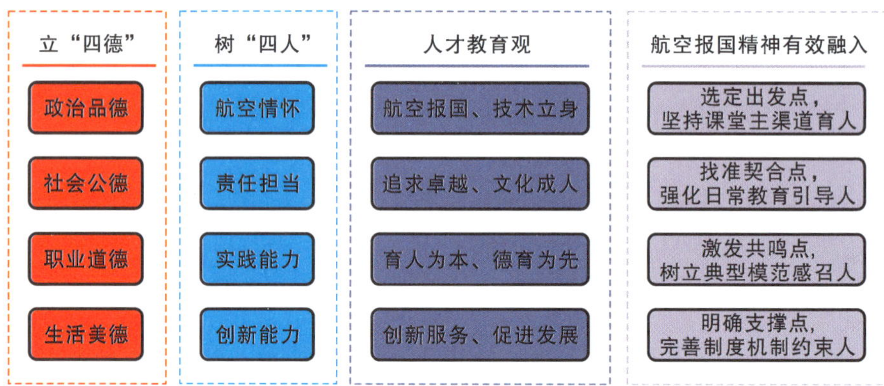

图 1 立德树人研究系统

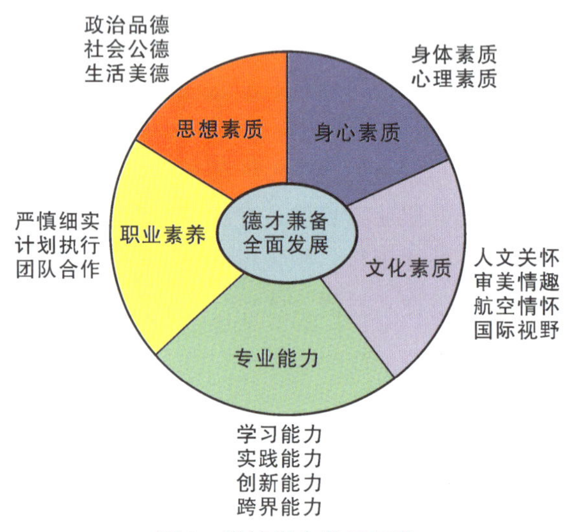

图 2 学校学生发展标准

史哲艺职的文化素质教育，提升学生就职后“续航”能力；建立事务服务中心，为在校学生提供全方位事务服务，助力学生顺利“启航”。

3——航空报国精神融注“三全”。实施全员育人与队伍建设、全程育人与养成教育、全方位育人与课内外活动策略。加强专职教师队伍和航空企业兼职教师队伍建设，将教师提升与晋职、评奖与评优和育人要求挂钩；发挥主课堂、课外活动实践、生活园区和网络“四课堂”区别性育人功能，落地全过程育人；推进教育教学正面教导、管理言传身教、服务潜移默化，落实全方位育人。

5——航空报国精神融注“五工程”。打造日常思政教育“五工程”，形成工作矩阵：一是政治铸魂工程，使学生牢记航空报国使命；二是思想导航工程，强化学生责任担当；三是道德引领工程，引导学生践行社会主义核心价值观；四是文化陶冶工程，让学生赓续航空文化基因；五是服务发展工程，促进学生健康成长成才。

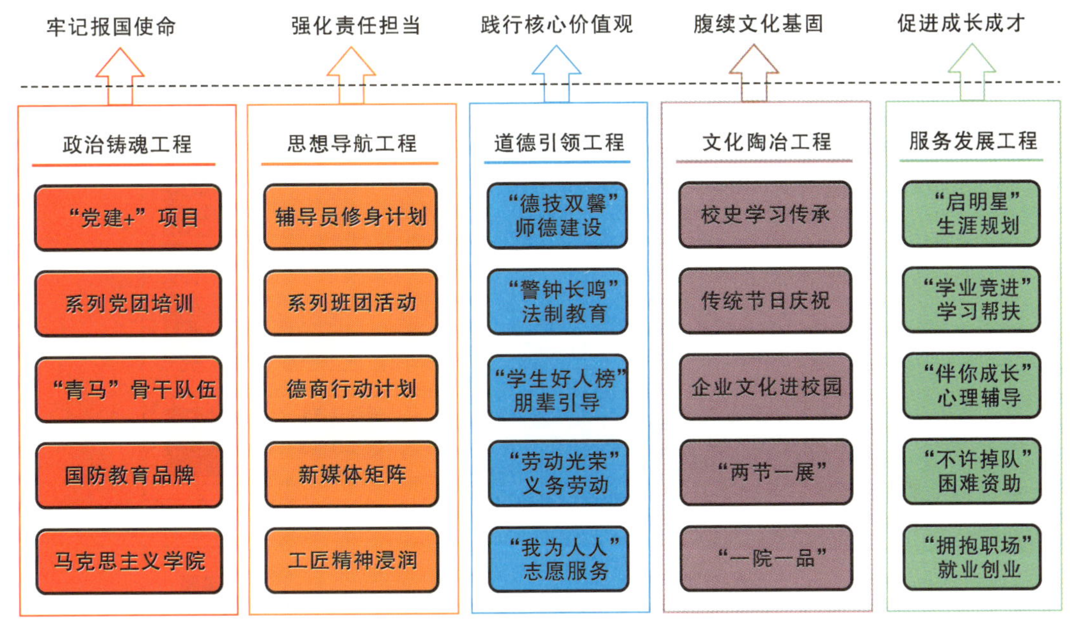

图 3 "五工程"工作矩阵

A——航空报国精神融入"十育人"。系统推进航空报国精神有机融入"十育人"：将"航空概论"设为公选课等，推进特色课程育人；开展航模赛训和走进航空企业等实践活动，航空企业成为学生实习与思政教育"双基地"，彰显职教特色实践育人；设航空文化专栏，打造航空馆，举办航空科技文化节，浸润航空文化育人；运行成航易班、融媒体中心网络文明育人；"16136"模式心理育人；航空企业横向科研、航空产品转包生产等科研育人；扶贫、扶智与扶志结合资助育人；线上、线下事务服务育人；与航空企业开展党团共建，成立航模队、成飞俱乐部，特色党团组织育人；国防教育特色学校与半军事化、准军事化管理育人。将由航空报国精神衍化而来的"祖国和人民利益高于一切"的价值观，"严慎细实、精益求精"的工作作风，"质量 100 分"的质量观，"讲质量、重安全"的安全观等，厚植于学生心底。

（三）航空报国精神增益于"三全多元"协同育人机制

航空报国精神增益全员协同。实行专兼职辅导员和"双导师"制，定期召开"大学工"会议，发挥思政教师主导、辅导员指导、专业教师表率、管理服务人员保障的作用。

航空报国精神增益全过程协同。推动体验式教育、信息化建设，实现以课堂为重点、课外活动实践为关键、生活园区为补充和网络为延伸的横向全程协同。

航空报国精神增益全方位协同。教育教学正面教导、管理言传身教、服务潜移默化的优势互补，形成全方位协同机制。

航空报国精神增益多元协同。建立航空产教联盟，家校定期联络，校军共育军士生，与爱国主义教育基地签订协议，形成校企链、家校链、校军链和校社链“四链”耦合，健全“校企家军社”多元协同机制。

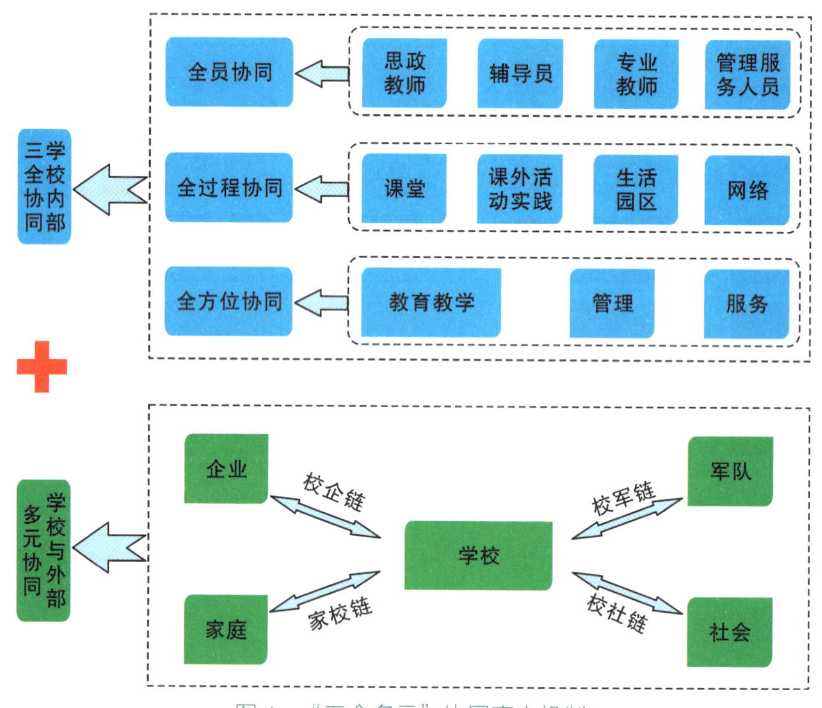

图 4　“三全多元”协同育人机制

二、成果成效

（一）学生综合素质大幅度提升，成效显著

近七年来，学校培养了近 3 万名“忠诚祖国、奉献祖国”的“三好一优一强”高素质技术技能人才。涌现出受到习近平总书记接见的“中国民航英雄机组”成员吴诗翼，签署通令嘉奖的梁磊等 10 名士官；还有获授“全国技术能手”，入围第 46 届世界技能大赛国家集训队的梁镖；获“全国青年岗位能手”称号的崔鸿宇；获 2019 国庆“阅兵嘉奖”的潘兴远；“四川省最美女大学生”胡方雨等一大批优秀学生和毕业生。越来越多的航空类毕业生（目前超过 70%）到航空国防单位建功立业，服务于歼 -10、歼 -20、“翼龙”无人机、C919 国产大飞机、航母舰载机和民航客机的生产、维护和运营。学校就业率连续多年超 95%，用人单位满意度超 96%，是航空工业集团、中国航发集团双签约选聘人才唯一高职院校。据 Mycos 公司调查数据显示，学生多项就业核心指标优于全国“双高计划”学校平均水平。

表1　近几年毕业生就业核心指标情况

年度	工作与专业相关度/%		就业满意度/%		职业期待吻合度/%		半年内离职率/%	
	本校	全国	本校	全国	本校	全国	本校	全国
2015年	63	62	64	64	43	44	34	43
2016年	62	62	68	66	46	45	35	44
2017年	60	62	68	67	47	46	38	44
2018年	64	63	70	67	45	47	35	44
2019年	68	64	73	68	51	48	31	43
2020年	66	64	79	71	58	46	29	42
2021年	71	65	79	70	47	45	31	43

（二）学校育人水平显著提高，成绩斐然

学校成为首批四川省高校党建工作示范党委培育单位、四川省高校思想政治教育综合改革试点单位、四川省“三全育人”综合改革示范学校、四川省“三全育人”典型学校。思政工作发表相关论文 80 余篇，其中核心期刊论文 17 篇，引用与下载量累计超过 4500 次。入选教育部思想政治教育典型工作法 1 个、课程思政示范课 2 门，省级思政课程示范课 2 门、课程思政示范课 5 门、思政工作精品项目 1 项。以“成航大讲堂”“成航微讲坛”为主要载体，开展文、史、哲、艺、职讲座近 280 场，受众超 8 万人次。文化艺术节和航空科技文化节，已开展二十余届。学生心理健康辅导，形成“16136”模式，获“全国大学生心理健康教育先进集体”“四川省心理健康教育示范中心”等荣誉称号。大学生事务服务中心，对 20 余项学生事务进行“一站式”服务，该项目研究成果获四川省高职教育研究中心二等奖。“成航学生好人榜”已连续开展 8 届，荣获四川省职业院校中华传统美德案例一等奖。

（三）育人模式在省内外推广，备受肯定

学校将育人做法、经验，通过“高职院校思政工作协同育人成果”丛书进行展示与分享，已出版著作 4 部：《见证成长——成都航院优秀大学生成长手册》《高职院校大学生思想分类引导与文化素质教育创新实践》《高职院校大学生事务服务的研究与实践》《统筹规划校企共育——汽车类专业课程思政教学改革探索与实践》。出版教材 2 部：《我在这里启航》《启航——成都航院大学生学习生活指南》。在全国高职院校心理健康教育年会，直招士官业务培训会，文化素质指委会年会，四川省高校思政工作年会、职教行大会等，以及国家教育行政学院高职中青年干部培训班学员到校调研和省内外高职院校到校考察交流会等会议上，学校通过多种渠道、方式，宣介推广系统集成“1235A”一体化育人模式的做法与成效，得到学生思政工作同仁们的高度认可与肯定，并予以学习借鉴。

（四）成果经验极具示范作用，广受关注

近三年来，学校育人相关做法、经验、成果，被中央广播电视总台、《人民日报》《光明日报》《中国教育报》《教育导报》、人民网、中国网、中国教育新闻网、国际在线等媒体，以“弘扬航空报国精神，培养卓越技能人才”“系统集成育新人，航空报国担重任”等为题，累计报道超 400 次，在全国产生较大的影响。

教育视窗 07

弘扬航空报国精神 培养卓越技能人才

成都航空职业技术学院：
多元共育德技并修人才 强力服务航空强国建设

成都航院：系统集成育新人 航...

人民网 people.cn

人民网 >> 四川频道

成都航院：系统集成育新人 航空报国担重任

王波

2022年10月11日08:44 | 来源：人民网—四川频道

成都航院无人机检修维护实训。学校供图

“上个月我顺利面试通过了，中国航发沈阳黎明航空发动机有限责任公司，未来将投身到航空发动机生产事业中，感到万分荣幸！”今年，赵福瑞从成都航空职

图 5　部分重要媒体宣传报道我校显著育人成效及相关做法

Chapter Two

第二章 打造技术技能创新服务平台

“产教、军民、科教”三融合，助力航空装备制造产业技术进步

徐伟，李秀鑫，林盛

成航携手航空装备制造头部企业成飞与行业优势企业北京精雕，积极探索产教、军民、科教三维融合的机制创新、制度设计和评价改革，围绕建设航空强国的总目标，共建编程技术中心、技术验证中心，以共建高水平技术技能平台为载体反哺人才培养，积极服务于四川省“5+1”现代产业体系建设和国家军民融合发展战略，支撑成都市“一核、一极、多点”航空产业空间布局，坚持走进企业做贡献；满足航空产业“井喷式”发展及四川省高端装备制造业对人才培养与技术创新的更高要求，大力引进企业破“瓶颈”，通过校企双向三融合，实现校企共同发展，辐射带动区域产业升级，实现校企共同发展，助力航空装备制造产业技术进步。

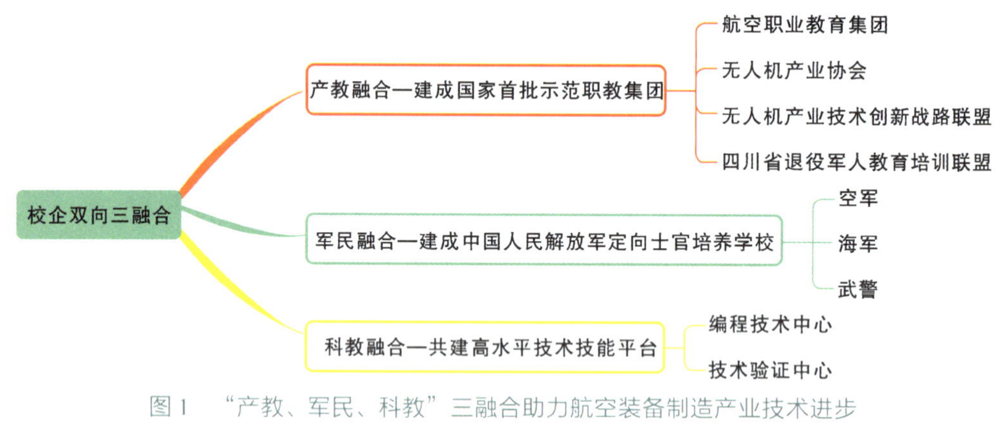

图 1 “产教、军民、科教”三融合助力航空装备制造产业技术进步

一、主要做法

（一）练为战、战中练，助力战鹰飞上天——学校建在企业的编程技术中心

近年来，我校战略合作大型国有企业航空工业集团在《关于深入贯彻落实国家军民融合发展战略的决定》中明确提出，为加快形成航空工业全要素、多领域、高效益的军民深度融合发展格局，更好地肩负起建设航空强国的神圣使命，要将其自身打造为开放型、合作型、国际型的现代化企业。其中，2 项关键指标分别是航空产业链中一般能力的社会化配套率达到 70%，集团公司军民融合产业收入占总收入的比例达到 70%。目前，集团头部企业、学校产教融合示范项目共建单位——航空工业成飞公司，正在依托新都区人民政府设立的四川成都航空产业

园，着力建立优秀战略供应商集群，以实现其一般能力的社会化配套率达到 70% 的目标，进一步牵引四川航空装备制造产业的大发展。为加快建立推动成果转化的生产技术协同创新平台，2019 年 10 月，航空工业成飞公司与学校合作成立“成飞 - 成航 CAM 中心”，作为航空装备制造产业学院所属航空智能制造技术研究院下设机构，工作地点在航空工业成飞公司。2021 年 3 月，学校派遣 4 名教师和 20 名大三学生入驻航空工业成飞公司数字化制造中心，承担飞机结构件（图 2）制造相关技术工作，并开展重点型号工程、无人机、民用飞机等项目科研和技术攻关。截止到 2021 年 9 月，学校共有 7 名教师和 60 名学生在企业技术人员指导下，参与重点型号工程、靶机、民机等项目科研、生产，按照航空工业成飞公司→“成飞 - 成航 CAM（编程）中心”→航空工业成飞公司优秀战略供应商企业的业务流程，采取“工艺转包服务”方式，共完成零件加工工艺准备 407 项，涉及零件 700 余个，编制制造大纲、测量工艺规程、工序说明书和数字模型规范化建模等技术工作 23 类累计 2 万余项，有力地支撑了航空工业成飞公司生产和科研任务的完成。这 60 名学生中，除了毕业后直接入职航空工业成飞公司之外，其他都是为航空工业成飞公司的优秀战略供应商企业培养的飞机结构件数字化制造技术技能人才。学生前期学习在学校，中期实践和毕业后在企业就业，学习及实践项目就是工作任务，指导教师就是企业员工，工作业绩就是学习评价，校企合作、校地合作探索并形成了“订单 + 定制”人才培养模式。目前，“成飞 - 成航 CAM 中心”（图 3）已经成为航空工业成飞公司及其优秀战略供应商企业的军民融合生产链条中不可或缺的重要一环，为四川成都航空产业园的入园企业及时开工生产、扩大规模、提升产能提供了重要的人才保障，是我校省级飞行器制造技术专业教师教学创新团队的工程实践基地。2021 年 1 月，航空工业成飞公司发来感谢信，给予学校高度肯定，并表示将在公司更大范围内和四川成都航空产业园推广这种“工艺转包 + 人才配套”的产教融合、军民融合、科教融合发展新模式。

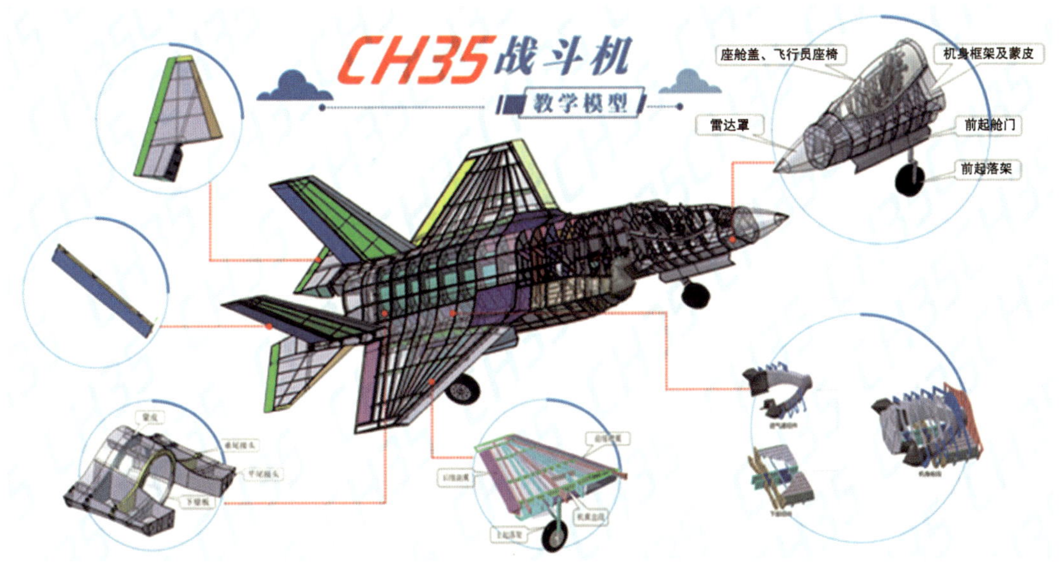

图 2　典型飞机结构件

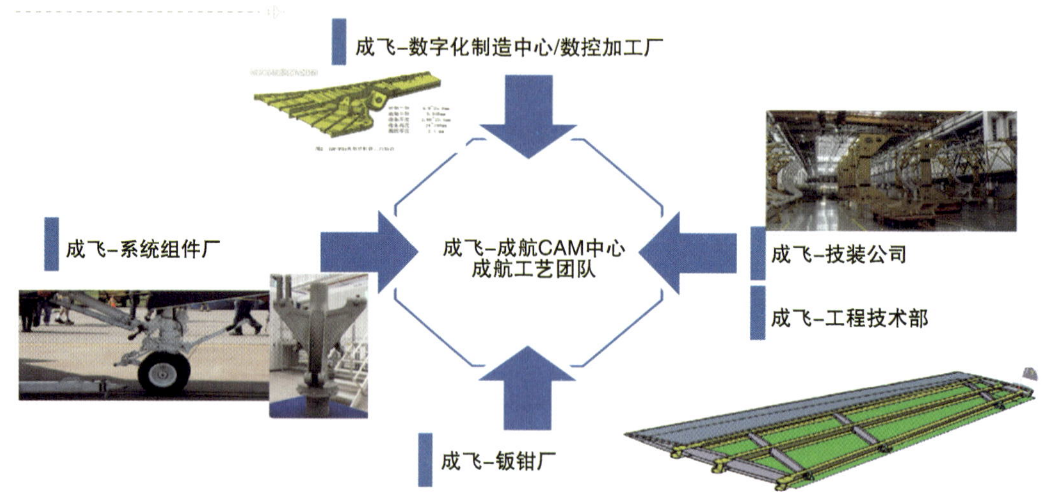

图 3　学校与成飞公司联合成立“成飞 - 成航 CAM 中心”

（二）破解“卡脖子”难题——企业建在学校的技术验证中心

“工欲善其事，必先利其器”。铸造大国重器，依赖精密机床，特别是具有自主知识产权的国家品牌工业产品，对保证国家安全和经济发展具有重要意义。北京精雕集团是一家专注于精密数控机床研发和制造的国家级高新技术民营企业，所产高速加工中心搭载的数控系统、精密电主轴、编程软件等核心部件均为公司自主研发和制造，其精密加工能力和稳定性达到国际一流水平，客户数量超过 1 万家，具有替代同类进口高档数控机床的竞争优势。北京精雕集团是全国职业院校五轴数控加工技术赛项支持企业、全国职业教育教师企业实践基地、国家“1+X”证书制度试点职业教育培训评价组织。2021 年 3 月，以北京精雕的工业软件、设备技术优势和学校的行业资源、人才培养优势为依托，北京精雕提供价值 3193.8 万元人民币的 19 台精密数控机床和 50 套编程软件，在学校共建“成都航院 - 北京精雕数字化 & 多轴精密加工技术中心”，探索校企协同育人长效机制，共建教学团队、培训团队和研发团队，实施教学实战化、教科研一体化、团队融合化，培养数字化制造及五轴精密加工领域高水平复合型技术技能人才，开展精密加工技术应用研究，包括 CAM 编程软件等工业软件二次开发、基于数字孪生的精密加工工艺开发、零件精密加工验证等，拓展科技扶贫、技术服务和社会培训空间。以验证中心为平台，通过国产技术创新和推广应用，为区域内航空工业成飞公司为代表的航空装备制造企业提供“设备 + 软件 + 人才”的整体解决方案，使国产精密数控机床研发制造和企业应用与五轴数控加工技术技能人才培养相结合，以机育人、以人造机、人机协同，打破国外加工技术垄断和工业“母机”设备封锁，实现校企深度融合，共同发展。

二、成果成效

截至 2022 年年底，学校共有 7 名教师和 100 多名学生分别进驻数字化制造中心、数控加工厂、系统组件厂、钣钳加工、技装公司、制造工程部等技术部门承担相应的技术工作。在成飞骨干技术人员的带领下，进行重点型号工程、无人机、民用飞机等项目的科研和技术攻关，共计完成零件新编工艺准备 407 项，涉及多个项目，零件个数达 700 项，FO 编制、测量申请、工艺卡、数模规范化建模等辅助工艺工作 23 类，共计完成 2 万余项，有力支撑了成飞生产和科研任务的完成。成飞其他分厂听闻数控厂的成功经验后，纷纷在总厂的支持下找到成航共建“工艺班”。目前，工艺技术转包经验已经推广至成飞全厂，极大地缓解了成飞各分厂在科研任务繁重、新机快速研制背景下工艺技术人员极度紧缺的现状。

截至目前，北京精雕捐赠的 19 台数控机床已运抵学校安装调试，每年可培养 300 名五轴数控加工技术技能人才，培训企业员工 2000 人次，承办 2 次区域或全国数控加工技能大赛，开展“精密数控加工”职业技能等级证书培训考核 1000 人次，服务区域 1000 家以上制造企业，开展中小学工业教育体验 3000 人次以上。

创新科研工作机制，打造科研工作平台，服务航空强国战略，助力产业转型升级

徐伟，张岩，纪佳李，田宏宇，何璐

成都航院围绕四川省“5+1”产业和战略性新兴产业发展需求，瞄准航空、军工企业的应用技术攻关和工艺创新，重点聚焦航空产业链，不断创新科研体制机制，强化科研资质条件建设，破除服务航空、军工企业的门槛壁垒。通过“政行军企校”多方联动，携手航空头部企业与国际国内知名企业共建省重点实验室、创新服务平台、研究所、技术验证中心与应用技术创新基地，协同打造省内外一流的应用技术创新服务高地，有力服务国家航空装备制造头部企业重点型号工程的科研生产和服务保障任务，成为航空头部企业技术升级的重要合作伙伴。学校联合企业与科研院所荣获国防科技进步奖一等奖与四川省科技进步二等奖，助力航空产业转型升级，为航空强国战略落地做出了积极贡献。

一、主要做法

（一）强化科研资质建设，破除服务国防军工的门槛问题

2020 年 10 月，我校成功通过武器装备科研生产单位三级保密资质现场审查。经四川省保密局、四川省国防科技工业技术办公室组织的专家现场审查，我校成为四川省第一所通过保密资质审查的高职院校，是全省通过保密资质审查的 9 所高校之一，标志着我校具备开展军工涉密项目的基本条件，破除了多年来困扰我校参与军工科研院所和企事业单位涉密项目的门槛。2021 年 3 月，经过现场审核和后期整改学校顺利通过国军标质量体系认证并取得证书。2022 年 1 月，学校开展国军标计算机应用软件的开发扩项工作和电源控制板的设计、开发和研制的复审工作，各项资源满足国军标质量管理体系有效实施需求，以先进、科学、有效的管理理论优化管理体系，形成适合自身情况的军品研发项目管理体系。2022 年 8 月，CMMI（Capability Maturity Model Integration，能力成熟度模型集成）全球官网正式宣布学校通过 CMMI3-V2.0 认证并颁发证书，标志着学校在软件过程和项目管理能力、软件技术研发能力等方面达到了国际先进水平，在质量管理和过程改进能力上有了显著提升。学校不断提高服务军工企业的核心竞争力，打造一流科研资质条件，为学校航空相关专业搭建了服务国防、航空、军工的平台，并为学校成为军工单位的合格供方提供了支撑。

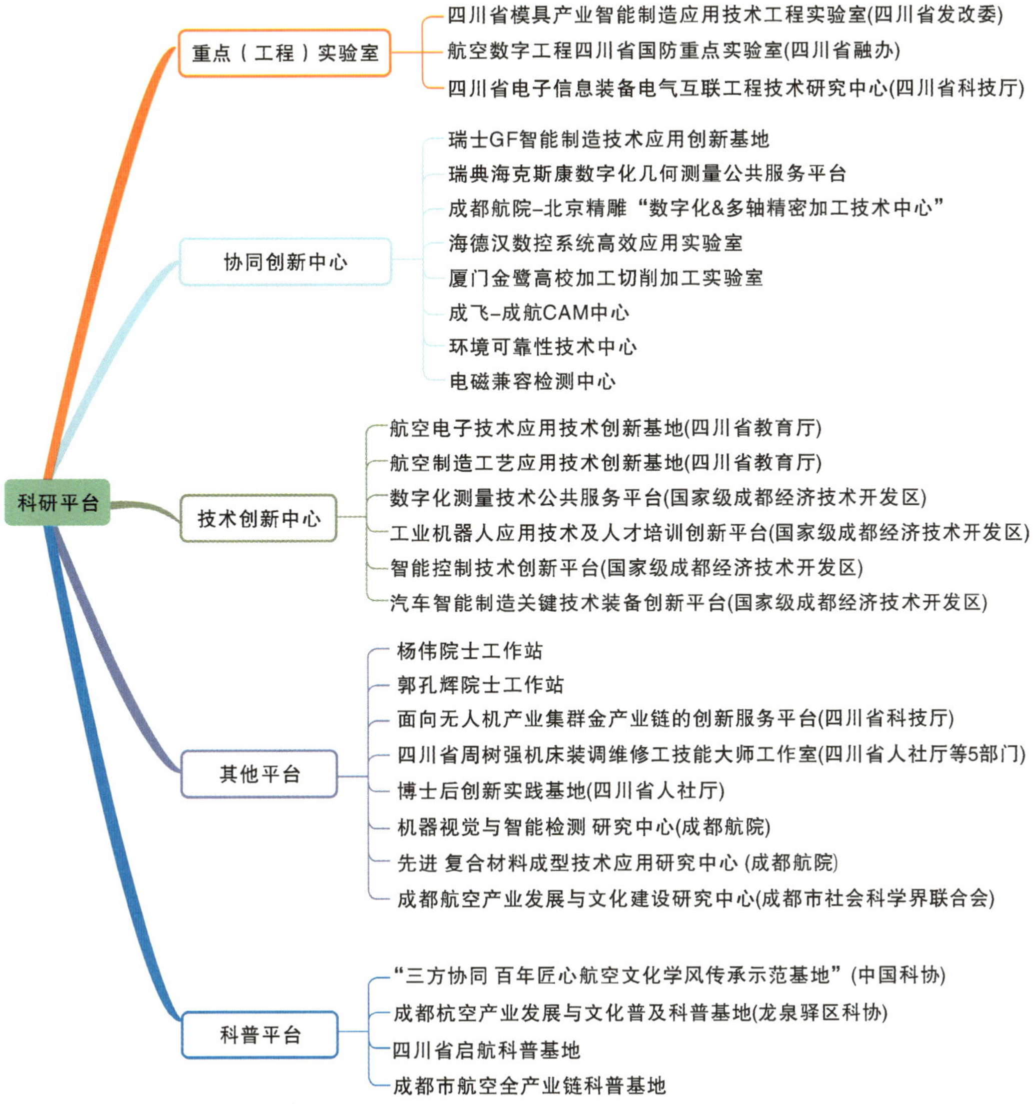

- 科研平台
  - 重点（工程）实验室
    - 四川省模具产业智能制造应用技术工程实验室(四川省发改委)
    - 航空数字工程四川省国防重点实验室(四川省融办)
    - 四川省电子信息装备电气互联工程技术研究中心(四川省科技厅)
  - 协同创新中心
    - 瑞士GF智能制造技术应用创新基地
    - 瑞典海克斯康数字化几何测量公共服务平台
    - 成都航院-北京精雕“数字化&多轴精密加工技术中心”
    - 海德汉数控系统高效应用实验室
    - 厦门金鹭高校加工切削加工实验室
    - 成飞-成航CAM中心
    - 环境可靠性技术中心
    - 电磁兼容检测中心
  - 技术创新中心
    - 航空电子技术应用技术创新基地(四川省教育厅)
    - 航空制造工艺应用技术创新基地(四川省教育厅)
    - 数字化测量技术公共服务平台(国家级成都经济技术开发区)
    - 工业机器人应用技术及人才培训创新平台(国家级成都经济技术开发区)
    - 智能控制技术创新平台(国家级成都经济技术开发区)
    - 汽车智能制造关键技术装备创新平台(国家级成都经济技术开发区)
  - 其他平台
    - 杨伟院士工作站
    - 郭孔辉院士工作站
    - 面向无人机产业集群金产业链的创新服务平台(四川省科技厅)
    - 四川省周树强机床装调维修工技能大师工作室(四川省人社厅等5部门)
    - 博士后创新实践基地(四川省人社厅)
    - 机器视觉与智能检测 研究中心(成都航院)
    - 先进 复合材料成型技术应用研究中心 (成都航院)
    - 成都航空产业发展与文化建设研究中心(成都市社会科学界联合会)
  - 科普平台
    - “三方协同 百年匠心航空文化学风传承示范基地”(中国科协)
    - 成都杭空产业发展与文化普及科普基地(龙泉驿区科协)
    - 四川省启航科普基地
    - 成都市航空全产业链科普基地

图 1　学校科研平台一览

编号：SCC20164

武器装备科研生产单位
三级保密资格证书

单位名称：成都航空职业技术学院
注册地址：成都市龙泉驿区车城东七路 699 号
法定代表人：张蕴启
有效期至：2025 年 12 月 28 日

2020 年 12 月 29 日

ISACA

Completed an official Standard CMMI® Benchmark appraisal (ID: 59952) from 06-10 June 2022 in accordance with the CMMI Institute's CMMI® Appraisal Requirement and judged

CHENGDU AERONAUTIC POLYTECHNIC
成都航空职业技术学院
P. R. of China
Information Technology Innovation & Application Research Center
to be at CMMI Institute Process Maturity Level 3
as defined by the CMMI® for Development V2.0
Appraisal Expiration Date – June 10th, 2025

Pankaj Kalra
CMMI Institute Certified Lead Appraiser

图 2　武器装备科研保密单位三级证书和 CMMI 证书

（二）打造一流科研平台，承接型号工程重大项目和任务

学校携手航空、军工头部企业，科研院所，地方政府与国际知名企业不断加强科研创新服务平台建设。政府授牌科研平台方面，与航空头部企业成飞共建四川省模具产业智能制造应用技术工程实验室（四川省发展和改革委员会）与航空数字工程四川省国防科技重点实验室（中共四川省委军民融合发展委员会办公室），带动我省智能装备产业创新发展，对省内模具企业向高端化、智能化转型升级起了积极的推广和示范作用；与无人机头部企业中航无人机公司共建四川省无人机全产业链创新平台（四川省科学技术厅），整合四川省在无人机领域的现有优势资源，打造无人机“四川造”的优势品牌效应。学校还联合中国电子科技集团公司第十研究所（简称：中国电科十所）组建四川省电子信息装备电气互联工程技术研究中心（四川省科学技术厅）；联合中航无人机公司建成省内唯一面向无人机全产业链创新服务平台和成都市无人机适航技术与标准研究所；联合电子科技大学等成立四川省博士后创新实践基地（四川省人力资源和社会保障厅）；联合中国民航第二研究所等成立航空电子应用技术等 2 个校企联合创新基地（四川省教育厅）；联合成都（国家）经济技术开发区成立智能控制技术等 6 个创新平台。校企合作科研平台方面，与成飞公司共建成飞 - 成航 CAM 中心，解决重大型号工程飞机结构件数控加工工艺编程的核心技术难题；与中航无人机公司共建无人机适航技术与标准研究所，开发大型无人机系统适航管理体系等适航标准；与瑞士 GF 公司共建智能制造技术应用创新基地，在航空精密制造领域开展科研试制和技术创新；与瑞典海克斯康公司共建数字化几何测量公共服务平台，开展先进数字化几何量计量技术的产学研及技术推广；与北京精雕集团共建数字化 & 多轴精密加工技术中心，开展精密加工技术应用研究与加工试制。学校依托科技创新服务平台大力承接国防军工大项目大任务，主持军委科学技术委员会“运动弱小目标精确识别技术”项目，为提升部队信息化作战能力提供技术支持；主研工业和信息化部民用飞机专项“大飞机智能制造网络示范”项目，解决了 C919 大飞机基于数据交互的复杂零件柔性生产智能管控系统技术难题；主持“飞机刹车主动式散热系统设计”等省部级重大科研项目 10 项，为航空工业、航发、民航、通航等航空关键领域的科技攻关提供强有力的技术支撑。学校还中标成飞公司“自动化质量检测与管控系统”技改项目，承接成飞公司飞机结构件 NC 编程技术外包工作，在飞机结构件、航空发动机、典型薄壁航空类零件、难加工材料等领域为航空头部企业培养了一大批的技术技能人才，有力服务了国家航空装备制造头部企业重点型号工程的科研生产任务。

（三）深化校企协同创新机制，获批国家级省部级科技进步奖

2022 年 11 月 23 日，四川省科学技术厅公布了 2022 年度四川省科学技术奖拟奖项目名单，其中“固态功放脉冲压缩导航 / 监视雷达”项目我校作为第二单位荣获四川省科技进步二等奖，取得四川省科学技术奖这一重大标志性科技成果的突破。该产品目前已经成功应用于船舶导航、航道监控、海洋测波、岸海监视等领域。如深圳边海防，海南环岛，长江、西江与香溪河

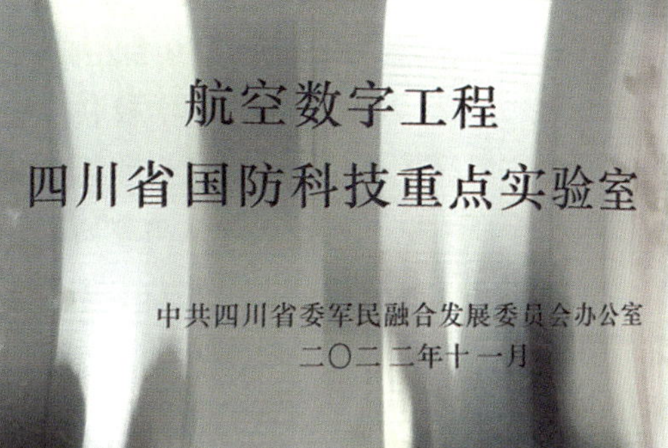

图 3　模具产业智能制造应用技术工程实验室和航空数字工程国防重点实验室

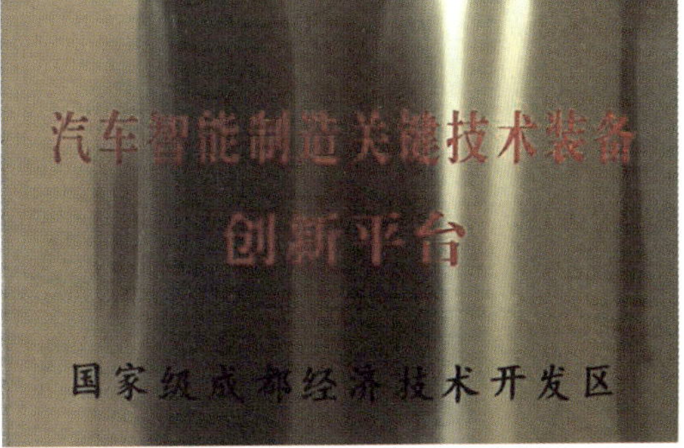

图 4　服务区域经济的创新基地与创新平台

航道，自然资源部，海警，以及海军航空大学、海军工程大学与哈尔滨工业大学（威海）等院校。近 4 年来每年雷达设备产销 30 套左右，平均价格 25 万元，年产值 750 余万元，已创造产值约 3800 余万元。2023 年 1 月，学校联合中国电科十所荣获国防科技进步奖一等奖，也是高职院校作为主要完成单位之一首次获得国防科学技术进步奖一等奖。学校邓建华博士曾经长期在中国电科十所、电子科技大学从事科研工作，引入学校工作并建立科研团队后，面向新一代战机、轰炸机、无人机机载电子装备应用需求，继续与中国电科十所、电子科技大学开展合作研究，在长期开发的国产自主核心 CAE 软件——多学科协同仿真设计平台与多物理场耦合仿真系统基础上，开发满足这些装备新设计方法与新制造工艺要求的诸多创新仿真算法、质量工程方法与功能模块，为这些装备的顺利研制并批量部署于一线部队做出突出贡献。上述国产自主核心 CAE 软件，除了在中国电子科技集团有限公司获得广泛应用外，已在航空工业成都飞机设计研究所、中国商飞等航空重点单位推广应用，成果彻底打破了国外技术封锁，已应用于国家重大专项 5 个型号产品，成果累计支撑 483 141.2 万元产值的产品，近三年实现了 107 625 万元的经济效益。

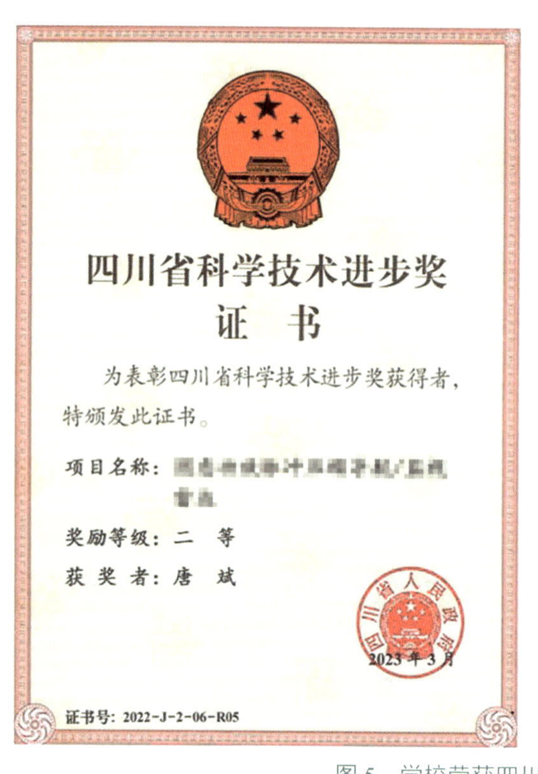

四川省科学技术进步奖

证　书

为表彰四川省科学技术进步奖获得者，特颁发此证书。

项目名称：[illegible]

奖励等级：二　等

获 奖 者：唐　斌

四川省人民政府

2023 年 3 月

证书号：2022-J-2-06-R05

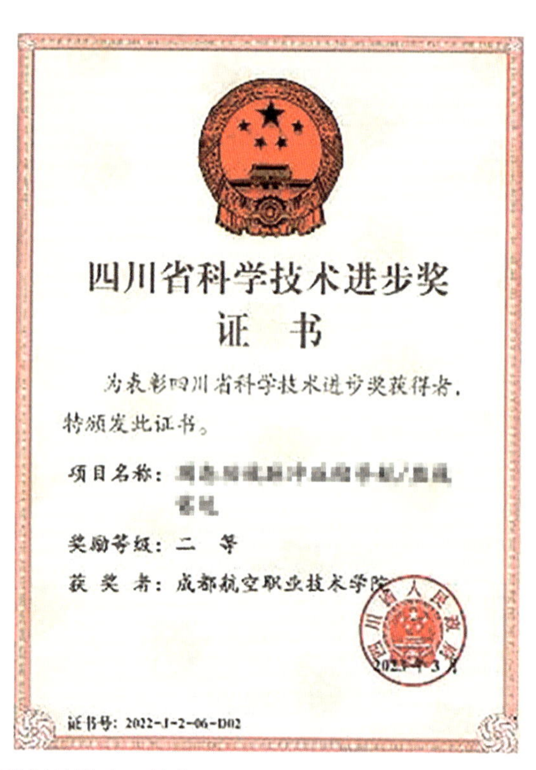

四川省科学技术进步奖

证　书

为表彰四川省科学技术进步奖获得者，特颁发此证书。

项目名称：[illegible]

奖励等级：二　等

获 奖 者：成都航空职业技术学院

四川省人民政府

2023 年 3 月

证书号：2022-J-2-06-D02

图 5　学校荣获四川省科技进步二等奖

二、成果成效

依托技术创新服务平台，近三年学校科研到账经费达 5300 万元，其中面向航空装备制造业开展科研试制、生产到账经费 3300 万元，为企业提供技术研发与技术服务收入 2316 万元。学校获省部级以上科技成果奖 2 项，取得了 6 家航空装备制造国防军工企事业单位的合格供方资质，主研国家级项目 3 项，主持省部级、市厅级科研项目 140 项，获授权专利 1077 项，突破关键核心技术 5 项，制定行业技术标准 5 项。

搭平台、制标准、创体系，引领无人机产业发展

周仁建

聚集行业资源，以解决“卡脖子”问题和助推成渝地区双城经济圈无人机产业发展为目标，围绕无人机产业链部署无人机创新链，牵头成立多个“政行企校”产业发展合作平台，打造省级科技创新服务平台，与头部企业共建产业学院和研究所，制定 3 项国际标准和 5 项地方标准，开发“翼龙”无人机适航标准体系、维修执照体系、维修培训体系，解决了无人机产业“卡脖子”问题，填补了国内国际标准空白，服务了我国高端无人机系统走出国门，开创了无人机领域科技创新新局面，为区域无人机产业发展做出了重要贡献。

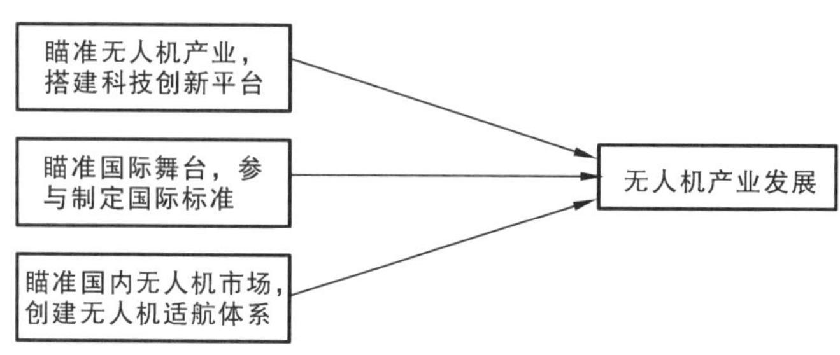

图 1　搭平台、制标准、创体系，引领无人机产业发展

一、主要做法

（一）瞄准无人机产业，搭建科技创新平台

2020 年 3 月，我校申报的“面向无人机产业集群全产业链的创新服务平台”项目获四川省科学技术厅重大项目立项，我校成为四川省唯一获得科技厅 200 万元经费支持的高职院校。四川省无人机产业集群全产业链创新服务平台依托四川省无人机产业技术创新战略联盟筹建，是集无人机研发生产、应用服务、运营保障和人才培养为一体的，面向四川省无人机全产业链的开放性省级创新服务平台。该平台建设目标是建成国内领先、国际一流的无人机全产业链创新服务平台。平台的服务对象是无人机全产业链，突出覆盖面的“全”，其国内首创的广义全产业链理念涵盖了无人机领域的技术创新、设计研发、生产制造、适航取证、运营管理、市场开发、维修延寿、后勤保障、成果固化和人才培养等一系列业务面，旨在为无人机行业的技术

进步和市场拓展提供全方位全周期的直接或间接服务。平台的组成部分包括四大子平台和常规功能单元，总体上以服务系统门户为核心，四大子平台包括设计制造服务子平台、应用服务子平台、运营保障服务子平台和人才培养服务子平台，常规功能单元则包括信息发布、论坛会议组织、数据库管理、用户管理等。平台的运作方式以开放性公益性理念为基础，8 家核心机构以其行业号召力起到产业聚集功能，吸引无人机领域技术及产品供应商或服务需求方入驻，在服务功能信息逐渐完善的过程中，对注册成员的自身可提供服务和业务需求进行收集、比较、配对，通过信息开放协同，使平台成员得到最合适的服务供应，可降低其经营成本、避免重复投入、减小市场风险。

该平台的建设符合当前中央和地方对无人机这一战略性新兴产品的扶持政策，有利于提高我国无人机产业的全球竞争力；同时将四川省在无人机领域的现有优势资源进一步整合，使各领域领军机构强强联合，以强势团体号召周边企业渐次加入，逐步形成闭环为核开放共赢的产业格局，打造无人机“四川造”的国际品牌。

2020 年 7 月，成都航院组织对我国无人机产业的适航政策研究。按照国务院、中央军委公布的《无人驾驶航空器飞行管理暂行条例》，大、中型无人机制造应开展适航管理，成都航院与行业头部企业中航无人机公司联合共建成都无人机适航技术与标准研究所，开展大、中型无人机适航管理技术、适航验证技术、标准研制技术研究，研究成果在“翼龙”无人机系统人工影响天气型适航取证中得到了应用，为我国无人机产业军转民探索了道路，促进了四川省无人机产业健康、稳步发展，为国务院、中央军委公布的《无人驾驶航空器飞行管理暂行条例》贯彻实施贡献了成都航院力量。

2020 年 12 月联合成都睿铂科技有限责任公司成立了成航 - 睿铂无人机航空遥感数据处理联合实验室，作为新兴的三维地理信息数据处理的实验室，主要承担航空遥感数据的获取、处理及质量检测等，致力于无人机应用于测绘、地质、农业、电力、国防、军工、航空航天、电子技术应用等行业和部门，数据成果市场应用不仅在传统的城市测量、数字城市建设、地形地理测绘、电力线路、道路及通道工程勘察设计、高速公路和铁路监控和施工管理等领域发挥了不可替代的作用，更对森林防火与预警、山体滑坡监测、防灾减灾、考古、大型事故现场勘察、环境生态监测等行业提供数据支撑，对直接关系国计民生的行业产生广泛而深远的影响，获得了 2023 年成都市科技创新平台立项支持。

2022 年 8 月联合北京航空航天大学成立了成航 - 北航空天地大数据应用创新中心，将“航空航天 + 人工智能”技术将“空”（无人机）、“天”（卫星、飞艇）、“地”（物联网、视频监控）等多源数据进行融合，面向区域多种灾害场景，提供数据服务和一站式解决方案，进一步推动空天地大数据技术在灾害监测领域的深度应用。

（二）瞄准国际舞台，参与制定国际标准

成航作为 IEEE（Institute of Electrical and Electronics Engineers，电气电子工程师协会）高级会员、成都市无人机产业协会常务副会长单位，积极参与制定全球无人机行业标准，主

持了 IEEE P1936.1《无人机应用架构标准》的起草、修订、定稿等工作，并组织与会的无人机行业相关企事业单位对 IEEE P1936.1 进行了探讨；同时，我校参与了对其余两项标准 IEEE P1937.1 和 IEEE P1939.1 的审核工作。

（三）瞄准国内无人机市场，创建无人机适航体系

2020 年 6 月，联合中航无人机公司打造的《基于适航理念的无人机系统维修人员执照管理规则》，成为全球首个无人机机型执照管理规则。2020 年 8 月，联合中国民航科学技术研究院航空器适航研究所等单位成立成都无人机适航技术与标准研究所。2020 年 12 月，联合中国民航局第二研究所等单位完成了中共四川省委军民融合发展委员会办公室项目“无人机综合监管体系研究”，为四川省无人机管控法律法规提供了理论支撑。

（四）服务高端无人机装备，开发无人机培训体系标准

2020 年 6 月，联合中航无人机公司开发“翼龙”无人机系统维修人员机型执照及培训体系，开发了大型无人机系统维修人员机型执照管理规则、培训管理体系文件、培训大纲、培训课件、考试试题等，为大型无人机系统机型培训标准化、规范化的实施奠定了基础。

二、成果成效

成都航院发起成了立航空产教集团、成都市无人机产业协会、四川省无人机产业技术创新战略联盟等政行校企平台，打造了省级无人机产业集群全产业链创新服务平台，与头部企业联合成立了成都无人机适航技术与标准研究所、促无人机产业学院、无人机应用技术研究院等；与多家创新创业型无人机企业签订产学研合作协议，支持企业发展壮大。

编制成都市《无人机服务规范》系列地方标准 5 项，组织参与制定 IEEE P1936.1《无人机应用框架标准》等国际标准 3 项；开发“翼龙”无人机适航标准体系和维修执照体系，填补了国内空白；参与制定教育部无人机应用技术专业教学标准和国家职业标准；聚焦无人机产业发展“卡脖子”问题，专业团队承担了四川省科学技术厅“面向无人机产业集群全产业链的创新服务平台”、中共四川省委军民融合发展委员会办公室“无人机综合监管”等省级重大项目研究与建设，面向行业、企业开展应用研究，累计承担了近 50 项纵横向项目，科研经费超过 1300 万元，发表各类论文 60 篇，其中核心期刊 20 篇，SCI、EI 收录 10 余篇；获得国家发明专利 15 项，实用新型专利（含软件著作权）140 余项，形成了一批推动无人机技术更新和产业发展的研究成果。

完成区域内十多种无人机及载荷的试飞测试服务；承担四川省“国培计划”“1+X”无人机驾驶职业技能等级证书试点教师专业能力提升培训任务；服务我国高端无人机装备走出国门，承担了 ALG 空军 69 名飞行机务人员机型培训任务，我国某部陆军军士无人机技术技能培训任务，以及航空工业集团主办、成都航院承办的 2023 年无人机机务保障高技能人才培训；每年

承担无人机驾驶员及行业应用、高新企业职工技能、部队技能提升等培训3000人天。

“适应新兴产业发展，产教科融合建设高水平无人机专业的成航实践”获2022年国家级教学成果奖二等奖、2021年四川省教学成果奖一等奖，中国教育新闻网以“产教融合的三级跳”为题、教育部官网“职教奋进新时代”专栏和《中国教育报》以“主动融入无人机行业，共建技术服务平台，助推产业升级——成都航院：与长空共舞”为题进行了宣传报道。

开发无人机行业技术标准，推动专业与产业同频共振

周仁建

深化产教融合、科教融合，开发我国无人机适航标准、地方标准和国际标准，以行业技术标准引领无人机应用技术专业教学标准，推动我国无人机产业高质量发展。

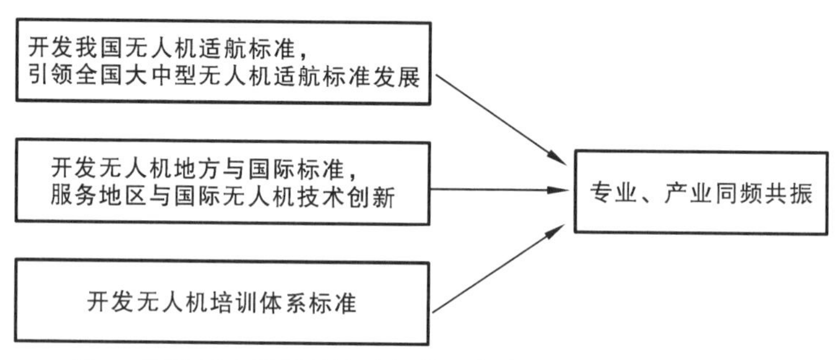

图 1　开发无人机行业技术标准，推动专业与产业同频共振

一、主要做法

（一）开发我国无人机适航标准，引领全国大中型无人机适航标准发展

开发无人机初始适航标准。成都航院与行业头部企业中航无人机公司联合共建成都无人机适航技术与标准研究所，开展大中型无人机适航管理技术、适航验证技术、标准研制技术研究。研究成果一是融入“基于风险管理的适航审定技术”等 6 门专业课程教学，引领无人机应用技术专业高质量教学；二是在“翼龙 -2”无人机系统的适航取证中得到了推广应用，推动了“翼龙 -2”无人机系统在中国航空工业取得首个无人机型号合格证（TC）、生产许可证（PC）和适航证（AC）。

开发无人机持续适航标准。成都无人机适航技术与标准研究所开展了“大中型无人机系统维修人员机型执照体系设计与机型培训资源开发”课题研究。研究成果一是融入“无人机系统概论”“无人机结构与系统”等 20 门专业课程教学，引领无人机应用技术专业高质量教学；二是将研究成果在非洲某国“翼龙 -2”无人机系统维修人员基础培训项目中得到了推广应用，推动了“翼龙 -2”无人机系统走出国门，服务共建“一带一路”国家建设。

（二）开发无人机地方与国际标准，服务于地区与国际无人机技术创新

开发成都市《无人机服务规范》系列标准。成都无人机适航技术与标准研究所开发了5项成都市《无人机服务规范》标准，提高了专任教师专业技术水平，推动了成都地区无人机产业高质量发展。

开发全球首个无人机载荷接口国际标准IEEE P1937.1《无人载荷装置接口要求和性能特性》发布。成都无人机适航技术与标准研究所作为主要贡献者开发了IEEE 1937.1《无人载荷装置接口要求和性能特性》国际标准，该标准是全球首个无人机载荷接口标准，标志着我国无人机技术标准、专任教师专业技术水平迈向国际，开始赢得与我国无人机产业发展水平相匹配的国际话语权。

（三）开发无人机培训体系标准，服务高端无人机装备

2020年6月，联合中航无人机公司开发“翼龙”无人机系统维修人员机型执照及培训体系，开发了大型无人机系统维修人员机型执照管理规则、培训管理体系文件、培训大纲、培训课件、考试试题等无人机培训体系标准，为大型无人机系统机型培训标准化、规范化的实施奠定了基础。

根据无人机培训体系标准，承担四川省“国培计划”“1+X”无人机驾驶职业技能等级证书试点教师专业能力提升培训任务；服务我国高端无人机装备走出国门，承担了ALG空军69名飞行机务人员机型培训任务，我国某部陆军军士无人机技术技能培训任务，以及航空工业集团主办、成都航院承办的2023年无人机机务保障高技能人才培训；每年承担无人机驾驶员及行业应用、高新企业职工技能、部队技能提升等培训3000人天。

二、成果成效

开发行业技术标准，高质量建设无人机应用技术专业，推动我国无人机产业向更高水平迈进。无人机适航标准、地方标准、国际标准的开发提高了无人机应用技术专业教师的技术水平，开发成果融入了专业课程体系，更高质量建设无人机应用技术专业。深化了产教融合、科教融合，以高水平技术标准、高质量技术技能人才推动我国无人机产业向世界一流水平发展。

完成成都市《无人机服务规范》系列地方标准5项，组织参与制定IEEE1936.1无人机应用框架标准等国际标准3项；开发“翼龙”无人机适航标准体系和维修执照体系，填补了国内的空白；参与制定教育部无人机应用技术专业教学标准和国家职业标准；聚焦产业发展“卡脖子”问题，专业团队承担了四川省科学技术厅“面向无人机产业集群全产业链的创新服务平台”、中共四川省委军民融合发展委员会办公室“无人机综合监管”等省级重大项目研究与建设；面向行业、企业开展应用研究，累计承担了近50项纵横向项目，科研经费超过1300万元，发表各类论文60篇，其中核心期刊20篇，SCI、EI收录10余篇；获得国家发明专利15项，实用

新型专利（含软件著作权）140余项，形成了一批推动无人机技术更新和产业发展的研究成果。

在面向“翼龙”无人机涉外空地勤人员培训，开发的无人机通用基础理论、无人机保障与维修基础和无人机操控基础三个培训包，及在适航理念的“翼龙”无人机机型人员资质体系和培训体系与资源的基础上，结合现在及未来空军、海军无人机的地勤保障维护和空勤操控定向培养军士及军贸易的需要，校企建成“翼龙”无人机空地勤培训中心，为无人机应用技术专业与无人机产业深度融合建立了长效机制。

校企双方协同共建了专业人才互派制度，打造一支专兼结合的现代学徒制双师团队。双师团队围绕产业关键技术、重要工艺，企业生产一线实际需求中的重大课题，开展共同攻关，协作创新，形成行业内智力高地。同时积极将优质产业资源融入教育体系，大量引进企业兼职教师校内任课，以此实现校企双方师资水平的共同提升，真正做到了人才共享。整合国内一流院校和中航工业等资源，校企协同为行业头部企业中航无人机公司员工提供多层次的继续教育和技术技能培训与鉴定，进而为无人机产业链上下游企业提供无人机技术技能人才培训服务，为无人机应用技术专业产教深层次融合探索了路径和方法。

开发无人机行业技术标准，促进了科教融合。成都航院与中航无人机公司等头部企业等单位发起成立西南航空产教联盟、四川省无人机产业技术创新战略联盟、成都市无人机产业协会、成都市航空航天产业联盟无人机专业委员会等校企合作平台，共促四川省无人机产业创新中心建设，助推四川省无人机产业生态建构。适应产业发展和强军需求，对接“翼龙”无人机产业链高端关键环节和岗位，共建无人机装配与调试、无人机保障与维修、无人机飞行与作业、无人机信息与数据处理、无人机适航与安全等专业方向，衔接无人机系统关键技术领域，共建无人机相关专业。成都航院与中航无人机公司长期开展人才共育，累计培养学生2000余人。校企深度合作下的专业人才培养规模和质量显著提升。目前核心专业在校生达1300人，培养规模与质量领先同类院校，学生获国家级、省部级奖项80余项；专业服务国防，已为空军、海军部队定向培养了超过900名无人机专业军士；专业服务装备走出去及产业高质量发展，毕业生成为无人机生产营运的骨干力量，中航无人机“翼龙”装试与技术服务团队中占比超过80%，其中包括“成都工匠”杜创兴；近三年专业学生的就业率超过98%。

以开发无人机行业技术标准，促进科研平台建设。通过开发行业技术标准，成都航院建设了四川省面向无人机产业集群全产业链的创新服务平台，与中航无人机公司共建了成都无人机适航技术与标准研究所，与成都睿铂科技有限公司共建了无人机航空遥感数据处理联合实验室。建有国内领先的无人机动力及新能源实验室、无人机创新应用实验室、无人机航拍与测绘实验室、飞行技术专业模拟机训练中心、模拟飞行训练基地、无人机虚拟仿真中心（航电、机电系统）、无人机航空遥感数据处理联合实验室、空天地大数据应用创新中心、无人机应用场景仿真中心、无人机智能飞控与导航实验室，其中成都航院与成都睿铂科技有限责任公司合作建立的成航 - 睿铂无人机航空遥感数据处理联合实验室获得了2023年成都市科技创新平台立项支持，支持经费30万元。通过校企合作开发行业技术标准，科研平台任务充足，建成了无人机应用技术专业的科研平台体系。

聚焦国防科技战略需求　深化协同创新体系建设

何璐

成都航院聚焦国防科技战略需求，聚集行业资源，紧扣国防科技与服务需求，围绕建设科技强国总目标，旨在打破西方国家对航空电子信息装备的封锁和垄断，围绕共形蒙皮天线结构功能融合设计与工艺集成技术及软件平台，通过建立组织、创新机制、搭建平台等措施，聚焦“大平台、大项目、大任务、大产出”，为我国国防科技发展做出了突出贡献。共形蒙皮天线作为航空电子信息装备的核心组成部分，深深地影响着保护我国国家安全和利益的诸多航天器的功能和性能，深入进行共形蒙皮天线相关研究，是保障我国国防科技自主创新的必然要求。为了完成国防战略目标，成都航院与知名企业协同打造技术创新服务高地，深化协同创新体系建设，以共形蒙皮天线结构功能融合设计与工艺集成技术研究为支撑，构建以成航为核心主体的创新生态系统，并通过制度创新、知识协同等方法促进生态动态发展，加快科研 - 成果转化一体化进程推进，为国防尖端军事装备的研制生产贡献“成航智慧”。

一、主要做法

（一）聚焦国防科技战略，强化市场目标与社会目标的统一

聚焦国防科技，埋头苦干科研。共形蒙皮天线结构功能融合设计与工艺集成技术是我国国防科技重地，长时间受到国外技术垄断。国家先后通过国家先进制造、国家重点基础研究发展计划（973 计划）、背景工程项目等重点和重大项目进行支持，是我国的长期战略任务。我校积极瞄准国防战略需求，在该领域进行长期的深入研究和开发工作，促进技术经验的传承与创新。本项目的共形蒙皮天线技术虽然在国外已经是比较成熟的技术，但被垄断之后想要进行自主研发就需要花费较长的时间，并且还需要一个持续而长久的团队。邓博士刚承接企业技术时只是助研，如今邓博士已经持续研究了 15 年，从实验室的技术到产业技术，持续攻坚克难，最终解决核心技术的问题。成果研发了国内首套共形蒙皮天线设计、工艺、调校集成于一体的软件平台，开发了有源相控阵天线与载机平台任意复杂曲率结构的一体化集成制造新工艺，研制了国内首台共形蒙皮天线智能调校装备，提出了面向共形蒙皮天线的多目标平衡策略的一体化设计新方法。

市场目标与社会目标的统一。该研究中的关键技术一直为国外垄断，是我国急需解决的问题。在此之前国内外相关工艺装备均使用国外技艺，国内相关产业链落后，但市场需求量巨大。

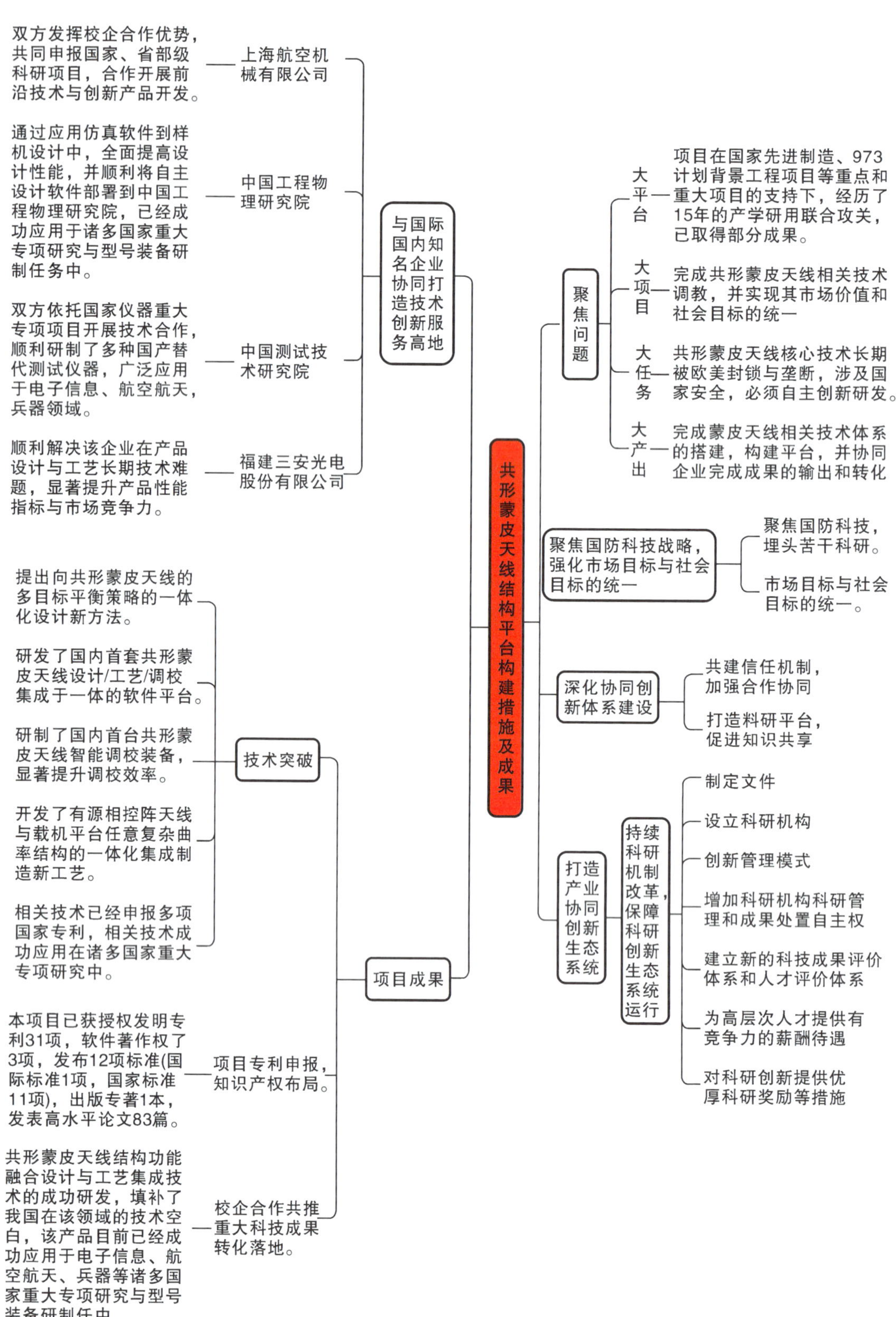

图 1　协同创新体系构建路径

通过本项目的研发，让我国在共形蒙皮天线技术科研和市场实现了从“0”到“1”的突破。首先，项目满足了社会需求，在项目的持续推进过程中，带动了相关产业链的发展，为推动经济发展和产业升级做出贡献。其次，项目在研发过程中不断结合新一代战机、轰炸机、无人机的实际需求，不断迭代设计工艺和技术策略，保障技术的领先性和实时性，确保社会目标的实现，促进项目成果实施落地。

（二）深化协同创新机制，保障实现关键技术路径

共建信任机制，加强合作协同。在推进项目之前，各合作团队拥有多次合作基础。本项目的负责人邓博士曾经长期在中国电科十所、电子科技大学从事科研工作，对相关合作单位很熟悉。在邓博士加入成都航空职业技术学院并建立科研团队后，和相关单位继续进行面向新一代战机、轰炸机、无人机机载电子装备应用需求的相关研究。由于参与项目的各主体之间存在多次合作基础的积淀，也使各参与主体在心理上达成了契约，形成了各主体之间的相互信任。这种信任机制将各方创造性地统一于项目协作之中，不仅为项目的开展减少了许多沟通成本，避免了合作过程中产生冲突，同时还加强了各单位之间的相互学习。

积极分享经验，打造知识共享平台。在本研发项目中，中国电科十所、电子科技大学技术积累更丰富，技术领域拥有较高话语权，而其他参与单位则在实地研发中也各具优势。各单位在项目研发合作中，发挥各自优势，并且积极和各方分享经验，打造知识分享和学习的平台，最终使各方在成功完成项目的同时能够完成知识、技术的积累。

（三）多元创新主体，打造产业协同创新生态系统

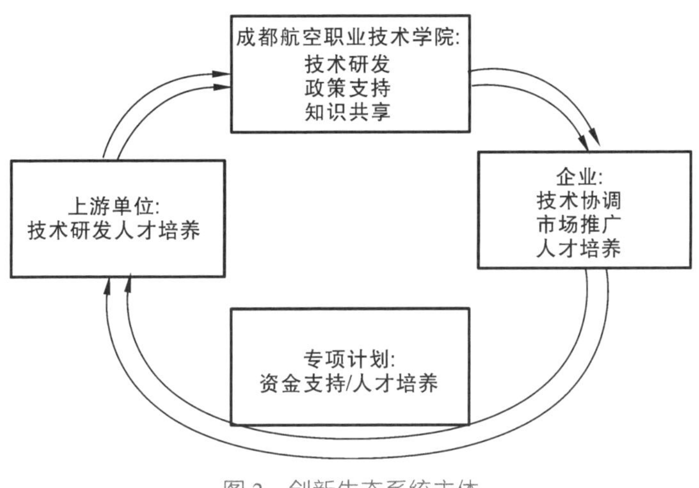

图 2　创新生态系统主体

通过图 2 所示链条可以看出，在该产业协同创新生态系统中，高校、政府、企业分别发挥着不同的作用，使整个链条能够有序进行。高校和科研院所作为研发机构，主要负责技术研发、

人才支持、知识共享等；企业负责技术协调、投产制造、市场销售等环节；政府主要通过财税、政策等给予产业发展的引导和支持。三方在过程中密切合作、相互沟通，形成政府、高校和企业之间动态的互动链条。

本项目中，成都航院作为高校是本项目的协同单位，在其生态系统的建设中发挥着不可替代的作用。学校作为主要参与单位，在项目研发过程中不断提供政策支持、平台搭建和人才保障；企业负责动技术协调、市场推广；政府专项支持计划在其中则扮演着约束者和黏合剂的作用。

持续科研机制改革，保障科研创新生态系统运行。学校不断深化科研体制机制改革，先后制定了《成都航空职业技术学院科研机构管理办法》《成都航空职业技术学院高层次人才引进办法》和《成都航空职业技术学院科研计分办法》等文件保障成航科研创新生态系统的良好运行。除此之外，成航还成立了校级科研机构，创新管理模式，自主实施科研项目攻关，增加科研机构科研管理和成果处置自主权。建立以创新价值、能力、贡献为导向的科技成果评价体系和人才评价体系，为高层次人才提供有竞争力的薪酬待遇，对科研创新提供优厚科研奖励，形成激励科研人才长效机制。

打造重大科研平台，促进知识共享。以该项目研究为契机，我校积极推进与中国电科十所共建四川省电子信息装备电气互联工程技术研究中心，依托开放式协同创新平台资源，在长期开发的国产自主核心CAE软件——多学科协同仿真设计平台与多物理场耦合仿真系统基础上，开发满足这些装备新设计方法与新制造工艺要求的诸多创新仿真算法、质量工程方法与功能模块，为这些装备的顺利研制并批量部署于一线部队做出突出贡献。实现共形蒙皮天线多学科融合和技术互补，促进知识共享，加快装备支撑服务体系建设，提升我国在战斗机、轰炸机、无人机装备领域的研发实力和产品升级。

二、成果成效

（一）突破技术封锁，荣获国防科学技术进步一等奖

共形蒙皮天线相关技术长期被国外产品所垄断和封锁，成都航院作为主要完成单位完成相关研究，突破技术封锁，是国内高职院校作为主要单位完成国家重大项目成果的首次，也因此荣获 2023 年国防科学技术进步奖一等奖。我们在国内首家推出具有全自主知识产权共形蒙皮天线结构功能融合设计与工艺集成技术及软件平台技术，是中国科研团队对党和国家创新政策的正确回应，有助于提高国防军事和重要基础设施等的安全性。

（二）项目专利申报，知识产权布局

截至目前，本项目已获授权发明专利 31 项，软件著作权 3 项，发布 12 项标准（国际标准 1 项，国家标准 11 项），出版专著 1 本，发表高水平论文 83 篇。该成果彻底打破了国外技术的封锁，已应用于国家重大专项飞机、无人机等 5 个型产品，有力提高了我国的国防科技实力。该成果累计支撑 483 141.2 万元产值的产品，本成果在其中占据比例为 25%，近三年实现了 107 625

万元的经济效益。应用该成果研发了国内首个基于 ARINC792 标准的平板卫星通信相控阵天线通信系统，卫通链路带宽实测已达到卫星运营商分配的带宽上限（50 Mb/s），获得了中国民用航空局、中国电科集团，以及各大中外飞机制造商、航空公司的高度评价。这些原创性成果对远程轰炸机的发展具有巨大推动作用。

（三）校企合作共推重大科技成果转化落地

共形蒙皮天线结构功能融合设计与工艺集成技术的成功研发，填补了我国该领域的技术空白。该产品目前已经成功应用于电子信息、航空航天、兵器等诸多国家重大专项研究与型号装备的研制。如上海航空机械有限公司、中国工程物理研究院、中国测试技术研究、福建三安光电股份有限公司等企业。

校地协同助力，搭建创新创业平台，学校与区政府共建成都航院大学科技园

王海龙，周仁建

根据成都航院和龙泉驿区人民政府相关部门联合调研成果，结合学校自身实际情况，成都航院制定了成都航院大学科技园平台建设方案，并且为此成立了成都航院大学科技园管委会、成都航院大学科技园管理办公室等专门负责机构，优选人员组建团队，专项负责大学科技园平台建设工作。在龙泉驿区各政府部门和相关单位的大力支持下，成都航院大学科技园逐步有序开展了园区场地建设、孵化企业入驻、孵化平台搭建等工作。特别是龙泉驿区新经济和科技局、行政审批局、知识产权局、住房和城乡建设局等部门，从业务指导、政策扶持、审批流程、资源引介等多方面为科技园创造了便捷的条件。

一、主要做法

（一）行政审批局专人特办

成都航院大学科技园园区场地选址在成都航院龙泉驿校区成航大厦 1 ~ 4 楼，尽管场地结构是写字楼，但该楼产权属性为住宅，原则上并不具备企业工商注册的条件。龙泉驿区行政审批局在得知此情况后，主动联系学校，协商解决问题，为学校创新创业人才培养和科技成果转化工作扫清障碍、创造条件。经过校地双方的充分沟通，在不违反相关法律法规的前提下，区行政审批局想办法、给建议，并安排专人负责成都航院大学科技园孵化企业的工商注册工作，大大缩减了大学科技园入园企业的注册时间，并明显提升了大学科技园的孵化企业引进效率。

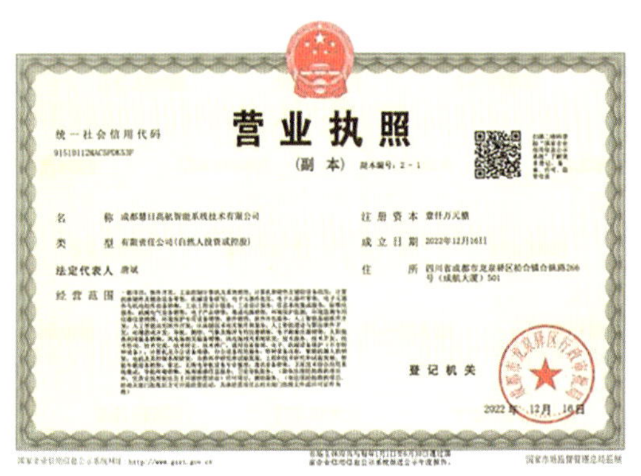

营业执照

（副本）

统一社会信用代码

名　　称　成都慧日高航智能系统技术有限公司

类　　型　有限责任公司(自然人投资或控股)

法定代表人

经营范围

注册资本

成立日期　2022年12月16日

住　　所　四川省成都市龙泉驿区柏合镇合林路266号（成航大厦）501

登记机关

2022年12月16日

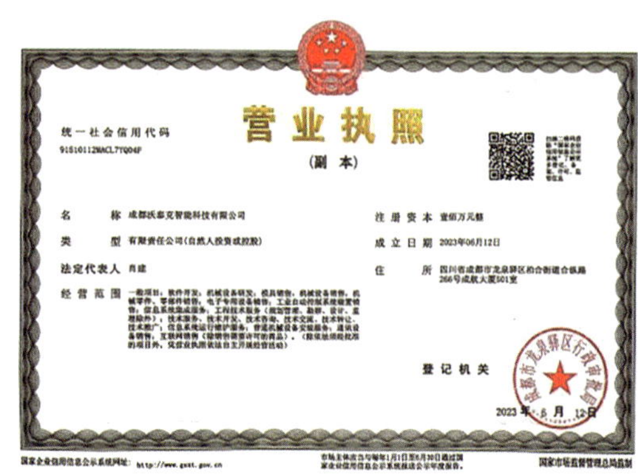

营业执照

（副本）

统一社会信用代码

名　　称

类　　型　有限责任公司(自然人投资或控股)

法定代表人

经营范围

注册资本　壹佰万元整

成立日期　2023年06月12日

住　　所　四川省成都市龙泉驿区柏合街道合林路266号成航大厦501室

登记机关

2023年6月12日

国家企业信用信息公示系统网址：http://www.gsxt.gov.cn

国家市场监督管理总局监制

图 1　部分入园企业营业执照

（二）新经济和科技局到校交流指导

2022 年，受多方面因素的影响，成都航院大学科技园平台建设进度遇到了一定的阻碍，进而影响了校地合作协议的推进。龙泉驿区新经济和科技局在了解到学校的困难之后，局主要领导带队到校交流，现场了解科技园建设过程中存在的困难，替学校出谋划策、排忧解难，提出了很多指导性建议。新经济和科技局领导表示，将一如既往全力支持成都航院大学科技园建设，坚持共商共谋、共建共享，努力使成都航院大学科技园成为成都市乃至我省校地合作、产教融合、创新创业的新名片，希望通过大学科技园的建设，围绕智能网联汽车、工业机器人、空天科技等技术领域产生较高水平的科研成果，加快实现科研与生产、科研团队与经营团队的有机融合，全面推进科技成果的转化应用，为成都市高质量转型升级与发展提供强有力的科技人才和产业支撑。

（三）知识产权局到校协议共建创新创造中心

龙泉驿区知识产权局围绕成都航院大学科技园园区企业的知识产权基础和预期增量，多次到校进行政策宣讲和合作交流，为大学科技园和园区企业申报各级各类知识产权项目创造有利条件。

作为一所高水平、有特色的教学科研并重型职业院校，成都航院一直走教学、科研、社会服务协调发展之路，坚持产学研相结合的办学理念。成都航院建设大学科技园，有利于提升其科学研究水平与综合实力，同时大学科技园作为一个产学研平台，可以整合高校的人才、技术、信息、实验设备、校园文化等优势与社会资源，成为技术创新基地、创新创业人才聚集和培养基地、高新技术企业孵化基地、产学研结合示范基地。成都航院借助大学科技园的平台，深度了解社会相关产业发展，使学校的学科建设与社会需求良性互动。在上述比较成熟的条件下，成都航院和龙泉驿区知识产权局协商规划在成都航院大学科技园建立“成都航空职业技术学院知识产权创新创造中心”，并力争将它打造成校地合作在知识产权领域的代表性成果。

拟共建的成都航空职业技术学院知识产权创新创造中心预期目标是：① 园区知识产权申请数量逐年递增，三年内实现专利申请 50 件以上，版权登记 20 件以上，商标注册 10 件以上；② 提高学校师生的知识产权创新创造和保护意识，开展知识产权培训 2 期，学校师生参与度达 200 人次；③ 提高成都航院大学科技园科技型企业、知识产权试点示范企业、高新技术企业等数量，力争做到 2 家以上；④ 形成可复制、可推广的工作经验，在省级以上媒体进行宣传。

为此中心顺利建立，成都航院提供以下保障措施：① 建立健全园区知识产权管理机制，监督园区入驻企业完善知识产权管理制度，建立《知识产权管理办法》《公司保密协议》《知识产权考评制度》《知识产权运营管理办法》等一系列规章制度，从制度上规范知识产权管理的各项工作；② 加大资金投入，建立知识产权专项资金，专门用于知识产权培训、调研、座谈等，保障园区内知识产权工作顺利开展；③ 与有经验的三方机构形成战略合作，定期对园区内企业进行专题培训及辅导。

成都航院为此中心建立还制定了以下工作方案：① 组织课题组成员进行调研，对有意向入驻园区并且资质较好的企业进行政策宣讲，做好信息汇总；② 组成专门的项目研发组，熟悉项目开发的目的和任务，同时对项目的需求任务进行确定和完善，并制订项目的实施计划；③ 有计划、有步骤地引进技术密集型企业，并制定孵化方案，对完成入驻的企业进行知识产权培育；④ 做好高校知识产权创新创造中心建设经验总结，并将成功经验做好宣传推广，加大辐射及示范力度。

二、成果成效

在龙泉驿区新经济和科技局、行政审批局、知识产权局、住房和城乡建设局的帮助和支持下，校地协同出谋划策，携手排忧解难，推进大学科技园建设发展。目前，大学科技园平台建设工作已经取得以下成果：

（1）成功引入 12 家科技型企业入园，企业发展方向涉及航空、汽车、无人机、智能制造、软件开发、智能建筑等多个学校优势领域。

（2）成都航院大学科技园和成都农商银行龙泉驿支行、中国建设银行龙泉驿支行多次协商，在融资服务、结算业务、存款业务等方面基本达成合作协议，并已经为 12 家入园企业办理了银行开户。意向协议约定：针对园区内较成熟的企业，大学科技园合作银行可提供诸如“科创贷”“壮大贷”“驿享贷”等政府贴息产品，贴息后年化利率最低至约 2%；针对园区成长类企业，经过成都航院大学科技园运营管理平台或学校推荐，合作银行可受理企业小额信用贷款申请（一般额度不超过 50 万元，视企业发展及实控人情况，适时引入园区管理平台或融资担保公司提供保证担保）；针对园区企业实控人员或核心人员，合作银行可提供信用授信产品，并享受合作银行最低利率；有效发挥国资平台作用，合作银行为园区企业引荐经开资本等战略投资方。

（3）成都航院大学科技园和 2 家知识产权代理公司多次协商，在代理费用、相关培训、企业资质申报等方面基本达成合作协议，为园区企业在知识产权工作领域保驾护航。

（4）成都航院大学科技园和 2 家财税服务公司初步达成了合作意向，意向合作财税服务公司承诺以最低的价格，提供贵宾服务，涵盖基础服务、售后服务、增值服务等方面。组建包含专属高级会计、专属高级售后服务、专属客服经理、专属订单管家、专属外勤会计、专属工商团队在内的专业财税服务团队，帮助园区企业以最低的成本完成财税相关工作。

（5）在龙泉驿区住房和城乡建设局的支持下，成都航院大学科技园园区建设已完成施工报建，并如期开工。

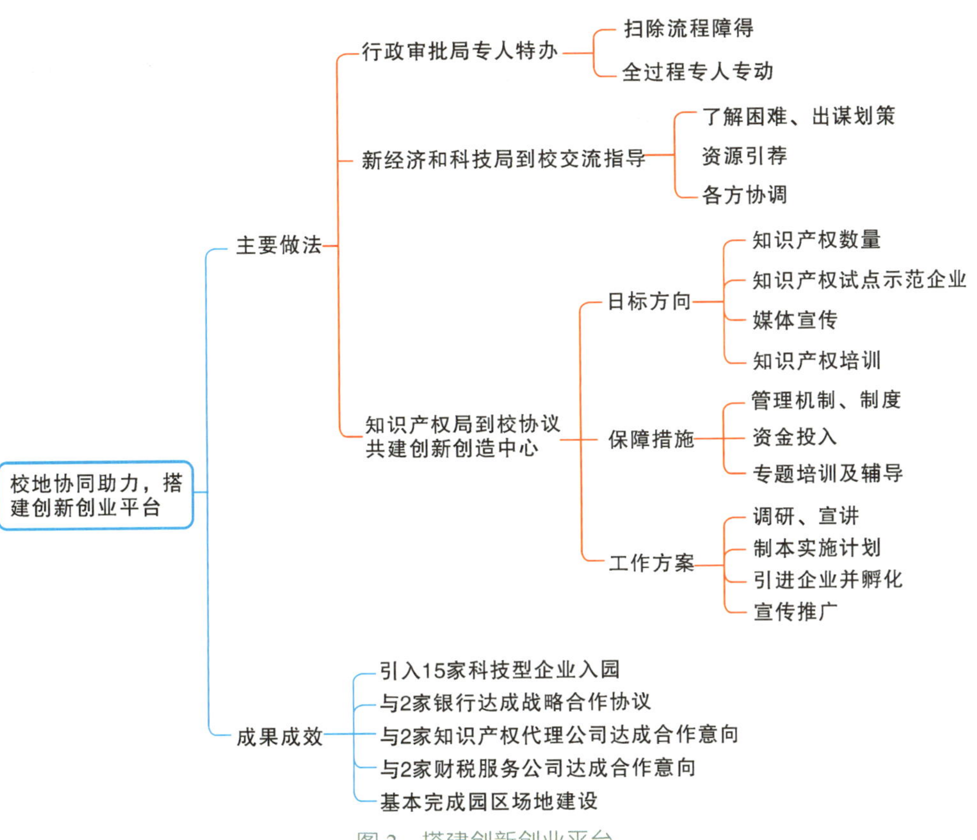
校地协同助力，搭建创新创业平台
主要做法
行政审批局专人特办
扫除流程障得
全过程专人专动
新经济和科技局到校交流指导
了解困难、出谋划策
资源引荐
各方协调
知识产权局到校协议共建创新创造中心
日标方向
知识产权数量
知识产权试点示范企业
媒体宣传
知识产权培训
保障措施
管理机制、制度
资金投入
专题培训及辅导
工作方案
调研、宣讲
制本实施计划
引进企业并孵化
宣传推广
成果成效
引入15家科技型企业入园
与2家银行达成战略合作协议
与2家知识产权代理公司达成合作意向
与2家财税服务公司达成合作意向
基本完成园区场地建设

图 2　搭建创新创业平台

强资质、建平台、育成果，校企协同打造航空技术创新服务高地

纪佳李

成都航院围绕四川省“5+1”产业和战略性新兴产业发展需求，强化科研资质建设，聚焦“大平台、大项目、大成果”，瞄准航空、军工企业的应用技术攻关和工艺创新，重点聚焦航空产业链，打造一流科研资质条件，携手航空头部企业与国内外知名企业共建省重点实验室、创新服务平台、研究所、技术验证中心与应用技术创新基地，协同打造技术创新服务高地，服务制造强省战略和国家重大型号工程，助力产业转型升级，不断提升服务航空产业转型升级能力，以高水平的协同创新服务能力，成为航空企业技术进步的重要伙伴，为航空尖端军事装备的研制生产与“翼龙”无人机走向世界贡献成航智慧，为航空强国战略落地及区域经济的发展做出贡献。

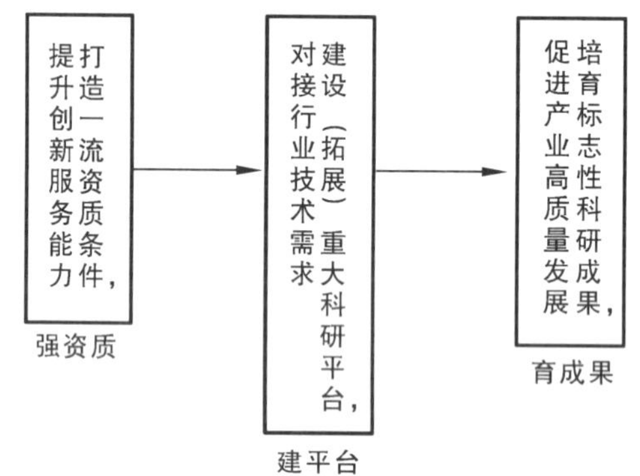

图 1　“强资质、建平台、育成果”校企协同创新机制

一、主要做法

（一）打造一流资质条件，提升创新服务能力

2022 年 1 月，学校完成国军标（GJB 9001C—2017）质量管理体系监审扩项软件开发能力工作，各项资源满足国军标质量管理体系有效实施需求，以先进、科学、有效的管理理论优化管理体系，形成适合自身情况的军品研发项目管理体系。2022 年 8 月，CMMI 全球官网正式宣布学校通过 CMMI3-V2.0 认证并颁发证书，学校成为成飞、中国电科十所等 6 家重大

军工企业的合格供方，标志着学校在软件过程和项目管理能力、软件技术研发能力等方面达到了国际先进水平，在质量管理和过程改进能力上有了显著提升，服务军工企业的核心竞争力提高，不断打造一流资质条件。学校不断提升科研内涵，持续完善资质条件建设，着力解决高职院校服务国防军工企业的门槛壁垒，加快形成航空工业全要素、多领域、高效益的军民深度融合发展格局。

（二）建设（拓展）重大科研平台，服务行业发展

2022 年 1 月，学校四川省模具产业智能制造应用技术工程实验室创新能力建设项目被纳入 2022 年度四川省工程研究中心（工程实验室）创新能力建设项目及后续省预算内基本建设投资计划，成功获批基本建设投资补助 300 万元，属学校争取省发改创新能力专项资金的突破。该工程实验室服务于“中国制造 2025”，服务于国家和省市装备制造、航空产业重大战略发展，面向装备自主可控重大需求，改善模具智能制造技术领域研发条件。工程实验室围绕智能装备产业技术进步及科技成果转化的迫切要求，聚焦模具材料成型与智能化设计、模具智能制造等关键共性技术，突破先进材料成形工艺及智能化成型、模具智能制造工艺、产品智能化成型装备等瓶颈，带动智能装备制造产业创新发展，增强优势产业核心竞争力和发展后劲、培育高新技术产业、促进产业结构调整升级和经济社会可持续发展。此举有助于学校增加实验室建设投资，进一步建成具有国内一流水平的工程实验室，改善模具智能制造技术领域研发条件，促进区域经济和行业发展，深入实施创新驱动发展战略，有力支撑四川省模具产业创新发展。2022 年 11 月，学校联合成飞公司共建四川省航空数字工程国防科技重点实验室获批中共四川省委军民融合发展委员会办公室国防科技重点实验室。实验室以航空数字化制造技术为专业特色，建成科学研究、人才培养、军民融合、成果转化为一体，服务于航空、国防军工和地方经济建设的技术发源地和助推器，搭建人才培养和社会服务的高层次平台。

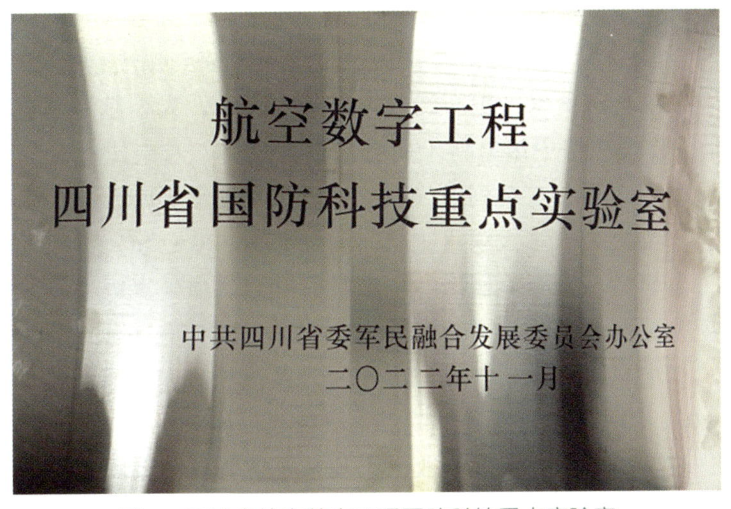

图 2　四川省航空数字工程国防科技重点实验室

（三）紧盯关键技术应用，推进校企协同创新

经四川省教育厅推荐，学校报送的“成都航院 -GF 加工方案智能制造技术应用创新基地”通过教育部—瑞士乔治费歇尔教育合作工作领导小组办公室组织专家综合评审。学校成为 183 所应用型大学本科、高职、中职院校中排名前 50 的高校，成功入围首批智能制造创新实践基地培育建设单位、教学资源开发中心。入围后，我校还受邀编写《GF 智能制造生产线安装调试及运维职业技能等级标准》。学校与成飞共建成飞 - 成航 CAM 中心，与北京精雕集团共建数字化 & 多轴精密加工技术中心，与厦门金鹭成立成都航院 - 厦门金鹭成都方案中心暨高效切削加工实验室。成航秉承“服务航空、服务国防、服务区域经济”的办学定位，全面拓宽校企合作之路，实现校企供需对接，瞄准航空重大型号工程，立足于型号研制，以“优势互补，协作共进”为宗旨，共同打造解决方案、技术服务和人才培养高地，解决了多项航空装备制造“卡脖子”技术难题。

二、成果成效

学校紧扣成都航空产业发展需要，以提升学校科研内涵为抓手，瞄准航空、军工企业的应用技术攻关和工艺创新。打造一流资质条件，着力解决高职院校服务于国防军工企业的门槛壁垒、重大科研项目的立项瓶颈、高层次人才的培养平台、成果转化与技术转移的体制机制问题。聚焦科技创新与科学普及，大力建设面向四川省“5+1”重大产业领域的工程实验室、创新基地、创新平台、校企协同创新中心等重大科研平台和辐射区域的航空科普平台。瞄准航空、军工企业的应用技术攻关和工艺创新，承接航空头部企业的重大横向项目，立项一批国家级、省部级、市厅级重大科研项目。推动技术技能创新向纵深发展，培育一批以国际标准、省部级科技成果奖、发明专利、高水平论文、学术专著为代表的标志性成果。近三年，学校科研项目到账经费 5300 万元，面向航空装备制造业开展科研试制、生产到账经费达 3300 万元。依托技术创新服务平台，2022 年学校科研到账经费达 1751 万元，其中面向航空装备制造业开展科研试制、生产到账经费 991 万元，为企业提供技术研发与技术服务收入 1232 万元，首次获得中国电科十所合格供方资格，与中国电科十所陆续签订重大横向技术服务外包项目 3 项，实现到账经费 110 万（年均超 500 万）。纵向科研方面，成功立项军委科学技术委员会国家级项目 1 项，获批经费 100 万元，实现首次主持国家级项目的历史性突破，主研大飞机智能制造、国家社科基金 2 项国家级项目；主持“青藏高原山地智慧牧场管理关键技术研究与牦牛智慧放牧养殖示范”等 16 项省部级科研项目与 180 余项市厅级项目；横向科研方面，中标成飞 974 万技改项目和飞机结构件 NC 编程技术外包工作（年均超 1000 万）。学校获省部级以上科技成果奖 2 项（国防科技进步奖一等奖一项，四川省科技进步奖二等奖一项），取得了 6 家航空装备制造国防军工企事业单位的合格供方资质，获批 3 项中国科学技术协会学风传承项目，获得授权专利 150 项，突破关键

核心技术 5 项。截至目前，学校是四川省科研资质条件最好的高职院校，学校已建省部级、市厅级平台工作成效显著，多个平台在上级部门的考核中被评为优秀，积极争取省部级平台的势头、力度不断加大。

Chapter Three

第三章 打造高水平专业群

建设航空装备制造全产业链技术技能平台，精准助力航空装备制造产业发展

刘智昂

随着经济的快速增长，中国已经成为世界上航空产业发展最快的国家之一，国内航空装备自主研发、制造也取得了举世瞩目的成绩，军用、民用同时开花结果，军用飞机有歼 -20、运 -20、直 -20 等，民用飞机有 C919、AG600 等，皆在国际航空领域占据举足轻重的地位。为适应航空产业快速发展、满足航空装备制造产业需求，学校联合国内外航空装备制造头部企业，搭建适应航空装备制造产业快速发展的航空金属材料、复合材料成型 - 航空零件、装配制造 - 装配试车等全产业链的技术技能创新服务平台，精准助力国内航空产业头部企业新项目的研发，加快航空产业园内中小装备制造企业快速发展。

一、主要做法

（一）助力高端航空装备制造产业发展，建成全产业链高水平技术技能平台

为助力高端航空装备制造产业发展，满足航空装备制造全产业链发展需求，建成航空金属材料成型技术、复合材料制备成型技术、航空结构件精密加工技术、航空钣金件加工、飞机部件铆接装配技术、航空发动机装试技术、无人机应用技术等多个方向适应航空企业发展需求、覆盖面广的高水平技术技能平台。全产业链技术技能平台的搭建，能够辅助航空装备制造产业龙头企业解决生产制造过程中新材料、新技术、新装备上的难以解决的新项目瓶颈问题；同时能够助力航空产业园内飞机装备主机厂配套的中小航空装备制造企业对航空装备制造产业链的全面、深入的理解，帮助中小航空装备制造企业解决在加工、检测、装配等生产工序中遇到的问题。

图 1　技术技能平台

（二）整合优势资源对接产业发展，技能大师传承引领多工种技能平台发展

依托高水平技术技能平台，与航空装备制造行业中优秀企业合作，联合打造了适用于航空装备精密加工技术的“张川航空精密加工技能大师工作室”，航空装备制造技术的“刘时勇技能专家工作室”，飞机铆接技术的“苟德森飞机铆装技能大师工作室”，飞机钣金加工技术的“周晓斌飞机钣金技能大师工作室”；同时，依托高水平技术技能平台深耕本专业方向的技术技能领域，不断夯实基础，提高技艺，培养高水平技能技术教师，实现自我突破，学校培养的自动化技术专业教师周树强在全国高职技能大赛中取得教师组第一名的好成绩，荣获“全国技术能手”称号，在 2020 年获批省级“周树强机床装调维修工技能大师工作室”。

图 2　大师工作室

（三）建设高质量技术、技能、科研团队提升技术技能平台质量

以高水平技术技能创新平台为出发点，为最大限度地提高技术技能平台的积极作用，以创新平台为硬件基础，根据平台专业需求，选择杰出人才作为平台相关专业团队负责人；同时，引进和培养优秀的航空装备制造人才，打磨高水平科研团队，打造了覆盖航空制造工艺应用技术、航空电子技术应用技术、无人机适航与标准、工业机器人应用技术、智能控制技术、数字化测量技术等多个技术领域的市厅级及以上科研团队 7 个。团队以高质量创新平台为依托，开展了多项科研项目工作，其中科研团队成员主持“飞机刹车主动式散热系统的风阻预测模型构建”“飞机刹车主动式散热系统设计”等省部级科研项目 5 项；参与成飞公司主持的“飞机装配机器人智能钻铆系统”、成都长征电气科技有限公司主持的“高速航空总线物理层传输参数在线测试评估技术研究”等省部级项目 3 项；主持“VR 虚拟仿真在航空维修人才培养中的应用”“薄壁复杂腔体零件激光选区熔化成形质量分析及工艺优化”等成都市厅级科研项目 5 项。

表1　打造的市厅级及以上科研团队

序号	团队名称	认可或批准部门	团队负责人
1	航空制造工艺应用技术创新基地	四川省教育厅	郑金辉
2	航空电子技术应用技术创新基地	四川省教育厅	唐斌
3	“航空电子技术”四川高校工程技术创新团队	四川省教育厅	唐斌
4	“航空制造工艺”四川省高校工程技术创新团队	四川省教育厅	刘建超
5	成都无人机适航与标准研究所	中国民航科学技术研究院	何先定
6	“工业机器人应用技术及人才培训创新平台”技术创新团队	成都（国家）经济技术开发区	刘铁
7	“智能控制技术创新平台”技术创新团队	成都（国家）经济技术开发区	李明富
8	“数字化测量技术公共服务平台”技术创新团队	成都（国家）经济技术开发区	刘建超

（四）以高水平技能平台为依托，以赛代练，促进平台发展

学校紧跟行业发展，以世界技能大赛为龙头，以全国职业技能大赛、全国行业职业技能竞赛为引领，围绕航空装备制造产业需求设立“世赛班”“精英班”“竞赛班”等以技能为先的竞赛型班级，以技术技能平台功能为基础，开发“世赛班”“精英班”“竞赛班”人才培养项目及实训课程方案，探索实施“以赛促教、赛学结合”的人才培养模式，提升人才培养质量，通过强化技能人才培养，进而提高技术技能平台建设，打造高质量创新平台。专业群依托高水平技术技能平台以及相关竞赛班、竞赛项目先后培养374人竞赛型学生，形成了稳定的竞赛选手人才梯队。学生获各类技能竞赛国家级奖项11项、省级奖项74项。学生梁镖获全国第一届职业技能大赛第四名，荣获“全国技术能手”称号；学生崔鸿宇荣获“全国青年岗位能手”称号。

二、成果成效

（一）建成国家级和省部级技术技能平台8个

根据航空装备制造产业对复合材料、精密加工、智能制造、智能检测等多种技术技能的需求，与国际知名装备制造公司瑞士乔治费歇尔联合建成“教育部 - 瑞士乔治费歇尔智能制造基地”国家级技术技能平台1个，同时建成“四川省模具产业智能制造应用技术工程实验室”“航空制造工艺应用技术创新基地”等7个省部级技术技能平台，共计11个校级及以上技术技能平台。

表2　已建成的多样化技术技能平台

序号	名　称	级　别	所属专业群专业
1	教育部–瑞士乔治费歇尔智能制造基地	国家级	数控加工技术专业
2	四川省模具产业智能制造应用技术工程实验室	省部级	模具设计专业
3	面向无人机产业集群全产业链的创新服务平台	省部级	无人机应用专业
4	航空电子技术应用技术创新基地	省部级	电子信息技术专业
5	航空制造工艺应用技术创新基地	省部级	数控加工技术专业
6	工业机器人应用技术及人才培训创新平台	省部级	自动化控制专业
7	数字化测量技术公共服务平台	省部级	数控加工技术专业
8	智能控制技术创新平台	省部级	自动化控制专业
9	成飞-成航CAM中心	校企共建（成飞）	数控加工技术专业
10	先进复合材料成型技术应用研究中心	校级	复合材料专业
11	机器视觉与智能检测研究中心	校级	自动化控制专业

（二）打造高质量技能大师工作室 5 个

为进一步提升航空装备制造技术技能人才培养水平，解决加工制造难题，依托高质量技术技能平台，积极开展校企合作，打造了“张川航空精密加工技能大师工作室”“刘时勇技能专家工作室”“飞机铆装技能大师工作室”“飞机钣金技能大师工作室”“周树强机床装调维修工技能大师工作室”。

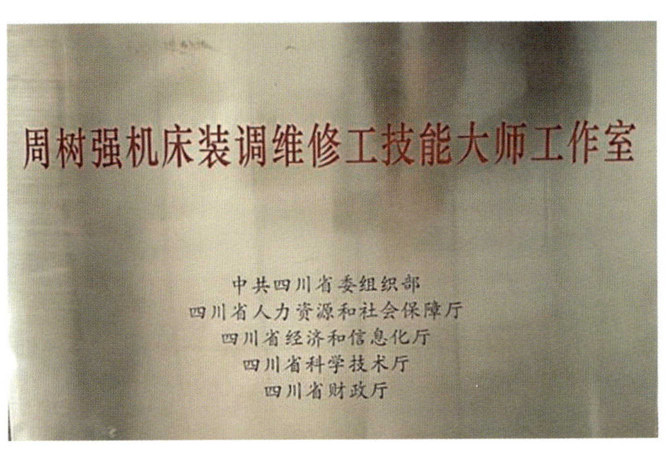

图 3　周树强大师工作室

（三）促产教融合发展，打造国家级市域产教联合体

成都航院依托技术技能平台，积极与产业龙头成飞公司开展工艺精英班等产教融合合作项目，经过两年的深入开展，取得了卓越的成效，受到了企业和教育部的赞许，在 2023 年 9 月教育部公示的第一批国家级市域产教联合体名单中，成都航院作为职业院校牵头单位的成都航空航天产教联合体名列其中。

（四）成都航院 –GF 加工方案智能制造技术应用创新基地建设经验通过教育部向全国推广

成都航空职业技术学院与瑞士乔治费歇尔集团公司合作建立的“成都航院 -GF 加工方案智能制造技术应用创新基地”经教育部 - 瑞士乔治费歇尔教育合作工作领导小组办公室考核通过，获批“瑞士乔治费歇尔智能制造创新实践基地首批培育建设单位”和“教育资源开发中心”。我校成为四川省仅有的获批的高职院校。

主持专业目录及教学标准开发，成为国家职业教育标准规范制定者

袁忠，马超，陈小燕，周俊

通过“行业引领、产业聚焦、企业牵头、校企协同”的工作思路，对标国家职业标准、航空行业职业标准，携手航空头部企业，校企协同一体化设计专业目录、专业简介、专业教学标准等国家职业教育标准文件，基于航空装备全生命周期生产技术链条，牵头主持研制航空装备类“双链条”中职 - 高职专业 - 高职本科一体化专业目录，牵头主持 7 个、主研 15 个航空装备类 / 航空运输类等专业简介、专业教学标准，参与制定航空企业职业标准 1 个，成为国家职业教育标准规范制定者，推动航空职业教育高质量创新发展。

一、主要做法

立足于航空工业、民航产业“十四五”发展规划及 2035 愿景目标，围绕建设航空强国、民航强国、制造强国战略目标，深化落实职业教育改革实施方案、提质培优、体系化建设等要求，按照《国家职业教育专业目录》制（修）定工作及专业简介、专业教学标准研制工作要求，牵头主持航空装备类，主研航空运输类、道路运输类、机械制造类、土木建筑类等专业目录、专业简介、专业教学标准研制工作，参与制定航空企业职业标准。

（一）主动对接“四新”要求，体现专业目录层次特征与类型特色

1. 精准对接产业技术进步

根据航空产业企业转型升级要求，适应产业需求变化，以新一代信息技术为抓手，数字化改造传统优势专业，确保专业人才培养与产业需求紧密相连。根据新技术、新产业、新业态和新职业发展趋势，淘汰“落伍”专业，新增“四新”专业，进一步满足航空产业对新型人才需求。结合航空装备产业特征、技术特点，加强产业合作，开发全产业链专业，有助于全面提升专业服务产业发展能力，适应产业转型升级要求。

2. 全面实施一体化系统设计

深入调研航空企事业单位，充分了解航空产业链构成及关键技术、职业岗位和人才需求情况，优先确定专业目录设计方向及重点，能够针对航空产业链各个环节，分析其人才需求和职

业能力要求，确定专业设置开发关键点。通过对接航空装备制造与维修全产业链，分析技能岗位能力要求，系统设计中职、高职专科、高职本科专业目录，实现飞机—发动机—机载设备与航空材料加工—零部件制造—部件装配—整机试验—维修维护一体化专业目录设计。

3. 彰显职业教育层次特征

依据航空专业定位与人才培养目标，直接从名称上可以界定中职、高职专科、高职本科层次差异，从专业内涵上和内容上厘清三者的衔接关系，进一步明确不同层次专业培养的重点，做到不同层次专业上下衔接，能够实现中高本贯通培养，可以清晰界定中职专业掌握单一专业技术技能为主，高职专科专业掌握复杂专业技术技能为主，高职本科专业掌握综合专业技术技能为主，更多彰显职业教育专业层次特征，航空装备类一体化的专业目录设计明显有别于普通高等教育，体现了职业教育的类型特色。

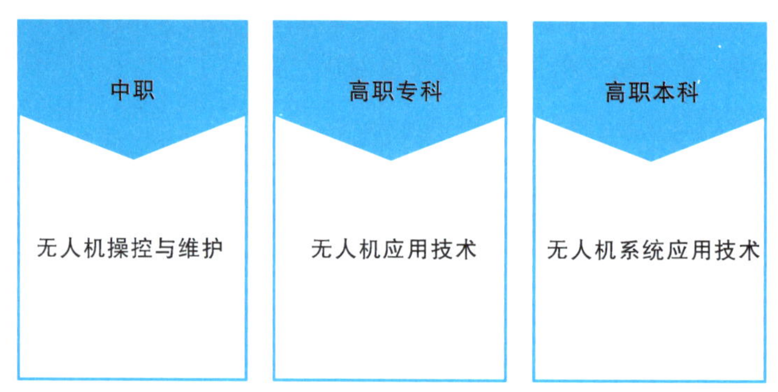

图 1　以“无人机”中高本专业名称为例说明专业边界

4. 体现智能化数字化方向

在新一代信息技术催生下，要求职业院校专业目录在名称上体现智能、智慧等具有时代特征的称谓，能够直接区分职业教育与高等教育专业名称上的差异，要求专业类专业能够来源于产业，满足企业需要，更多体现专业在适应、推动产业转型升级，吸引更多的考生报考这些专业，能够得到考生及其家长的认可、认同，能够从名称上了解专业毕业生未来从事行业领域。

（二）彰显专业标准规范，体现技术能力导向与企业需求

1. 注重基础知识教学

始终注重专业学科知识逻辑，强化专业基础，注重专业核心能力培养。按照国家专业人才培养公共基础课程的要求，认真分析专业基础课程的学科性，对专业核心能力的支撑性，对未

来技术发展的交叉性。围绕培养具备传统技术技能手段、适应现代技术生产、掌握未来智能化应用的复合性人才重新梳理专业课程体系，明确专业课程知识、能力、素养关键点，重视课程教学中实验、实训教学，引导专业重视基础知识、基本技能、职业素养教育教学。

2. 抓好内容连贯衔接

按照中职、高职专科、高职本科不同专业人才培养目标差异，注意航空装备类不同层次专业知识的衔接性，同一层次专业间专业知识的侧重点，要求不同层次课程的内容连贯、衔接，融入本科学位授予体系，开展专业工程认证，体现教育共性、职教个性，做好中职、高职专科、高职本科专业内容一致性，更多聚焦专业技术知识与职业素养的同向性，尊重技能人才成长成才规律设置课程内容，体现课程内容与培养目标的衔接贯通。

3. 反映专业能力要求

航空装备技术与应用专业领域涵盖设计、工艺、装备、生产、管理等环节，这些均属于产业高端，要求工作人员掌握前沿技术，具备丰富知识，具有解决实际产生难题的能力，在专业标准规范设计上就要求强化企业生产现场的先进生产技术，突出专业核心能力培养。真正培养能够适应产业发展和技术进步，能够解决航空装备生产实际问题，具备很强的创新能力，具有数字素养与技能的综合性人才，其专业能力与水平超过其他专业类专业，更多体现智能、智慧背景下的新一代技能工人特点。

4. 体现职业素养要求

航空装备类企业具高技术、高质量、高安全性等要求，在专业简介、专业教学标准研制中必须强化专业素养目标分解，重视职业素养培养与教育工作，强调课程思政的有效融入，重视诚信教育、安全教育和作风养成，专门设置相关课程和要求课程开设有保密、诚信、质量、安全等相关内容，强化相关内容在实践教学中的考核评价。

二、成果成效

通过航空企业调研、航空职业院校交流，校企协同主持研制基于航空装备全生命周期的“双链条”中职 - 高职专科 - 高职本科一体化航空装备类专业目录，教育部已在《职业教育专业目录（2021 版）中发布使用，得到航空企业、学校的高度认可，得到师生的一致好评。

校企牵头开发具有航空特点、职业特征、类型特色的职业教育专业简介、专业教学标准。专业简介已由教育部在官网上发布，专业教学标准已提交终审，学校及其他院校参照标准全面制（修）订了校级专业教学标准、专业人才培养方案及课程教学标准。

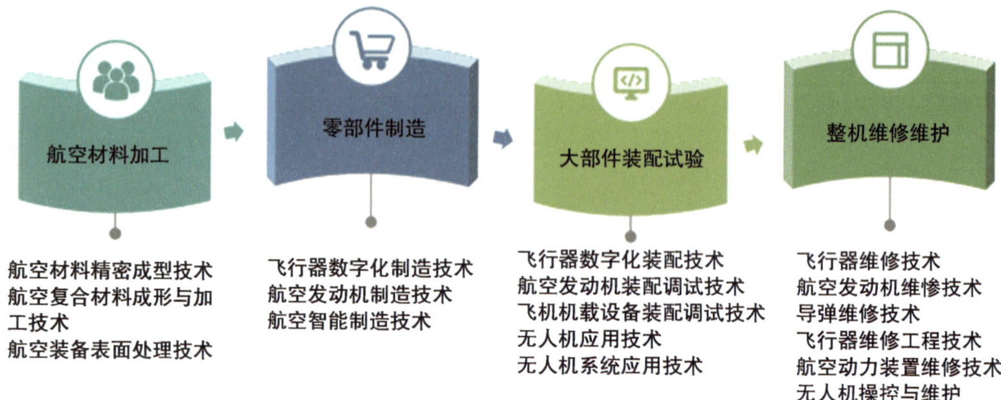

图 2　对接航空产业生产链设置专业

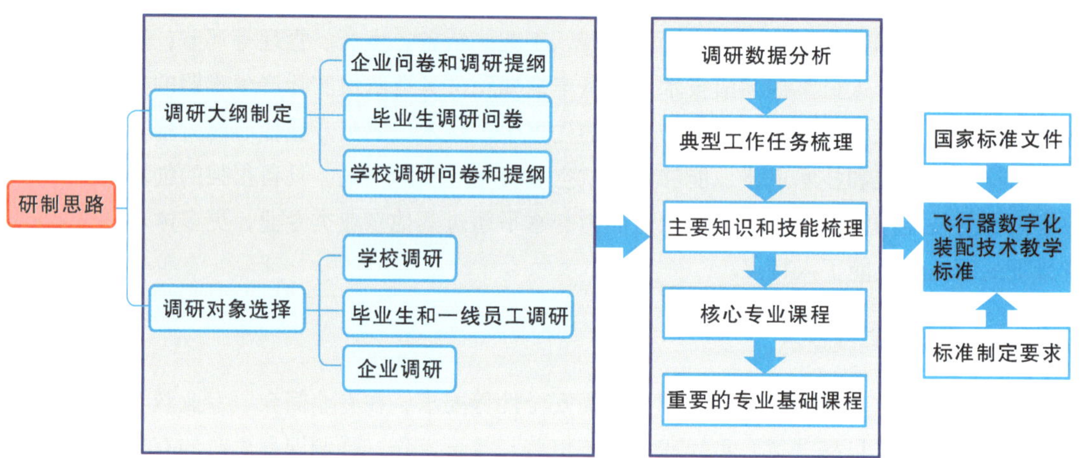

图 3　以飞行器数字装配技术专业教学标准研制思路框架为例

开发无人机行业技术标准，推动无人机应用技术专业高质量建设，引领中国无人机产业高水平发展

周仁建，王聪，何先定，田园

无人机产业是国家战略性新兴产业，是国民经济新的增长点，也是国家综合国力的重要体现。当前，我国无人机产业已从蓬勃发展期进入换挡转型期。学校紧扣无人机产业发展趋势和实际需求，联合行业头部企业中航无人机公司共建成都无人机适航技术与标准研究所，以应用型科研项目为牵引，锻炼教师专业能力，强化学生职业素养，深化产教融合、科教融合，着力开发我国无人机适航标准、地方标准和国际标准，以行业技术标准推动无人机应用技术专业高质量建设，引领我国无人机产业高水平发展。

一、主要做法

（一）开发我国无人机适航标准，引领大中型无人机适航标准发展

开发无人机初始适航标准。为适应中国民用航空局对大中型无人机适航审定的要求，2020 年 8 月，成都航院与中航无人机达成合作共识，共建成都无人机适航技术与标准研究所，主要研究大中型无人机系统适航政策、适航管理体系、适航符合性验证技术，研制大中型无人机系统审定基础、专用条件、适航标准。同年 11 月，学校与中航无人机正式开启科研项目合作，推进“翼龙”×× 型无人机适航取证工作。

学校共有近 10 名教师参与了“翼龙”×× 型无人机初始适航标准的制定。一是以有人机适航规章的框架为蓝本，加入无人机地面站、数据链章节，搭建形成“翼龙”×× 型无人机初始适航标准框架；二是深入研究《正常类飞机适航规定》（CCAR-23-R4），解读有人机适航条款背后的安全意图，并评估条款对“翼龙”无人机的适用性，保留适用的条款，剔除完全不适用的条款，裁减部分适用的条款，增加全新的条款；三是始终贯彻局方基于运行风险的无人机适航审定思路，剖析“翼龙”×× 型无人机在执行人工影响天气时可能遇到的风险源，将鸟击、闪电雷击、螺旋桨结冰等运行风险要素融入适航审定要求中。

开发无人机持续适航标准。维修是保证无人机持续适航性的重要手段。2021 年 10 月，学校再度携手中航无人机，承接了“大中型无人机系统维修人员机型执照体系设计与机型培训资源开发”课题研究。学校挑选近 20 名优秀教师，按照教师们的专业研究方向和特点，派往中航无人机公司进行差异化的无人机机务理论知识学习和实操技能提升，培训内容涵盖机务维修、发动机维修维护、地面站维修维护、机电维修维护、航电维修维护、任务载荷维修维护；同时，基于中

国民用航空局的持续适航理念，融合国外无人机系统机务维修专业体系的先进经验，研究构建了"翼龙"××型无人机系统维修人员机型执照体系，开发了教材、课件、考题等机型培训资源。

（二）开发无人机地方与国际标准，服务于地区与国际无人机技术创新

开发成都市系列地方标准《无人机服务规范》。成都作为国家布局的航空高技术产业基地，已成为全国最重要的无人机整机研发、制造与应用的基地，具备发展无人机应用的先天优势。学校瞄准成都市无人机产业发展需求，联合成都纵横自动化技术股份有限公司、自然资源部第三航测遥感院、成都时代星光科技有限公司、航空工业成飞公司等数十家企事业单位，按照"起草工作组＋专家咨询团队"的模式，通过集中调研、专家访谈、资料分析、技术研讨、网上征求意见等方式，凝练标准框架和技术内容，制定了5项成都市系列地方标准《无人机服务规范》，为规范全市无人机在农业、测绘、电力、航拍等领域的服务行为奠定了基础，有助于推动地区无人机产业健康有序发展。

开发多项无人机国际标准。IEEE P1936.1/P1937.1/P1939.1 无人机工作组是 IEEE 在中国成立的首个无人机标准工作组织。作为 IEEE 会员，学校积极参与无人机领域国际标准化活动，邀请工作组一行到学校进行调研交流，多次组队参加 IEEE P1936.1/P1937.1/P1939.1 工作组会议，参与制定 IEEE 1936.1—2021《无人机应用框架标准》、IEEE 1937.1—2020《无人载荷装置接口要求和性能特性标准》、IEEE 1939.1—2020《无人机低空航路框架标准》等国际标准，为提升我国在国际无人机标准化领域的话语权和影响力贡献了力量。

二、成果成效

一是学校聚焦无人机行业发展需求，联合行业头部企业中航无人机共建成都无人机适航技术与标准研究所，依托应用型科研项目，选派教师深入企业，让教师在一线紧跟行业前沿，在一线攻关企业难题，在一线提升专业能力，参与项目的教师掌握了无人机适航标准的编制流程、符合性方法选择、条款验证思路、局方审查重点等，也收获了丰硕的应用成果，包括"翼龙"无人机系统维修人员机型执照体系设计方案、维修人员机型执照培训机构建构方案、维修培训机构管理手册、维修培训机构培训程序手册等。

二是反哺学生培养教育，将企业工作实际和科研成果融入"无人机结构与系统""无人机维修与维护""基于风险管理的适航审定""无人机适航安全测试技术""现代工程质量与检验技术"等10多门无人机应用技术专业课程教学中，着力把学生培养成为契合企业岗位能力要求的专业技术型技能型人才。

三是引领行业发展变革，从无人机适航标准、地方标准、国际标准等多个维度发力，发挥标准引领和支撑作用，为后续"翼龙"系列无人机系统取得型号合格证（TC）、生产许可证（PC）和适航证（AC）打下坚实的基础，为行业内其他大中型无人机企业进行适航取证提供了重要借鉴，推动我国无人机产业健康、有序、持续发展，助力我国大中型无人机走出国门，为共建"一带一路"国家服务。

创新“岗课赛证”融合育人路径，提升专业内涵建设水平

袁忠，马超，黄浩坤，王煜焱

国家推进“岗课赛证”融合育人旨在提高人才培养的综合性和复合性，是关系我国技术技能人才培养机制创新与职业院校教学体系改革的系统性工程，重点是实现生产要素与教学要素的融合。近几年来，学校以培养复合型技术技能人才为根本落脚点，以高素质技术技能人才培养为抓手，以增强融合育人为主攻方向，以深化校企双元育人为核心依托，根据企业岗位标准深化专业课程改革，主动构建“岗课对接”课程体系，融合“岗证”的新型专业教材，“课赛融合”实践教学形式，“以评促教”评价机制，推动构建“岗课赛证”融合育人模式，从根本上解决了学校人才培养的导向和路径问题。

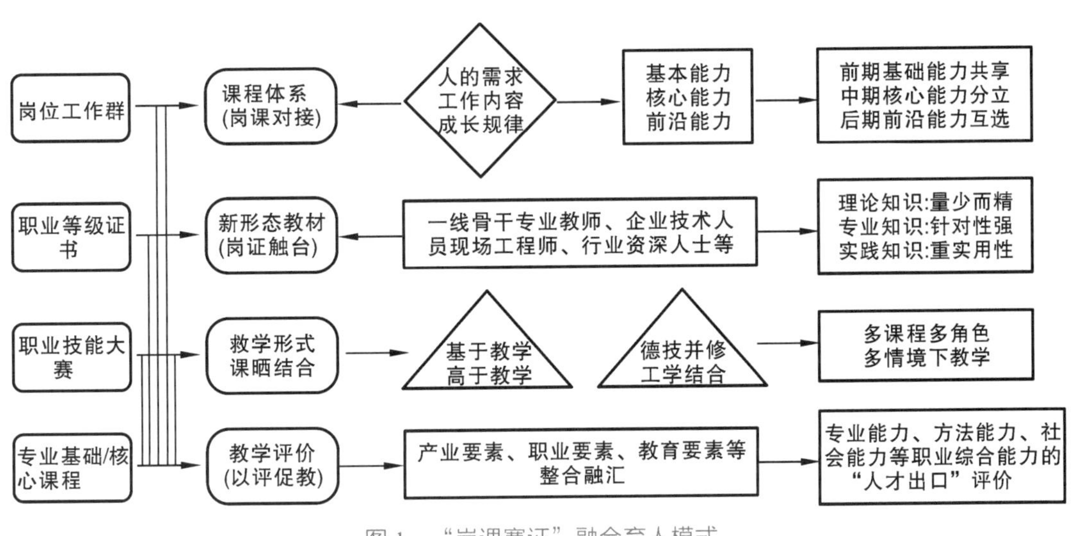

图 1 “岗课赛证”融合育人模式

一、主要做法

（一）基于岗位能力需求设计课程体系，实现“课岗对接”

课程体系是实现“岗课对接”的核心环节。相关专业依据目标岗位群的人才需求、工作内容以及职业成长规律等确定岗位所需的基本能力、核心能力、前沿能力，并按照知识与技能、

过程与方法、态度与价值观三维度提炼出可量化、可测评的相关能力指标，这些能力指标分别融入各学期的课程群中，按照“前期基础能力共享 + 中期核心能力分立 + 后期前沿能力互选”的层次构建各学期课程群，并在中、后期将 X 技能等级证书培训和技能大赛培训融入课程群体系中，确保课程内容的实用性和针对性。最后，结合社会行业企业标准和学生的认知规律形成课程标准，确保课程实施的质量和效果。“对接产业链，以职业岗位（群）为课程开发的逻辑起始点”，通过对岗位要求、竞赛标准、证书要求进行综合考虑，逆向设计人才培养的课程体系。

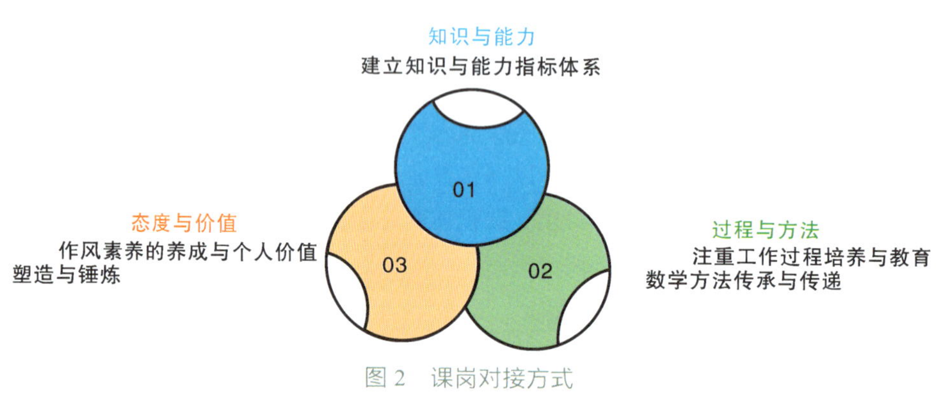

图 2　课岗对接方式

（二）优化教材建设机制，打造融合“岗证”的新型专业教材

教材是专业课程教学内容的主要载体，是人才培养体系的重要构成要素，专业教材质量的优劣直接影响着技术技能人才培养质量。首先，加强了教材编写过程中的产学结合，提高教材编写的针对性，在教材内容上应充分体现“岗课赛证”融合的理念和需求，建立由一线骨干教师、企业技术人员、工程师、行业资深人士参与教材编写的教材编写机制，以此强化教材与岗位工作、市场需求的密切联系。在教材内容构成方面，基础理论知识应少而精，专业知识应具备针对性，实践知识应注重实用性，以适应“岗课赛证”融合育人的教学需要。其次，加强了教材动态管理，提高教材内容更新频率。“岗课赛证”融合育人是以实践育人为主的人才培养模式，与“岗课赛证”融育人相适应的职业院校教材也应面向产业生产实践，加强教材动态管理，使产业生产技术发展动态能够及时体现在教材内容中。一方面，在教材呈现形式上，着重开发活页式教材、工作手册式教材。活页式教材将原本系统的专业知识分解为众多相互关联的知识模块，可以良好地适应模块化教学的需求。工作手册式教材为学生提供简明易用的实用指导信息，以满足学生在工作现场学习的需要。另一方面，在教材管理上，学校建立与行业组织、企业紧密对接的动态化教材管理机制。

（三）扩展多情境实践教学形式，实现“课赛融合”

职业技能大赛明确了“基于教学、高于教学”的标准，倡导了“德技并修、工学结合”技能竞赛的核心精神，为了将这些要求融入人才培养过程中，相关专业将人才培养与技能大赛系统衔接，将大赛项目融入人才培养方案，将大赛内容融入课程教学内容，将大赛评价融入课程评价。各专业积极探索专业社团、“双创”教育等创新实践形式，开展“多课堂多角色”以及探究、创意、研讨等多情境下教学方法，营造浓郁的学习氛围，创新人才培养新模式。通过这些实践教学形式，学生能够积极主动增强自身的创新能力，从而更好地适应行业、企业的需求。

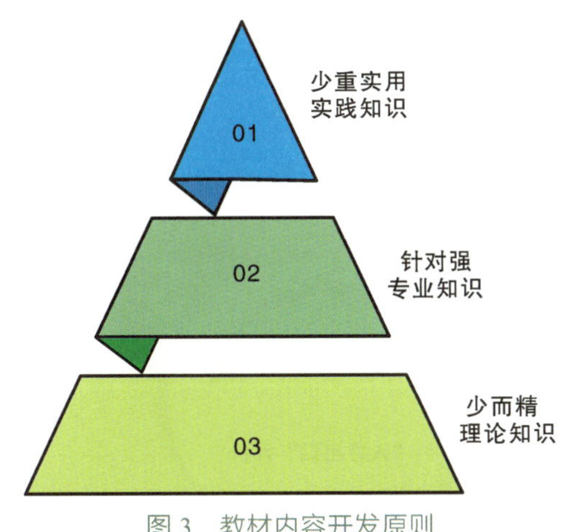

图 3　教材内容开发原则

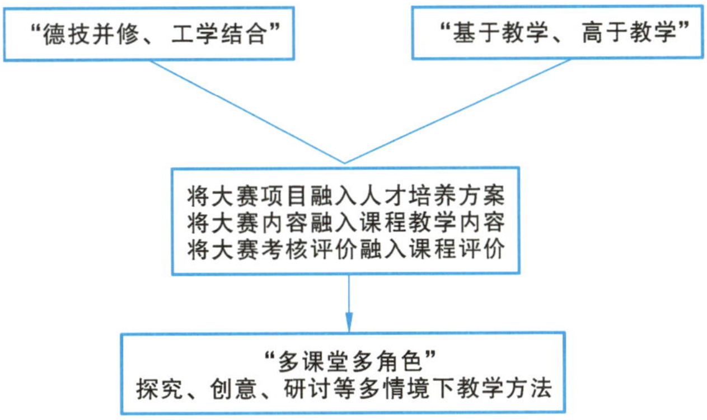

“德技并修、工学结合”

“基于教学、高于教学”

将大赛项目融入人才培养方案
将大赛内容融入课程教学内容
将大赛考核评价融入课程评价

“多课堂多角色”
探究、创意、研讨等多情境下教学方法

图 4　“赛教融合”教学方式

（四）建立多维度评价反馈体系，实现“以评促教”

人才培养质量评价是职业教育人才培育体系中不可或缺的一环。职业教育“岗课赛证”融合育人本身是一种将产业要素、职业要素、教育要素等整合融汇而形成的一种社会化人才培养模式，因此在设计评价机制时注重人才培养质量评价的多元化，丰富人才培养质量评价的维度，以专业为单位，依据企业岗位用人标准，围绕岗位胜任能力，制定教学质量评价标准和人才培养质量评价标准；在评价方式上，根据专业课程、职业技能大赛、行业认证的具体情况，采用凸显多元化特征的多维评价模式，构建了“岗课赛证”所代表的行业技术专家、教师、竞赛专家和“X”证书机构组成评价共同体，即与“岗”对应的企业评价，与“课”对应的学校评价，与“赛”对应的社会评价，与“证”对应的行业评价。学校一是在评价标准设计上对课程结构（课程之间的逻辑关联与课程内容的组织模式）、课程标准进行多主体评价，完善适应行业、企业需求的课程标准；二是在课程实施中对课程教学组织和教学效果进行过程性评价，完善评价内容、评价标准和评价方法；三是在课程（群）实施后，开展体现专业能力、方法能力、社会能力等职业综合能力的“人才出口”评价。通过教学评估，毕业生就业反馈、企业满意度调查等校外反馈，有针对性地调整各专业课程体系；通过学生自评、互评和教师评价等形式，调整教学内容和方法，提高教学质量和效果。

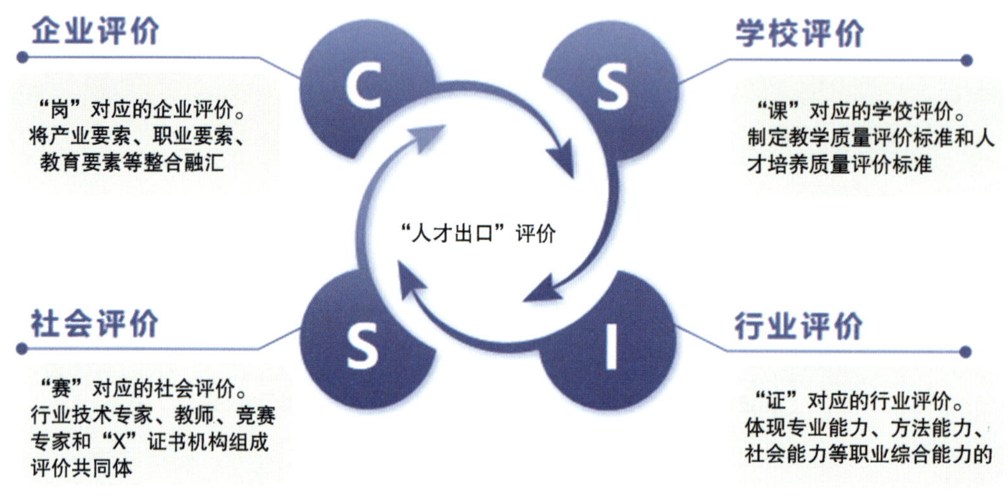

图 5　多元评价主体构成

二、成果成效

（一）“课岗对接”，强化校企合作水平

学校与行业头部企业开展了深度合作，共建了高水平产教融合实践基地和产业学院，共同制订并实施人才培养方案，根据行业、企业岗位所需的技能要求，依据各专业教学标准和职业资格标准，以技能为主线，瞄准技术变革和产业升级，遵循“产业群→专业课→课程群→能力群→知识链（技能链）”的生成逻辑，校企协同重构优化模块化课程体系，并全面优化课程标准，把岗位典型项目、专业技能大赛项目、“1+X”专业技能考证试点项目、创新创业项目和课打破传统课程体系，重组课程教学内容，实施行动导向教学，重构课堂教学生态，真正实现课程设置与企业实际岗位能力要求相融通。通过岗位锻炼、专家教学、师徒传授等多形式的人才培养环节，按照“需求互补、优势共享、资源共用、要素互融、合作共赢、协同发展”的原则，在人才培养、课程开发、实训基地、实习就业等七个方面展开深度合作，构建校企双元“模块化”人才培养新模式，实现校企育人无缝衔接，学习就业无缝衔接。

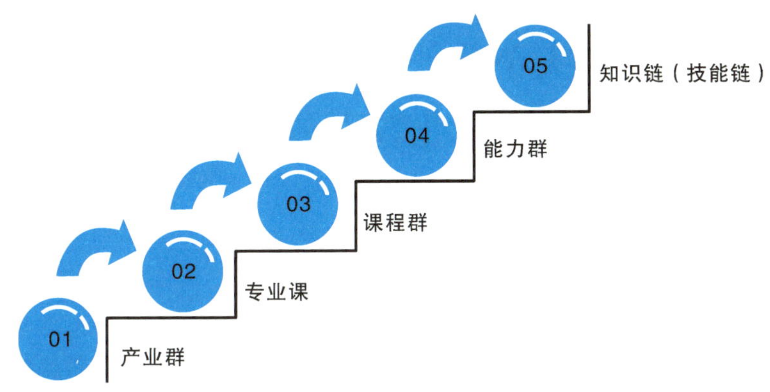

图 6　校企双元“模块化”人才培养新模式

（二）“课赛融合”，提升学生技能水平和职业综合素质

通过精心研究省赛、国赛赛项内容，将技能大赛中的新技术、新标准、新规范融入课程标准，使大赛训练与实践教学环节相结合、大赛训练方法与实践教学方法相结合、大赛评价标准和教学考核标准相结合，职业素养贯穿大赛训练全过程，适应智能制造技术发展趋势，构建了集“单项能力训练 + 综合能力训练 + 创新能力训练”三位一体的实践教学体系，大大提升学生的技能水平和职业综合素质。

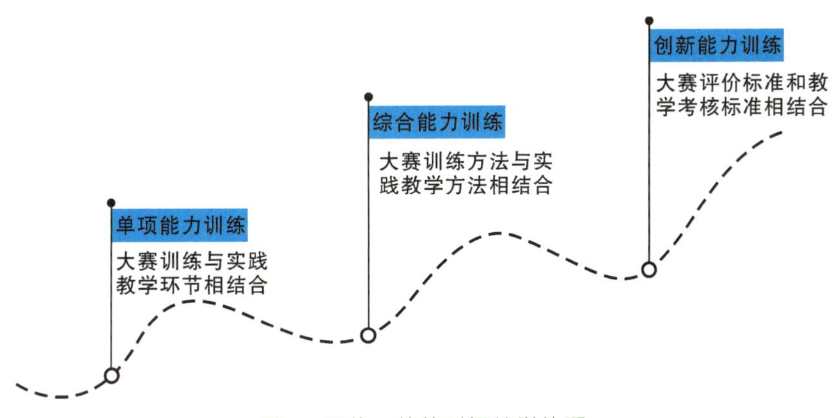

图 7　三位一体的时间教学体系

（三）“课证融通”，助力学生个性化成长和高质量就业

职业技能等级标准与专业课程教学相融，优化了专业课程教学标准，并按照循序渐进、由易到难的原则，分学年、学期将职业技能等级标准分解后融入，使之与专业课程教学进度无缝衔接。同时将职业技能培训中采用的新标准、新规范、新技术、新工艺及时引入日常教学环节中，使教学更加贴近生产实际。通过开展模块化课程改革，适度精简专业理论和知识教学课时，强化职业技能训练。课证融通，满足了学生个性化成长和高质量就业的需要。

携手航空龙头企业，“思政＋劳动教育”贯穿“三全育人”，引领职业教育多元融合教学模式新样态

王莲莲

聚焦科教兴国、人才强国战略，成都航院把培养航空装备制造领域紧缺的高素质、高水平技术技能人才作为专业群建设的方向和服务于航空强国、民航强国、军民融合战略的目标，坚持以国家级课程思政建设模式为引领，以实训课程和实训基地建设为抓手，联合航空龙头企业，将“航空报国·追求卓越”的成航精神融入人才培养全过程，并全方位贯穿劳动教育，通过构建“专业群特色的三全育人”大思政平台，坚持多元办学，多方共建共享，逐步形成具有自身特色的办学体制和培养模式。在育人过程中传递航空报国精神，塑造工匠精神，培养了一批综合素质优秀、企业高度认同的高技术技能人才，为区域航空装备制造产业高质量发展提供坚强的支撑。

一、主要做法

（一）联合联合航空工业龙头企业，共建人才培养体系，营造航空报国氛围

积极融入成都航空产业园区和成渝地区双城经济圈建设，携手成飞共建航空装备制造产业学院，打造高水平技术创新服务平台，共建航空技能传承平台。学校的专业建设始终伴随航空工业的建设发展和飞机及发动机重大型号工程的研制生产需要，围绕多型战机的技能人才需求，最早开办数控技术、航空复合材料成型与加工技术、飞行器数字化制造技术、无人机应用技术、航空发动机装配与试车等航空类专业，形成高度契合产业结构和转型升级需求的专业体系，有效服务于从有人机到无人机、从涡喷发动机到涡扇发动机的研制生产。联合成飞及产业链上零部件加工等航空工业龙头企业，开发专业教学标准 5 套，共同编制人才培养方案 5 套、专业核心课程标准 30 套，实施工业机器人等 6 项“1+X”证书制度改革。将航空报国精神及理念，贯穿于人才培养全过程。学校应用先进的航空文化育人，营造“严慎细实、精益求精”工匠文化氛围；建立技能大师工作室，传承航空文化和绝技绝活；设立成飞俱乐部，开展企业文化宣介、航空知识竞赛等活动，培育学生航空报国精神；学习借鉴国外职业教育办学经验，统筹构建地区产业现代学徒制人才培养管理机制，实施多种人才培养模式。同时，派驻教师及学生分别进数字化制造中心、数控加工厂、系统组件厂、钣钳加工 / 技装公司、制造工程部等技术部门承担相应的技术工作，进行重点型号工程、无人机、民用飞机等项目的科研和技术攻关，为学生培养提供有力的支撑。

（二）推广“三师协同、五步三入”课程思政建设模式，将“航空报国·追求卓越”的成航精神融入人才培养全过程

将社会主义核心价值观融入专业群课程建设，以“航空报国·追求卓越”的成航精神作为课程思政主线，以国家级课程思政示范课程中“三师协同、五步三入”的课程思政建设模式指导同类课程思政建设，紧盯专业群思政元素，层层分解到专业群人才培养体系课程群，构建全程、全方位育人体系，将航空工业发展的产业资源切实转化为育人资源，搭建起专业课程思政资源的共建、共享、共育平台，促进各门课程间专业课程思政建设工作有序推进，建成省级课程思政示范课“数控加工编程与操作”“塑料模具设计与制造”，省级职业教育精品在线开放课程“冲压模具设计与制造”“金属零件手工制作与测量”“树脂基复合材料成型工艺”等多门思政相关课程，构建起相互支撑、有序衔接的专业思政课程育人体系。

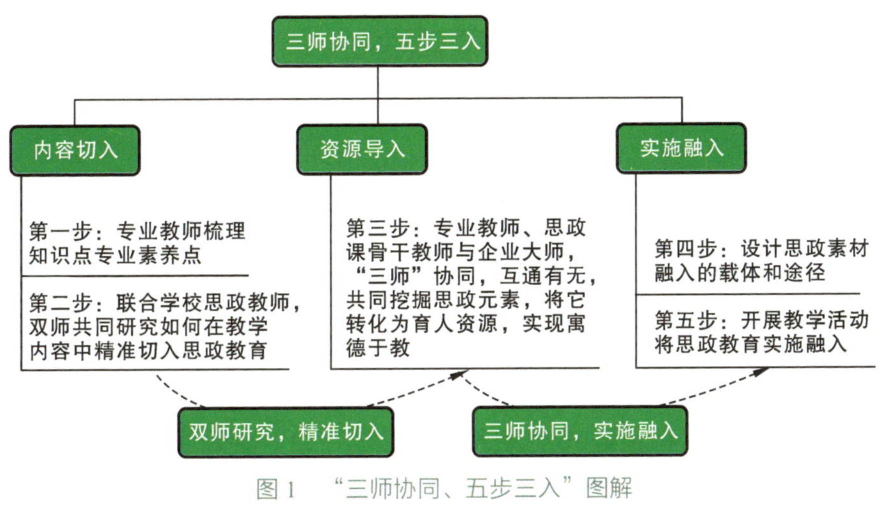

图 1　“三师协同、五步三入”图解

（三）聚焦实训课程和实训基地建设，将全员、全方位劳动教育贯穿人才培养全过程

在深入、准确、全面挖掘专业群实训课程体系的基础上，将劳动教育融入专业群人才培养方案，绘制“思政＋劳动教育”育人地图，进一步培养学生航空报国的爱国情怀、追求卓越的工匠精神、严慎细实的工作作风和实事求是的科学精神，推进航空文化进专业群、企业文化进专业、职业文化进课堂，激发航空人的使命和担当。引进北京精雕、厦门金鹭等企业，进一步深化实训基地建设，保证实训的多样化，全方位培养学生的技能。在此基础上，科学、全面分配各班级劳动教育任务，在人才培养方案指引下修订实训课程标准，实现“思政＋劳动教育”育人的目标，并组织举办学生座谈会，邀请省劳模工匠来校宣传，弘扬劳模精神、工匠精神。

依托大师工作室以及学校各专业团队，组织、承办、参加各级赛事，如世界技能大赛制造团队挑战赛、国际复合材料竞赛等国际高端专业技能赛事，通过融入国际标准和技术，建立“以赛促教、以赛促练，以赛促创”的常态机制，拓展实践体系，培养大国工匠和能工巧匠。让学生在实践中提高水平，锤炼技能，实现工匠精神的塑造和传承。

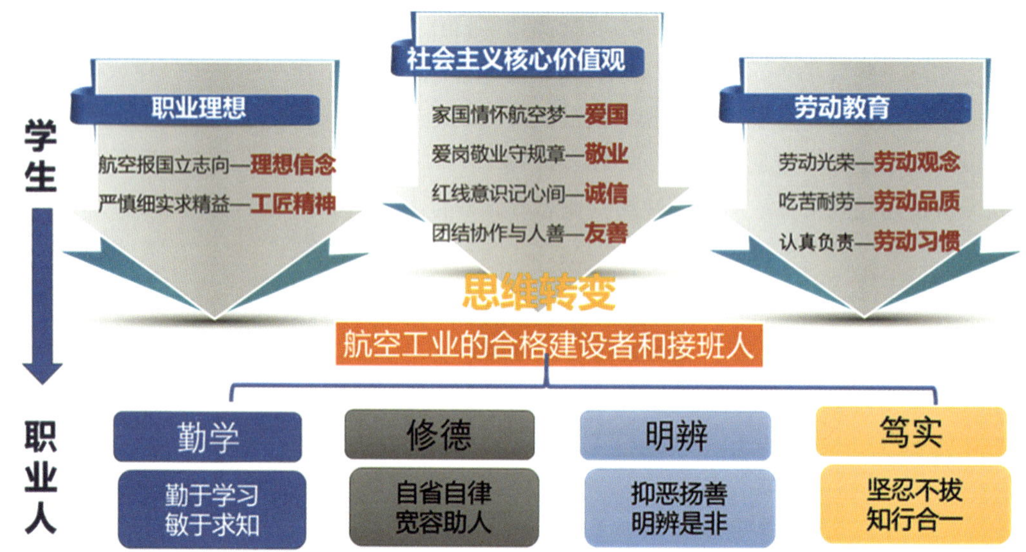

图 2　劳动教育 + 思政教育育人地图

（四）搭建“专业群特色的三全育人”大思政平台，创新多元、多维、协同的思政工作方法

将多维评价贯穿学生评价教育教学全过程，构建及时、动态、全面的学生管理信息化平台，实现学生综合素养科学合理地观测和评价，以具体数据实现客观评价。实施党建引领、文化培育、专业品牌建设、人才引领、服务能力提升等“五大重点计划”，明确工作任务和工作举措，建立与教学相适应，客观、科学评价学生综合素养的体系，全面考查学生的知识、技能、职业能力等综合素养，探索落实“专业群特色的三全育人”模式的创新与实践。

（五）“岗课赛证研创”六位一体分类分层协同育人模式

以育人为起点，分类分层培养，将行业标准、证书标准、大赛标准等融入课程标准，建构出“岗课赛证研创”六位一体的人才培养模式，有效解决“散打式”人才培养问题。

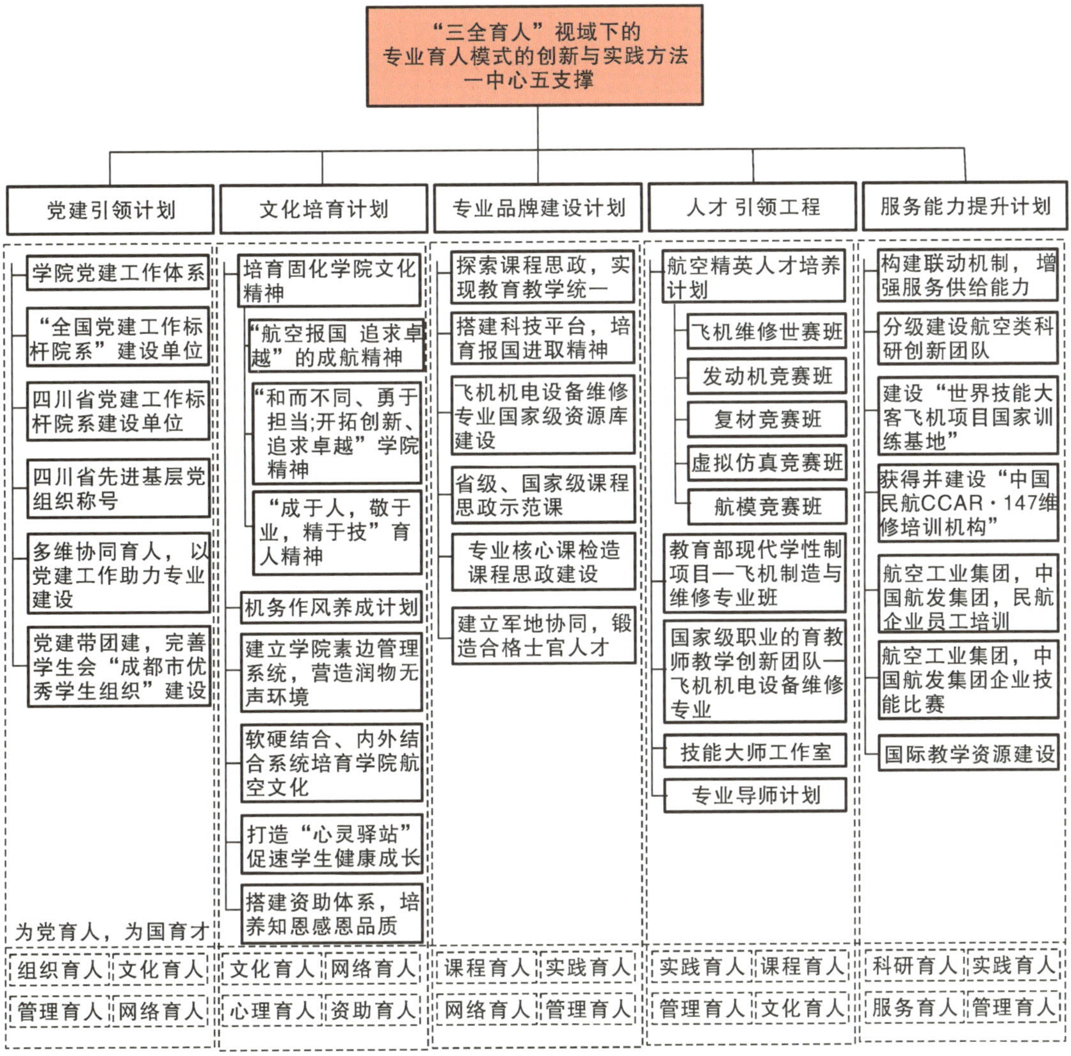

“三全育人”视域下的
专业育人模式的创新与实践方法
一中心五支撑
党建引领计划
文化培育计划
专业品牌建设计划
人才引领工程
服务能力提升计划
学院党建工作体系
“全国党建工作标杆院系”建设单位
四川省党建工作标杆院系建设单位
四川省先进基层党组织称号
多维协同育人，以党建工作助力专业建设
党建带团建，完善学生会“成都市优秀学生组织”建设
为党育人，为国育才
培育固化学院文化精神
“航空报国 追求卓越”的成航精神
“和而不同、勇于担当;开拓创新、追求卓越”学院精神
“成于人，敬于业，精于技”育人精神
机务作风养成计划
建立学院素边管理系统，营造润物无声环境
软硬结合、内外结合系统培育学院航空文化
打造“心灵驿站”促速学生健康成长
搭建资助体系，培养知恩感恩品质
探索课程思政，实现教育教学统一
搭建科技平台，培育报国进取精神
飞机机电设备维修专业国家级资源库建设
省级、国家级课程思政示范课
专业核心课检造课程思政建设
建立军地协同，锻造合格士官人才
航空精英人才培养计划
飞机维修世赛班
发动机竞赛班
复材竞赛班
虚拟仿真竞赛班
航模竞赛班
教育部现代学性制项目—飞机制造与维修专业班
国家级职业的育教师教学创新团队—飞机机电设备维修专业
技能大师工作室
专业导师计划
构建联动机制，增强服务供给能力
分级建设航空类科研创新团队
建设“世界技能大客飞机项目国家训练基地”
获得并建设“中国民航CCAR·147维修培训机构”
航空工业集团，中国航发集团，民航企业员工培训
航空工业集团，中国航发集团企业技能比赛
国际教学资源建设
组织育人 文化育人
管理育人 网络育人
文化育人 网络育人
心理育人 资助育人
课程育人 实践育人
网络育人 管理育人
实践育人 课程育人
管理育人 文化育人
科研育人 实践育人
服务育人 管理育人

图 3 “专业群特色的三全育人”模式

岗课融通
课赛融通
课证融通
对接企业岗位需求
以岗定课
构建世赛、国赛、省赛、校赛四级大赛体系
以赛提技
6大X技能等级证书
以证定标
以省级工程实验室、市厅级工程技术中心、校企共建共享技术研发中心等为科研平台，开展“互联网+”创新创业大赛、“挑战杯”系列竞赛等研创活动
“岗课赛证研创”六位一体人才培养模式
校企共同开发核心课程标准
校企共同制订人才培养方案
大赛项目融入实训项目
大赛评价标准融入实践技能评价标准
职业提能标准融入课程标准
证书评价标准融入教学伴价标椎
"成飞班""航发班"等定制班
"世赛班" "国赛班"等竞赛班
"模具班""飞制班"等现代学徒制班

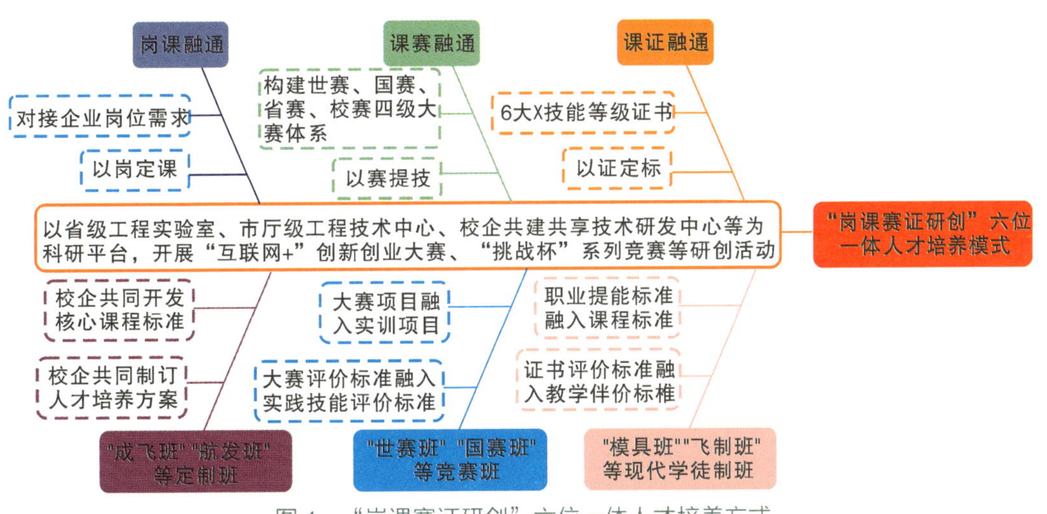

图 4 “岗课赛证研创”六位一体人才培养方式

二、成果成效

解决了航空装备制造高端技术技能人才的需要，校内学生受益面广。与近 40 家航空装备制造优质企业开展协同育人，开办了“成飞班”“航发班”“成飞世赛班”等 40 余个定制班，为航空工业、中国航发集团，部队和地方经济建设输送了近 3000 名高素质技术技能人才，大量学生选择从事歼 -10、歼 -20 的对口工作，实现强强联合，校企资源优势互补，在航空国防类企业就业毕业生的校友满意度达 98%。建立双导师制，以实际应用为目标，让师生在产业一线发现真问题，在创新一线研究真问题，在需求一线真解决问题，通过真实产品实战、工艺实施、教学评价等环节，联合开展现场工程师、中国特色现代学徒制、中高本贯通等工学结合人才培养模式改革。成都航院已成为西南地区唯一的中航工业、中国航发高技能人才培训基地。

践行“三全育人”模式，培养高质量学生。在世界技能大赛、“一带一路”暨金砖国家技能发展与技术创新大赛、发动机装调维修大赛、中国国际飞行器设计挑战赛、国际超轻复材竞赛 SAMPE 等赛事中斩获多项大奖。

推广应用的效果和成效。国家级课程思政教学名师高庆在全省中职学校教学能力提升培训班，讲解了“航空发动机原理与结构”课程如何开展“三师协同、五步三入”的课程思政教学，受到大家的一致好评。

高质量发展促进高质量就业，构建飞行器制造技术专业群就业服务体系

曹仕平，王梦嘉，瞿林艳

2023年高校毕业生规模预计将达到1158万人，总量和增量均创历史新高。在“双高计划”建设中，飞行器制造技术专业群坚持“以学生为中心”，将学生高质量就业始终放在突出的地位，凝练“新时代的中国青年到祖国最需要的地方去，做优秀的航空人”就业育人品牌，通过建立“招生—培养—就业”校企联动机制，打造高素质的就业指导团队，就业指导课程建设，开展困难就业学生帮扶机制等一系列措施，构建飞行器制造技术专业群高质量就业服务体系，进一步促进飞行器制造技术专业群高质量就业。

一、主要做法

（一）深化校企联动机制改革，提升人才培养质量

围绕航空装备制造急需急缺技术技能岗位需求，针对航空装备数字化制造、装配与试验等一线岗位，依托飞行器制造技术专业群，与航空工业成飞公司联合实施职业教育现场工程师专项培养计划、联合培养计划，深化产教军民融合，校企校地合作，建立“招生—培养—就业”联动机制，每年培养35名具备航空强国工匠精神，精操作、懂工艺、会管理、善协作、能创新的航空装备制造现场工程师。

为深化人才培养供给侧结构性改革，提升人才培养质量，依托数控技术、模具设计与制造、飞行器制造技术以及复合材料工程技术等专业，每年与成都航新航空装备科技有限公司、四川省嘉绮瑞航空装备有限公司、成都立航科技股份有限公司、成都大金航太科技股份有限公司、成都爱乐达航空制造股份有限公司、成都朝合普尔航空科技股份有限公司、爱思达航天科技有限公司等10余家航空企业开办“招生—培养—就业”中国特色现代学徒制订单班，每年学徒制订单人数在100人左右，全面提升人才培养与就业质量。

（二）打造高素质的就业指导团队，提升学生就业质量

为进一步提升专业群学生的就业质量，打造了“干部 + 辅导员 + 专业教师 + 校友”高素质多元就业指导团队和“全员参与、全过程开展、全方位指导”的就业工作理念，专业群毕业生就业情况成为干部、辅导员、专业教研室的考核指标。同时为了进一步满足就业市场变化下的就业指导需求，推进团队专业化、行业化发展，就业领域的专家对就业指导教师进行

专业化培训、就业指导教师深入企业调研，提升教师队伍的专业化水平，引进不同领域具有专长的就业指导教师以满足多元化发展的需要。团队每位成员每年接受培训的时间不少于3天，鼓励就业指导教师深入企业一线进行实践锻炼，实现就业指导与实践相结合，积累工作经验。同时有针对性地组织开展就业相关课题研究，“双高计划”建设以来，团队完成就业相关课题4个，论文5篇。

（三）加强就业指导课程建设，提高学生的就业竞争力

1. 加强职业发展与就业指导全程引领，提升就业能力。

为进一步加强毕业生毕业指导，满足毕业生的就业需求，专业群将职业生涯课程的理论教学与实践教学结合起来，在大二下学期设置12课时的“大学生职业发展与就业指导”课程。根据就业指导课程的标准和教育教学模式（图1），引入新的就业指导教育方法和理论，职业生涯课程的理论教学与实践教学相结合，以实践活动课带动理论课，用实践课检验理论课的教学效果，两者相辅相成，共同完成教学目标。

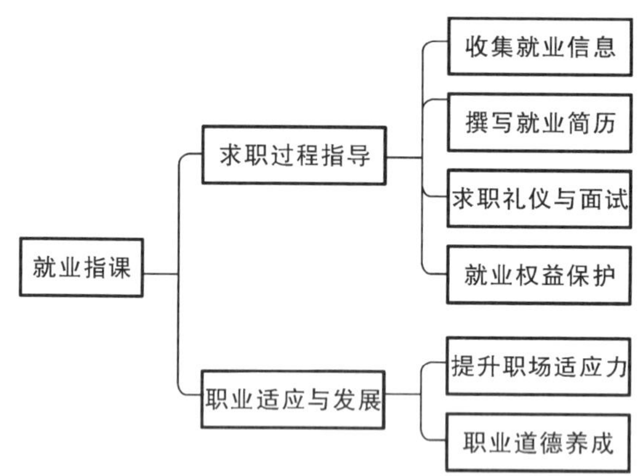

图1　就业指导课程内容架构

2. 创设职场情境，增强学生体验

在就业指导课程中应用体验式教学模式，通过创设职场情境的形式，让学生在逼真的情境中处理就业求职中可能遇到的各种问题。教师根据学生的专业特色与用人单位的需求，创设求职模拟情境，要求学生以小组为单位进行角色扮演，学生每10人一组，5人扮演招聘者，5人扮演求职者。一组模拟求职情境结束后，小组成员角色互换以加深体验。通过这样的方式，能有效解决学生求职预期与用人单位用人需求存在错位的问题。为了增强学生的体验，教师要求学生在情境教学结束后真正参加一次现场招聘会，然后在课程教学最后分享自己参加面试的感受。

体验式教学模式下融合案例式教学法，重点在于引发学生讨论与思考。因此，在案例式教学过程中，教师选择真实的求职案例，通过引导学生讨论、交流对这一案例的想法，帮助学生获得自己的体验。案例式教学法的好处在于通过“朋辈教育”的模式引起学生的共鸣，激发学生思考，增强课程教学的实效。

3. 加强校企互动，拓宽就业市场

为进一步加强校企合作，拓宽就业市场，采取过“引进来、走出去”的原则，分别开展“企业进校园”“学校进企业”相关活动，2023 年通过组织企业专场招聘会，大型双选会等招聘活动，邀请 100 余家到校招聘，提供岗位 3000 余个。同时建立学校领导，二级学院领导以及专业带头人三级“访企拓岗”制度。2023 年，学校领导访问专业群相关企业 30 家以上，二级学院领导访问专业群相关企业 30 家以上，专业负责人访问企业 30 家以上。同时积极校友资源库，利用传帮带的方式进一步拓宽就业渠道。

4. 建立困难就业学生帮扶机制，实现学生充分就业

建立“一对一”帮扶机制，建立就业困难学生台账，积极发挥基层党组织作用，在教工党员中建立扶贫帮困骨干队伍，认真开展落实就业帮扶活动，明确每一位就业困难学生帮扶责任人。教工党员与学校就业困难毕业生帮扶工作领导小组要从上到下积极主动认领任务，与就业困难学生开展“一对一”结对帮扶，凝聚各方力量，整合各种资源，切实提高“一对一”就业帮扶质量。

二、成果成效

（一）毕业去向落实率高

毕业去向落实率直接反映了毕业生的就业落实情况，充分的就业落实是实现高质量就业的前提。根据麦克斯第三方公司调查数据显示，飞行器制造技术专业群 2019 届 ~ 2022 届毕业去向落实率均在 95% 以上，且高于学校平均水平，如图 2 所示。这也反映出专业群在深化校企融合、积极开拓就业市场方面取得了良好成效，为毕业生的就业落实与发展提供了根本保障。

月收入是毕业生就业竞争力与职业发展状况的直接体现，本专业群毕业生的月收入稳步提升，根据麦克斯第三方公司调查数据结果显示，毕业生的月平均收入从 2019 届的 4637 元持续上升至 2022 届的 5707 元，与本届全校平均水平（5524 元）相比具有一定优势。就业满意度是就业质量在毕业生主观感觉层面的体现，本专业群毕业生的就业满意度较高，2022 届达到 77%，较 2019 届的 62% 提升了 15 个百分点。综合来看，本专业群毕业生的就业质量较高。

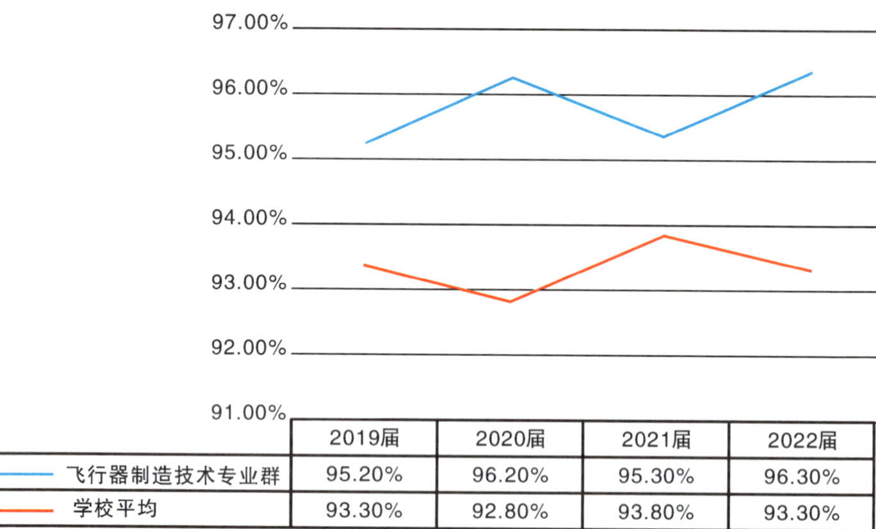

	2019届	2020届	2021届	2022届
飞行器制造技术专业群	95.20%	96.20%	95.30%	96.30%
学校平均	93.30%	92.80%	93.80%	93.30%

图 2　飞行器制造技术专业群毕业生的就业率

（二）专业对口率高

为高端产业和产业高端服务是“双高计划”建设的重要任务。工作与专业相关度能反映毕业生服务对口产业的情况，是梳理和明确专业群服务面向、调整和完善人才培养定位与目标的重要参考依据。根据麦克斯第三方公司调查数据结果显示，本专业群毕业生服务于对口产业的程度较高，2019 届 ~ 2022 届专业相关度逐年上升（分别为 61%、70%、71%、75%），近三届毕业生从事专业相关工作的比例均已高出全校平均水平，如图 3 所示。

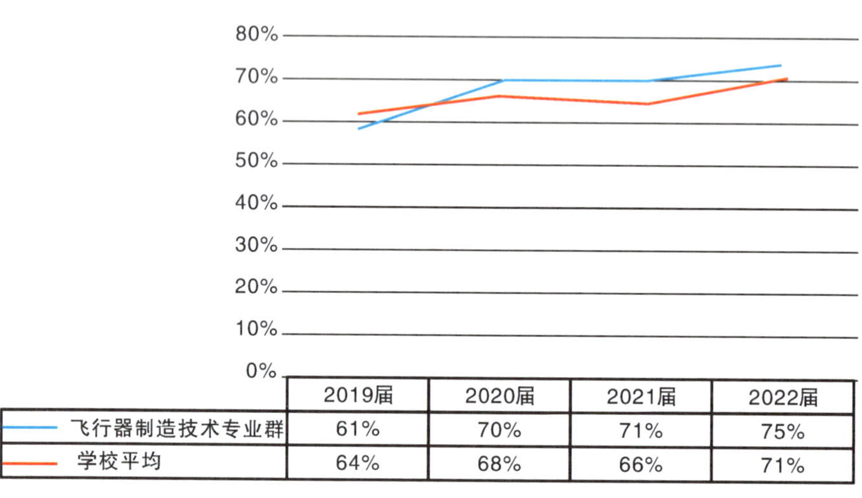

	2019届	2020届	2021届	2022届
飞行器制造技术专业群	61%	70%	71%	75%
学校平均	64%	68%	66%	71%

图 3　飞行器制造技术专业群毕业生的工作与专业相关度

（三）就业稳定率高

离职率是指毕业生从毕业到当年 12 月 31 日，有过工作经历的毕业生中发生过离职的占比，反映了毕业生的就业稳定性。根据麦克斯第三方公司调查数据，飞行器制造技术专业群近四届毕业生的离职持续下降，且低于全国“双高计划”校平均水平，如图 4 所示，说明专业群就业稳定性较好。

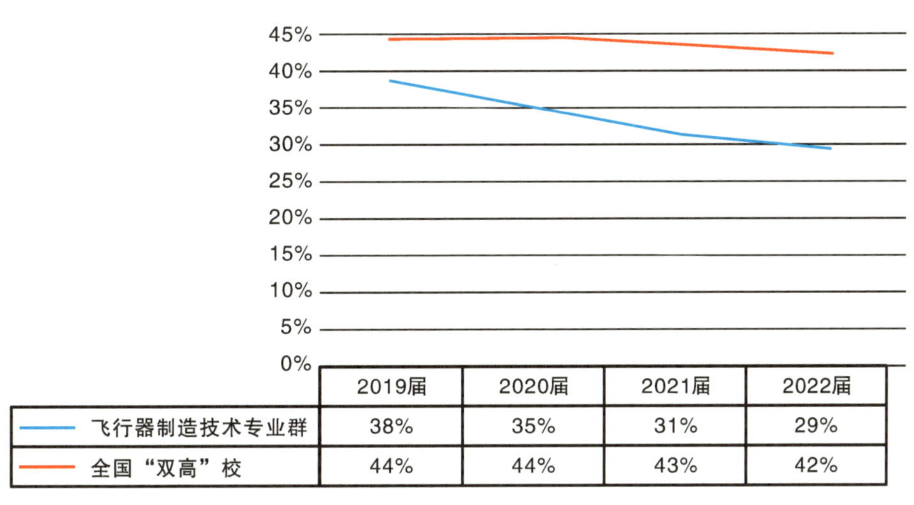

	2019届	2020届	2021届	2022届
飞行器制造技术专业群	38%	35%	31%	29%
全国“双高”校	44%	44%	43%	42%

图 4　飞行器制造技术专业群与全国“双高计划”校毕业生离职率对比

飞行器制造技术专业群通过构建就业服务体系，实现了思想教育与就业工作的紧密结合，推进了职业生涯规划与就业全程引领，增强了“干部 + 辅导员 + 专业教师 + 校友”多元协同育人合力，实现了校企联动产教深度融合，加强了育人工作开展与教师队伍建设同步提升，进一步助推毕业生就业工作的人文关怀，凸显了毕业生就业对口率高、就业质量高、就业稳定率高，用人单位多方面反馈良好，最终实现了人才培养质量的提升。

联合国内外一流加工企业共建共享航空类“六位一体”产教融合实训基地

刘鑫

产教融合、校企合作是培养新时代高素质技能型人才的内在要求，是促进教育链、人才链与产业链、创新链有机衔接的迫切要求，是提高人才培养质量、破解当前高职人才培养与企业对高素质技能型人才需求“两张皮”难题的重要保障。深化产教融合型先进制造实训基地的建设，培养综合能力强的技术型人才，有利于推进我国先进制造产业的进一步发展。联合国内外一流加工企业，协同共建航空装备类国家级产教融合实训基地，以打造产业学院、生产性实训基地、创新创业等多层次、多样化产教融合平台为主，集“实践教学、真实生产、社会培训、技术服务、技能竞赛、创新创业”六位一体的高水平专业化产教融合实训平台，支撑航空装备类国家级高水平专业化产教融合性实训基地建设，培养德技并修的高素质技术技能航空人才。

一、主要做法

（一）以适应产业发展为目标，校企共建高水平产教融合实训平台

学校深入贯彻党的“二十大”报告提出“统筹职业教育、高等教育、继续教育协同创新，推进职普融通、产教融合、科教融汇，优化职业教育类型定位”的要求。不断探索教育、产业、人才多方衔接与贯通发展的规划举措，大力推进职业教育高质量发展。在满足专业学生实训教学的基础上，辐射到其他专业学科相关课程的教学改革，从而全面完善学科群内涵。实现资源共享、优势互补、共同发展，促进职业教育适应地方经济社会发展。

学校联合国际一流的精密加工企业瑞士 GF 加工方案、国内领先的刀具领域公司厦门金鹭、国内一流的精密加工北京精雕集团等企业共同打造智能制造技术应用创新示范中心（图 1）；联合航空龙头企业共建模具生产性实训基地、几何量计量技术协同创新中心、数控实训基地、航空发动机维修基础实训基地（图 2 ～图 6）；携手全球顶尖的数字化几何计量企业瑞典海克斯康公司，共建军民融合数字化几何测量公共服务平台；联合国际领先智能制造企业共建海德汉高效加工实验室。

深化产教融合，打造航空复合材料结构维修技术工程研究中心；通过搭建多层次、多样化、多类型的产教融合科研创新平台，建成 3 个国家级生产性实训基地，并在实训基地建设过程中总结经验形成一套校企共建、共享、共赢，教学与生产一体的运行管理制度。

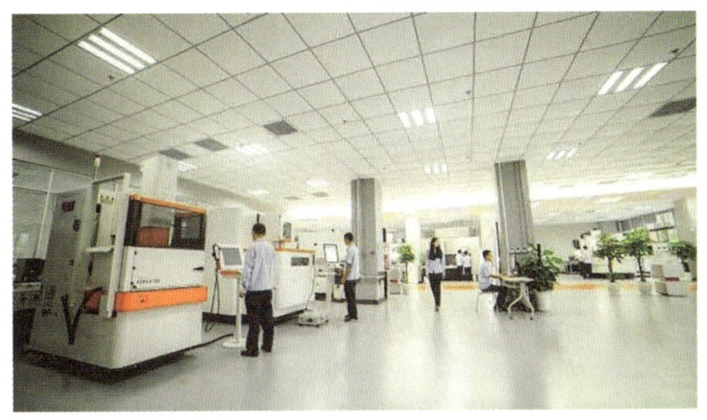
图 1　智能制造技术应用创新示范中心

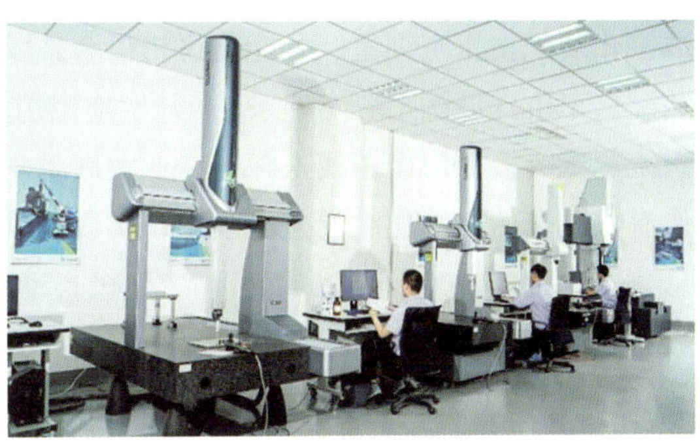
图 2　军民融合数字化测量公共技术平台

图 3　航空发动机维修基地

图 4　海德汉高效加工实验室

图 5　宝航—模具生产性实训基地

图 6　数控实训基地

（二）以数字化生产为导向，联合龙头企业推进虚拟仿真系统建设

航空装备制造技术技能训练存在高投入、高损耗、高风险和难实施、难观摩、难再现的“三高三难”痛点问题。专业群引进多类型虚拟仿真实训资源，搭建航空数字化制造虚拟仿真实训平台。

2020 年获批四川省“航空装备智能制造与维修虚拟仿真实训基地”建设项目，利用飞机数字化装配技术实训室、智能化飞机钣金技术实训室、飞机装配虚拟仿真实验室、航空发动机装配试车仿真训练系统实训条件，开发虚拟仿真教学资源，满足系统认知、系统操作、系统拆装、系统测试等多个层面由浅入深的专业实践教学要求。探索实践虚拟仿真教学与实物装备技能操作有机融合的一体化教学方法改革，实现教学过程的全数字化，接轨企业实际生产现场的高信息化、高数字化水平。2022 年，“飞机自动油门系统认知与维护虚拟仿真实训”“航空产品数字化生产线精密加工虚拟仿真”2 个虚拟仿真实训教学项目获批四川省职业教育示范性虚拟仿真实训教学项目，进一步推进数字技术、信息技术与实训教学深度融合。

虚拟仿真资源覆盖“工艺准备、加工实施、几何量检测、技术总结”实训教学全环节（图 7）。《宇龙机械加工仿真软件》（图 8）、海德汉数控系统（图 9）、五轴加工模拟机（图 10）、《VERICUT 虚拟仿真软件》（图 11）和三坐标测量模拟机（图 12）等虚拟仿真资源的投用，助力提升学生的综合实践能力。

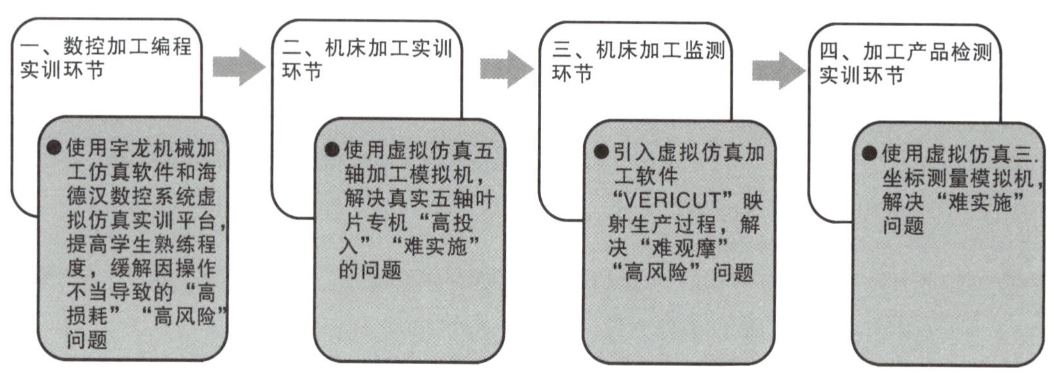

图 7　虚拟仿真实训资源助力人才培养生产实训流程

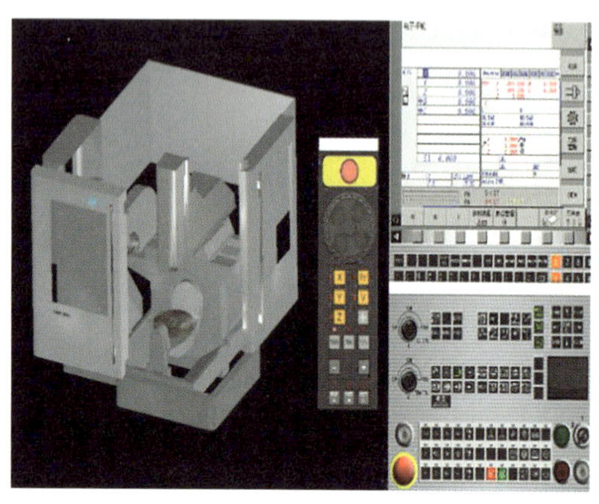

图 8　宇龙机械加工仿真软件

图 9　海德汉应用培训中心

图 10　虚拟仿真五轴加工模拟机

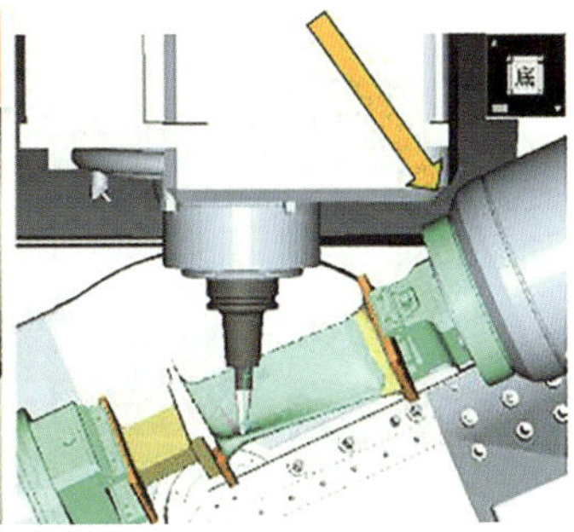

图 11　利用 VERICUT 仿真排除加工撞机安全隐患

图 12　三坐标测量操作虚拟仿真教学

（三）以校企深度合作为依托，深化人才培养与科技成果转化

以成都市模具工业协会为依托，联合成都航天模塑股份有限公司、成都宏明双新科技股份有限公司、宝利根精密工业有限公司、赫比科技（成都）有限公司等 7 家优质模具企业，实施 N 家企业和 N 家学校的现代学徒制人才培养，不断深化和创新职业教育校企合作模式，创新和深化人才培养，共同开展人才培养、专业建设、课程建设，组织培训，协同打造一体化实训基地，以产促学，深化产教融合。

依托国家虚拟仿真实训基地、世赛集训基地、国家高技能人才培养基地、创新实训基地服务平台，智能制造技术应用创新示范中心，与航空工业所属企业及区域主导产业企业多方位合作，优势互补，互利共赢（图 13）。开展“成飞工艺转包”“大飞机智能制造网络示范”等重大科研项目，有效解决大国重器关键技术“卡脖子”的问题。同时与中国航发成发、航空工业成飞等企业合作成立“航发班”“成飞班”“五轴班”等订单班，共同制订专业人才培养方案，分解岗位对知识、技能和素质的要求，融入专业核心课程标准，解决国家急需专业技术技能人才短缺问题，开展多专业技术研发、技术服务、技术培训与科技成果转换，提升专业产学研水平和深化校企合作。

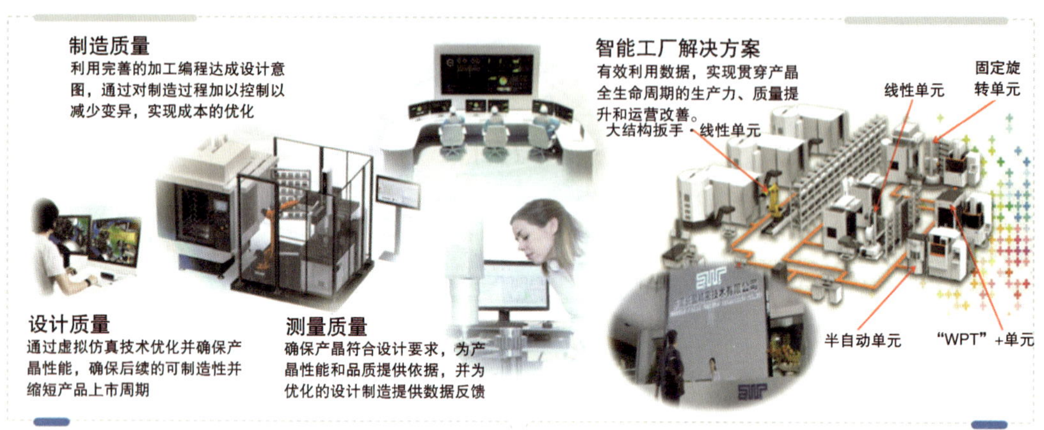

图 13　开展装备应用技术研究，解决企业发展难题

（四）以职业技能竞赛为抓手，提升师生职业技术能力与水平

依托两个国家级集训基地、国家级职业教育示范性虚拟仿真实训基地、各级各类校级实训基地，积极承办各层级职业技能竞赛，组织各级各类竞赛集训与培训，以世界技能大赛为牵引，与航空工业集团共建“世赛班”，将大赛项目融入实训项目，将大赛评价标准融入实践教学评价标准，形成以“教、学、做、研、赛、创”为载体的教学模式。以赛促教，提升专业群师生竞赛参赛水平、办赛能力与教学实践能力。基于实践教学基地，开展各种创新创业活动，集思广益，锐意进取，不断提升培养学生多方位素质技能的能力。

二、成果成效

（一）行业、国家高度认可

航空工业成飞公司致感谢信，高度赞扬学校积极探索的工艺转包合作模式，充分肯定工艺团队的工作成效。2019 学校入选国家高技能人才基地建设名单，2021 年产业学院智能制造应用创新基地入选教育部 - 瑞士乔治费歇尔加工方案“智能制造创新实践基地”建设项目，飞机维修项目获批为世界技能大赛中国集训基地。

（二）人才培养质量高

近三年来，学校每年为航空装备产业输送 2000 余名毕业生，依托航空工业成飞开展“现代学徒制 - 成飞定制班人才培养”，定制化培养 1000 余人。学校成为为航空工业集团和中国航发集团输送技术技能人才最多的高职院校，为“歼 -10”、“歼 -20”、“翼龙”无人机等国之重器的研制生产做出了重要贡献（图 14）。校企协同培养项目中，1 名在校生获得“全国技术能手”称号，2 名在校生获得“四川省青年岗位能手”称号。

在“互联网 +”大学生创新创业大赛、“发明杯”大学生创新创业大赛等国家、省级比赛中获奖 19 项，每年立项省级和校级创新创业项目 20 项。学生在各级各类职业技能竞赛中，获得省级、国家级奖项 17 项。参加国际复材行业奥林匹克级竞赛（SAMPE），代表中国参赛五年，获得世界总冠军 4 次、亚军 1 次，共获单项世界冠军 21 项，实现 SAMPE 中国赛区 8 连冠，被业界称为“冠军专业户”（图 15）。

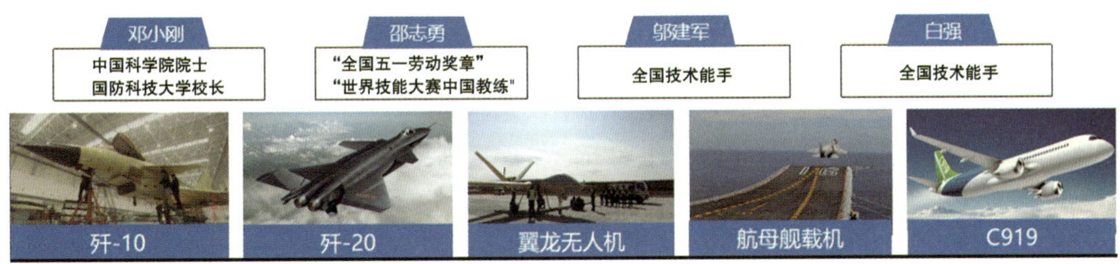

图 14　为航空工业、国防建设和区域经济培养高素质技术技能人才

图 15　四夺总冠军新闻报道及部分总冠军奖杯

（三）科技成果转化卓有成效

学校与多家行业龙头企业开展多项应用科研项目，完成技术推广和技术成果转化 11 项，为企业实现技术研发和技术服务收入 1000 万元。

基于产教深度融合，校企深度合作，育训深度并重的飞行器数字化制造技术专业人才培养新模式

周宝，周瑜，刘时勇，郝炜

产教融合、校企合作是职业教育的基本办学模式，是办好职业教育的关键所在。为深入贯彻落实党的“十九大”精神，以学校“十四五”发展规划为引领，深度服务于成都航空产业园区和成渝地区双城经济圈建设，飞行器数字化制造技术专业联合头部企业航空工业成飞积极落实国务院《关于加快发展现代职业教育的决定》要求，完善职业教育体系，深化产教融合、校企合作、育训并重，实现了课程标准与企业、行业标准同频共振，打造了一流专业核心课程资源，建设了国家级航空装备智能制造与维修虚拟仿真实训基地——飞行器数字化装配技术实训室，培育了一批优秀职教教师教学创新团队，开展了企业新老员工入职培训项目，双主体联合践行了飞行器数字化人才培养新模式，为航空装备制造领域培养了紧缺的高素质、高水平技术技能人才。

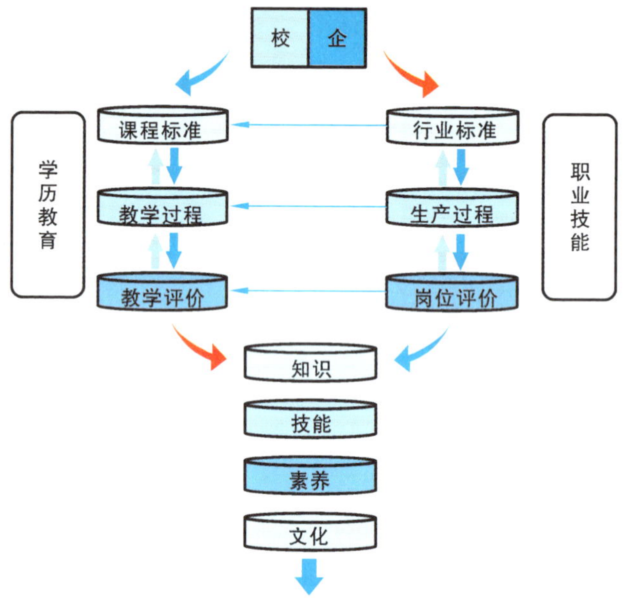

图 1　飞行器数字化制造技术专业人才培养新模式

一、主要做法

（一）标准引领，校企协同共建高品质课程资源

只有校企强强联合，课程标准与行业标准才能步调一致，人才供给侧才能精准对接行业需

求侧。专业与行业龙头企业成飞开展深入合作，成立了技能大师工作室，建设了国家级虚拟仿真实训中心——飞行器数字化装配技术实训室，以行业标准为引领，以课程改革专业化为导向，定期将专业新技术、新工艺、新规范、工匠精神及时融进课程标准中，形成模块化、能力递进式课程体系。课程体系的设计本着“够用、实用、应用”，通过课程整合、内容综合，按照“飞行器数字化人才培养新模式”的要求共同培育了一批优秀职教教师团队、精品在线课程和课程思政示范课程。

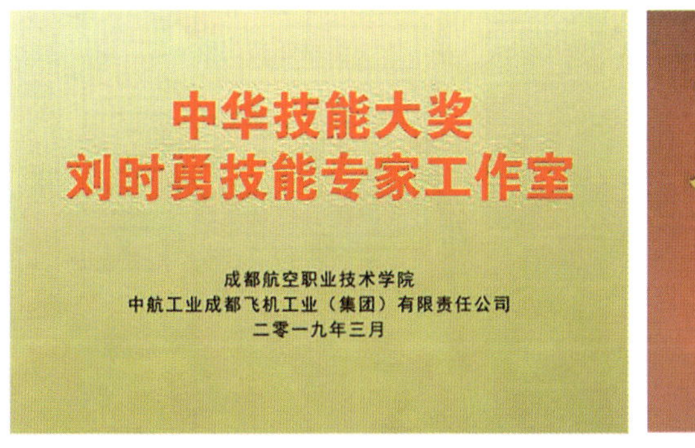

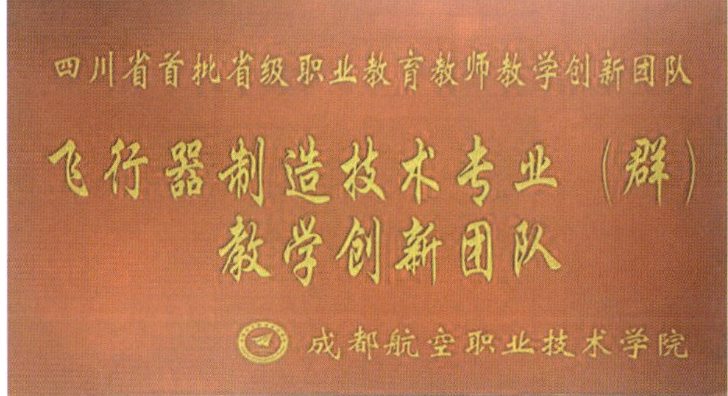

图 2　一批优秀职教教师团队

（二）岗位对接，校企双元打造典型实践项目

以对接行业标准为出发点，以企业实践项目设置合理化为导向，基于企业实际实践项目技能要求，校企协同开发虚拟仿真装配实训项目 23 项、双语教材 1 种、虚拟仿真校本教材 1 种，明确学习典型任务和模块，按照基本技能、核心技能、综合技能的能力递进规律设计实践教学过程，学习和工作融为一体。一是校内实训室按照企业岗位要求，设置“50 个虚拟仿真装配区间”，以国家级航空装备智能制造与维修虚拟仿真实训基地——飞行器数字化装配技术实训室来模拟真实工作环境进行技能训练，通过 MR 混合现实技术教师和学生可以对真实的飞机结构和整体系统进行直观的虚拟三维观察和实时互动操作实训教学，可提高学生对飞机结构和整体系统的认知能力，做到对飞机整体结构、部件结构、零部件结构和系统结构的直观理解和掌握，对飞机各系统及主要部位的运行原理、结构中关键部件的运行原理、飞机大部件的拆卸和装配流程能有清晰直观的认识和理解，可提高教学质量和学习效率。二是不断加强学生工作过程思维模式和企业管理的行为素养，针对创设出来的企业实际工作情境，按照“四步法”思维模式，由明确项目任务→实施计划→检查控制→评估反馈（修正），让学生通过反复的项目强化，逐渐具备解决实际问题的综合能力。三是在实践项目中利用虚拟仿真教材中的任务工单规范操作，让学生对典型工作过程和成果进行有效的评估。四是通过课程思政来激发学生学习的兴趣，提高学生的操作技能水平和职业素养，实现学校教学过程与企业生产过程的无缝对接，实现拔尖人才的培养与选拔。

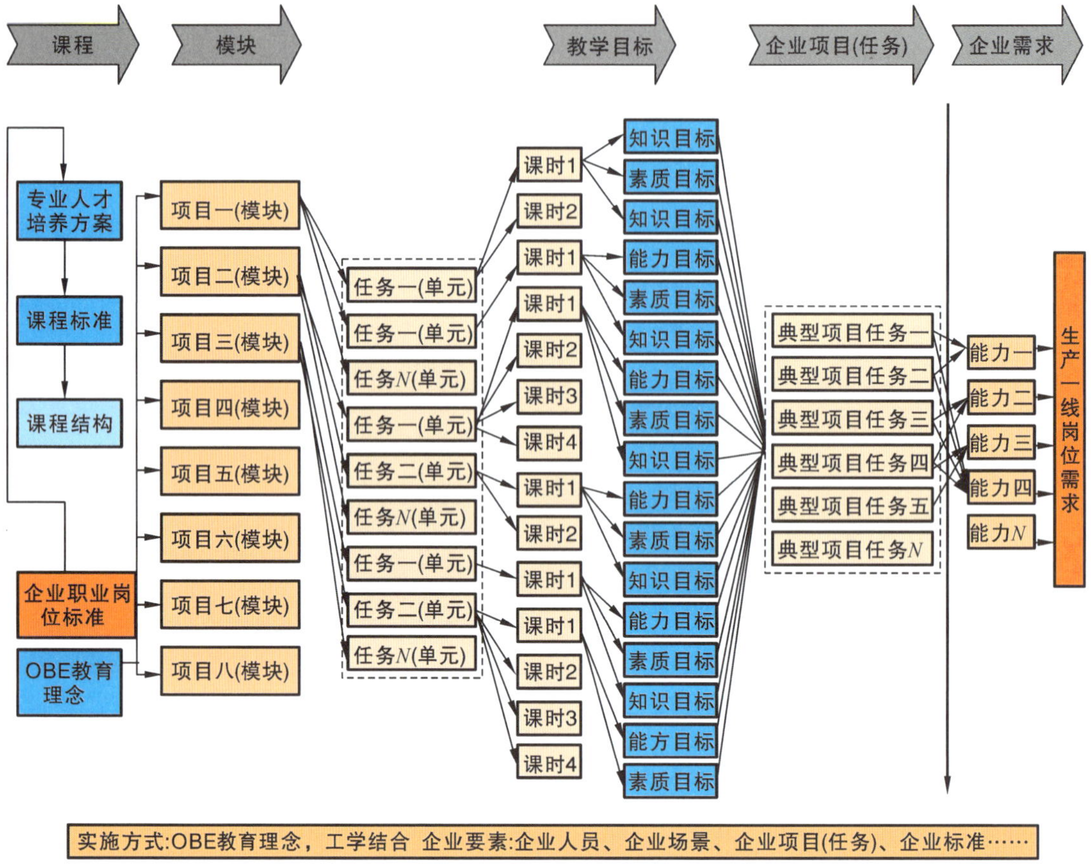

课程
模块
教学目标
企业项目(任务)
企业需求
专业人才培养方案
课程标准
课程结构
企业职业岗位标准
OBE教育理念
项目一(模块)
项目二(模块)
项目三(模块)
项目四(模块)
项目五(模块)
项目六(模块)
项目七(模块)
项目八(模块)
任务一(单元)
任务一(单元)
任务N(单元)
任务一(单元)
任务二(单元)
任务N(单元)
任务一(单元)
任务二(单元)
任务N(单元)
课时1
课时2
课时1
课时1
课时2
课时3
课时4
课时1
课时2
课时1
课时1
课时2
课时3
课时4
知识目标
素质目标
知识目标
能力目标
素质目标
知识目标
能力目标
素质目标
知识目标
能力目标
素质目标
知识目标
能力目标
素质目标
知识目标
能方目标
素质目标
典型项目任务一
典型项目任务二
典型项目任务三
典型项目任务四
典型项目任务五
典型项目任务N
能力一
能力二
能力三
能力四
能力N
生产一线岗位需求
实施方式:OBE教育理念，工学结合 企业要素:企业人员、企业场景、企业项目(任务)、企业标准……

图 3 基于企业职业岗位标准的 OBE 课程建设理念

飞机数字化装配技术虚拟仿真教程

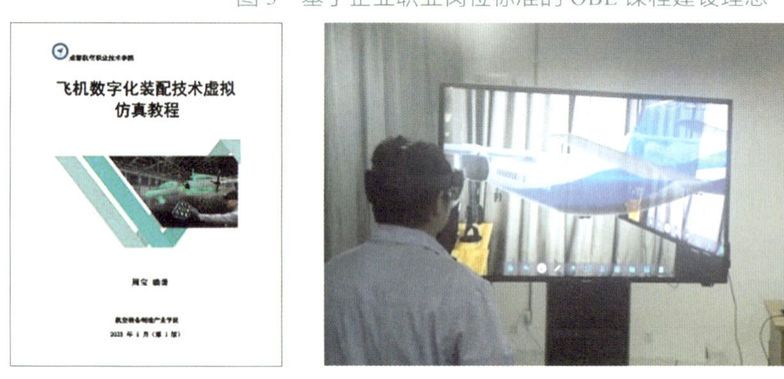

图 4 一流实训教学资源

（三）动态评价，校企合作构建多元评价体系

建立以能力为中心的“多元、动态”评价体系，使教学评价与学生能力相符，将企业实践项目的知识、技能、素养和文化评估内容和考核办法融入课程标准、实训任务指导书和考核大纲，建立含题库和实训作业库，注重典型实践项目的考核，注重综合技能和职业素养的考核，实行师生互评（30%）、企业导师（40%）、专业教师（40%）三方综合评价，实行过程评价（30%）、维修质量（40%）、综合技能考核（30%）三者结合的评价模式。

（四）增值赋能，服务产业人才技能提升

为深入贯彻落实国务院《职业技能提升行动方案》，推进产教深度融合，促进劳动者技能提升，助力企业高质量发展，成都航院飞行器数字化制造技术专业多次承接了“成飞/贵飞新老员工专项赋能培训”项目。课程设置由企业或用人单位根据职业岗位需要“点菜下单”，学院结合前期校企联合开发的课程资源据此“菜单”，专门为订单班开设5～6门专业课程，真正实现人才培养与企业需求的无缝对接。

图5　理论环节培训

图6　实践环节培训

二、经验总结

（一）创新了职业教育理论

首次同步对接了行业标准，将企业真实实践项目技能点和考核点编写进课程标准中，厘清了高职飞行器数字化制造技术专业学生知识、技能、素养和文化职业内涵要素，建立了模块化、项目化能力递进式课程体系，凸显了高技术人才鲜明特征，适应岗位需求，据此提出专业新型人才培养模式，学生在知行合一中习得了“真功夫”。

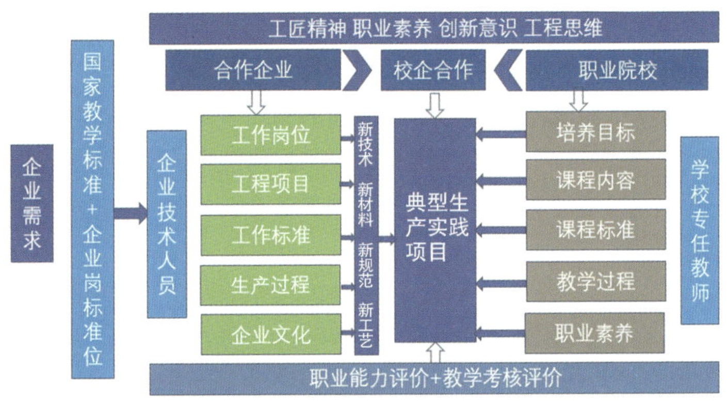

图7　校企共育典型生产实践项目

（二）实现了教学过程职业化培养

专业课程标准对接最新行业标准和数字化制造的技能需求，使得将学历教育与行业企业专业技能融入人才培养的全过程。在掌握专业公共基础知识和专业基础知识的前提下，获得职业、岗位能力，毕业生既具备进入行业资格，提高了高技能人才培养质量，缩短了企业员工培养培训周期，使得企业人力资源投入最小化，收益最大化，为校企长期合作打下了坚实基础。

（三）打造了国家级虚拟仿真实训基地

飞机数字化装配技术实训室主要与航空工业成飞联合共建，主要拥有飞机数字化装配实训的软、硬件设备。具有飞机大部件认知、大部件拆装虚拟仿真的功能，能够为飞行器数字化制造技术、飞机机电设备维修等专业的飞机数字化装配技术、飞机结构与系统实训等课程和企业新老员工提供虚拟仿真技术服务，主要体现了飞机数字化装配人机互联的技术特点。此实训室通过虚拟仿真的手段能够解决实际中飞机装配建设成本高、学生难观摩、运行及检修困难等难题，具有更加直观、容易复现、学生操作简单、考核过程清晰准确等特点。

（四）培育了教师创新团队

以习近平新时代中国特色社会主义思想为统领，加强对教师社会主义核心价值观、理想信念、师德师风、学术诚信等的引导，大力宣传师德楷模，养成重德养德的良好风尚。牢记“航空报国”的使命担当，通过开展教育教学研究、工程实践锻炼、教学资源建设、科研服务等工作实践，全面提升教学团队的业务能力。同时充分发挥产业、企业、学校团队内部教学名师、大国工匠、技术能手等高水平师资的示范带动作用，提升项目组教师的综合实践创新能力，培养一支跨校优秀教学创新团队。

（五）把课程思政贯穿了教学

为进一步发挥课堂教学的育人主渠道作用，推进课程思政教学改革，课程思政有效融入飞行器数字化制造技术专业课程，培养学生的爱国情怀、立德树人和工匠精神，把企业技能大师的成功案例引入课堂教学，激发学生刻苦学习、努力钻研、不断创新的精神。名人事迹的熏陶与指引，使学生树正德、立志向，加强专业技能提高和爱国情怀。激励引导当代大学生崇尚先进、学习先进、争当先进，提高职业素养，争做德智体美劳全面发展的社会主义建设者和接班人，充分发扬大国工匠精神。

Chapter Four

第四章 打造高水平双师队伍

系统推进人才分类评价　激发教师干事创业活力

李激，祝登义，任丹

为激发广大教师教书育人、科学研究、创新创业活力，切实加强人才队伍建设，学校围绕人才引进、人才培养、职称晋升、岗位聘任与考核等系统创新人才分类评价机制，师德师风贯穿人才评价始终，突出能力和业绩评价，改进人才评价考核方式，激发广大教师干事创业活力，培养造就一批行业企业有影响的学术技术领军人才、一批能解决生产技术难题的“双师型”教师、一批具有高超技艺和精湛技能的工匠大师，建成由高水平学术技术带头人和教学名师领衔的人才队伍，能引领高职教育事业改革发展，推动产业技术进步。

一、主要做法

（一）“分层分类”明确人才引进标准，突出行业企业工作经历

学校按照“分类分层”的人才引进思路，明确不同类型、不同层次人才引进标准，突出专任教师对行业企业工作经历的要求，对标对表引进各类人才，把好人才入口关。学校人才引进分为高层次人才和普通人才两个层次，其中高层次人才分为高水平学术技术人才、高水平教学科研人才和高水平技能型人才三个类别，分别明确引进标准、配套政策和考核要求。普通人才分为专任教师、实训教师、辅导员三个类别，分别从学历资格、专业资格、工作经历与资质三个方面明确引进标准。其中专任教师须具备 3 年以上大中型企业工作经历，有丰富的工程实践经验，主要从事工作与拟应聘岗位匹配度高；实训教师要求具备 5 年以上大中型企业工作经历，取得工程师及以上专业技术职务、技师及以上职业资格或高级职业资格证书（行业执业资格），主要从事工作与拟应聘岗位匹配度高。近三年学校引进具有高素质技术技能人才约 200 人，其中具有 3 年以上大中型企业工作经历的专任教师占比达 70%，充实了“双师型”教师队伍。

（二）系统构建“分级”培训体系，全面提升教师教学科研能力

学校以提升教师教学科研能力为人才培育核心，系统构建“分类分级”全员培训体系，全面提升教师教学科研能力。一是引导教师树立终身学习理念，建立专任教师五年一周期全员培训制度，明确不同职业生涯阶段教师培训学时要求和培训内容要求，建立教师培训档案，将培训考核作为教师聘期考核、岗位聘任基本要求。二是遵循教师职业成长规律，围绕教师师德师

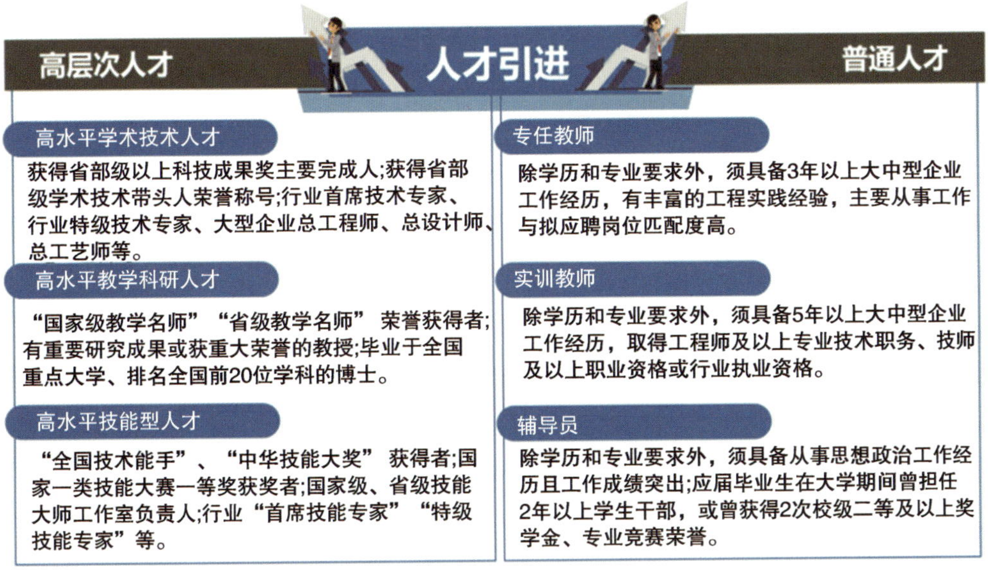

高层次人才

高水平学术技术人才

获得省部级以上科技成果奖主要完成人;获得省部级学术技术带头人荣誉称号;行业首席技术专家、行业特级技术专家、大型企业总工程师、总设计师、总工艺师等。

高水平教学科研人才

“国家级教学名师”“省级教学名师”荣誉获得者;有重要研究成果或获重大荣誉的教授;毕业于全国重点大学、排名全国前20位学科的博士。

高水平技能型人才

“全国技术能手”、“中华技能大奖”获得者;国家一类技能大赛一等奖获奖者;国家级、省级技能大师工作室负责人;行业“首席技能专家”“特级技能专家”等。

普通人才

专任教师

除学历和专业要求外，须具备3年以上大中型企业工作经历，有丰富的工程实践经验，主要从事工作与拟应聘岗位匹配度高。

实训教师

除学历和专业要求外，须具备5年以上大中型企业工作经历，取得工程师及以上专业技术职务、技师及以上职业资格或行业执业资格。

辅导员

除学历和专业要求外，须具备从事思想政治工作经历且工作成绩突出;应届毕业生在大学期间曾担任2年以上学生干部，或曾获得2次校级二等及以上奖学金、专业竞赛荣誉。

图1 引进人才分类评价标准

风、教育教学能力、工程实践能力和学术技术能力，系统构建初级资质、中级资质和高级资质“三级”培训体系，其中初级职称教师参加初级资质培训，培训内容主要包括职业教育教学设计和教学方法；中级职称教师参加中级资质培训，培训内容主要包括职业教育课程开发与课程建设；高级职称教师参加高级资质培训，培训内容主要包括职业教育专业开发与专业建设。通过让培训与职称晋升、岗位聘任相关联，建立全员培训体系，大大提升教师自我学习与提升的主动性与自觉性，形成人才梯队培养的良性循环。

（三）推进“分类分级”职称评审改革，突出业绩成果导向

学校与四川交通职业技术学院、四川邮电职业技术学院三校组建职称评审联盟，联合制定职称评审标准，联合组建职称评审机构，联合开展职称评审，评审结果在联盟学校内有效。按照“评聘结合、分类评价、业绩导向、竞争择优”的原则，立足于高职教育改革实际，针对教学为主型岗位、教学科研型岗位、科研为主型岗位、辅导员岗位等不同岗位类型和不同层次专业技术人才特点，遵循人才成长规律，分类分级建立专业技术职务评价标准，实施分类评价。评价标准突出“重品德、重能力、重业绩”导向，把品德放在评价首位，围绕教育教学改革和人才培养这一中心工作，着重在教学、科研、专业建设、课程建设、学生竞赛等方面多维度设置评价标准，建立以“业绩成果”和“实际贡献”为主要内容的评价方式，打破唯学历、唯论文、唯资历倾向，鼓励优秀人才脱颖而出。为支持做出突出贡献的教师破格晋升，对学术或业绩成果特别突出者，建立职称破格晋升通道；引导教师不忘教书育人的“初心”和人才培养的“本色”，将教师教学能力和教学质量评价纳入职称评审标准。

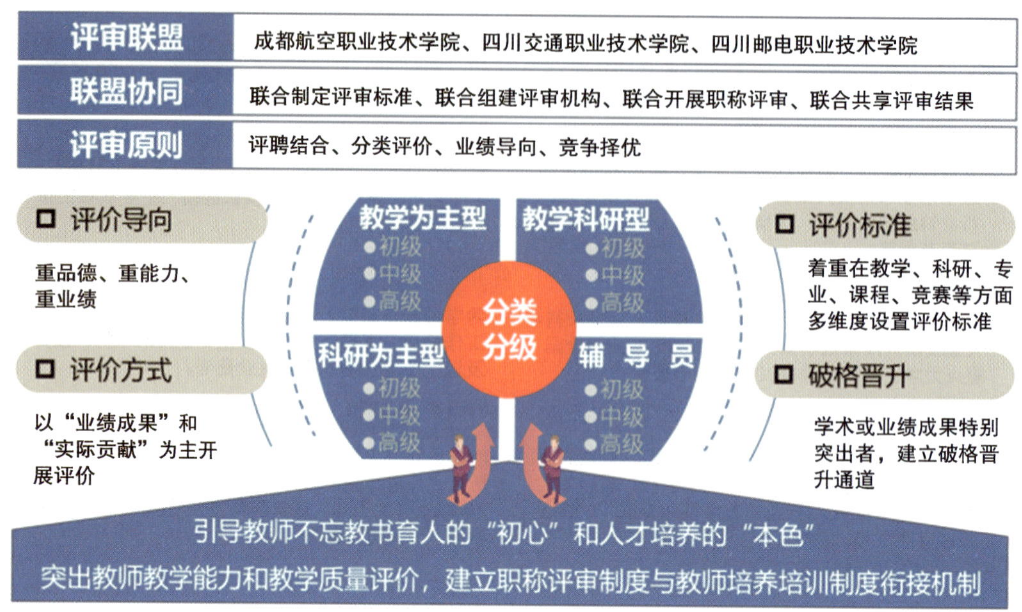

图 2　职称评审分类评价标准

（四）实施“分类分级”岗位聘任，构建“四位一体”考核评价体系

改革用人制度，全面推进分类设岗、分类聘任、分类考核、分类晋升、分类激励等人事管理改革，实现由固定用人向合同用人转变，由身份管理向岗位管理转变，形成能上能下、能进能出的用人机制。对编制和岗位结构实行总量控制，分单位类别核定编制，提高用人效率；分类分岗位不同等级的比例，其中专任教师岗位分为教学为主型岗级设置岗位，科学合理确定各类岗位及同类位、教学科研型岗位、科研为主型岗位和辅导员岗位；建立精细化分类管理机制，明确各类各级岗位职责，实行全员聘任；围绕师德师风、教学工作、科研工作、其他工作，构建“四位一体”的考核评价体系；以岗定薪、岗变薪变，效率优先、兼顾公平，形成充满活力的人事管理制度。

二、成果成效

学校围绕人才引进、人才培养、职称评审、岗位聘任与考核等实施人才分类评价，大力创新支持各类人才脱颖而出的体制机制，培养造就一批行业企业有影响的学术技术领军人才、一批能解决生产技术难题的“双师型”教师、一批具有高超技艺和精湛技能的工匠大师，建成由高水平学术技术带头人和教学名师领衔的人才队伍，能引领高职教育事业改革发展，推动产业技术进步。一是获评一批省部级、国家级人才 / 团队。近五年来，学校新增国家“万人计划”

教学名师 3 名、国务院政府特殊津贴专家 3 名、全国技术能手 3 名，全国高校黄大年式教师团队 1 个、国家级职业教育教师教学创新团队 1 个、教育部课程思政教学团队 2 个，四川省“教书育人”名师 3 名、四川省学术技术带头人及后备人选 4 名、四川省有突出贡献专家 2 名、天府工匠 1 人、天府名师 1 人，省级教师团队及技能大师工作室 8 个。二是人才建设体制机制辐射影响。学校分类人才评价体系被四川省委教育工委、四川省教育厅“对标竞进”活动专刊第 2 期专题报道，在四川省高职院校中产生良好示范效应；被教育部列为“职业教育教师队伍建设典型工作案例”，并推广至全国各高职院校。

图 3　岗位设置分类聘任标准

传承航空报国精神，建设全国高校黄大年式教师团队

李溦，祝登义，任丹

在人才队伍建设方面，学校始终以推进高素质专业化创新型教师队伍建设为核心，按照“高端引领、德能双馨、引育并举、打造品牌”的思路，结合学校“航空报国·追求卓越”的精神，引导学校教师以黄大年同志为榜样，心有大我、志诚报国，教书育人、敢为人先，淡泊名利、甘于奉献，把爱国之情、报国之志融入祖国改革发展的伟大事业中，打造了一批高素质专业化“双师型”教师团队。近三年，学校获批国家级教学团队4个，省级教学创新团队4个，市厅级、省级技能大师工作室/平台5个。航空装备智能制造专业群教师团队获批“全国高校黄大年式教师团队”，为四川省高职院校唯一获此殊荣的团队。

一、主要做法

（一）传承精神，航空报国思想建设入脑入心

航空装备智能制造专业群教师团队注重内涵建设，以航空报国精神传承为思想建设重点，通过言传身教、航空文化建设，将航空报国精神与航空强国使命融入教书育人并根植于每位教师内心，进行一代又一代传承。团队教师始终以“祖国终将选择那些忠诚于祖国的人，祖国终将记住那些奉献于祖国的人”为自己人生的座右铭，以浓厚的航空报国情怀和强烈的社会责任感，自觉把个人价值追求与航空强国梦想相融合，坚持“特别能吃苦、特别能奉献、特别能战斗”的工作作风，始终保持昂扬的斗志和奉献精神，争做“忠诚·担当·奉献”的优秀教师。通过建设，造就了忠诚航空事业、坚定航空报国理想信念的教师队伍。

（二）高端引领，打造高水平结构化“双师型”教师团队

学校通过“引育并举、专兼结合”等举措构建专业群高水平教师团队，以高水平人才引领专业群改革发展。聘请中国科学院院士丁汉任航空智能制造重点实验室学术委员会主任；聘请歼-20战斗机总设计师、中国科学院院士杨伟，组建杨伟院士工作站，开展航空智能制造和应用技术研究；以国家万人计划教学名师李学锋、国家万人计划教学名师何先定、国家级教学名师刘建超为核心，建立3个国家教学名师工作室，开展职业教育改革与研究；引进航空工业数字化制造特级专家汤立民为航空装备制造产业学院特聘院长，引领专业群改革发展；引进全国技术能手张川、中华技能大奖获得者刘时勇等建立技能大师工作室，联合开展技能传承与工艺

工法创新；大力引进行业、企业、科研院所具有 5 年以上工作经历的工程技术人才、能工巧匠为专任教师，打造高水平结构化“双师型”教师团队。

（三）校企合作，共建教师团队干事创业的科研平台

充分挖掘校企合作潜力，整合行业企业资源，校企共建高水平技术技能创新基地，为教师团队打造做事创业平台，为教师团队发展提供支撑。依托高水平生产基地和科研平台，校企共建教学团队和研发团队，实施教学实战化、科教一体化，培养数字化制造及精密加工领域高水平复合型技术技能人才，对接产业需求开展精密加工和应用技术创新。引进全球领先的智能制造解决方案企业瑞士 GF 公司，共建具有国际先进水平的智能制造技术应用创新基地，助力教师开展航空与精密制造产业转型升级和技术创新；引进全球知名企业瑞典海克斯康公司合作共建数字化几何测量公共服务平台，助力教师开展数字化几何量计量技术的产学研及技术推广；引进具有国际水平的精密数控机床研发制造国家级高新技术企业北京精雕集团，共建数字化 & 多轴精密加工技术中心，助力教师开展精密加工技术应用研究；联合航空工业成飞公司共建省级重点实验室四川省模具产业智能制造应用技术工程实验室，助力教师开展模具智能制造应用技术攻关。

成都航空智能制造技术研究院

成都无人机应用技术研究院

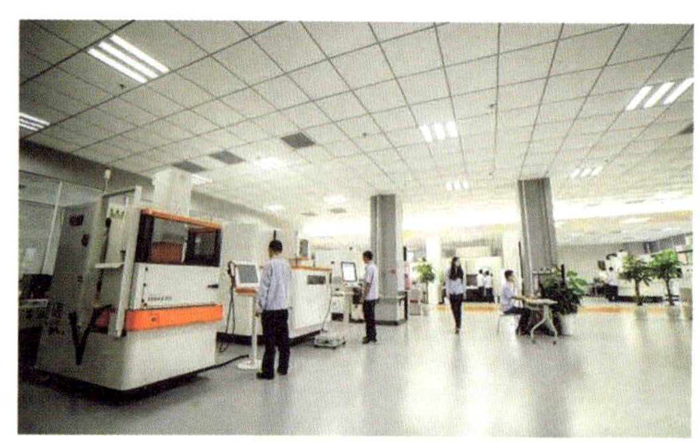
建成智能制造技术应用创新示范中心

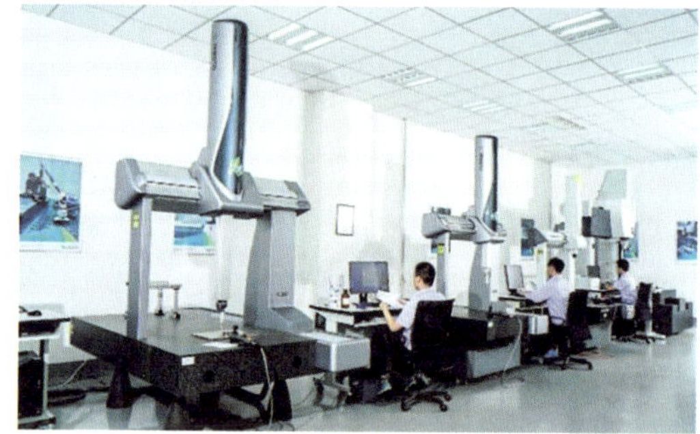
建成军民融合数字化测量公共技术平台

图 1　校企共建科研平台

（四）点面结合，全面提升团队成员教学科研能力

以人才培育为核心，围绕团队成员教学科研能力提升，加强教师队伍梯队建设。实施“德胜学者”“德胜学者后备人选”“德胜名师”“德胜工匠”等人才计划，重点支持团队教师在应用技术研究、教育教学改革、技术技能革新等方面取得突出成绩。围绕教师师德师风、教育教学能力、工程实践能力和学术技术能力，系统构建初级资质、中级资质和高级资质“三级”培训体系，加强教师培训。学校采用“点面结合”“全员培训”的方式，加速团队成员成长成才，全面提升团队教师的教学科研能力和工程实践能力。

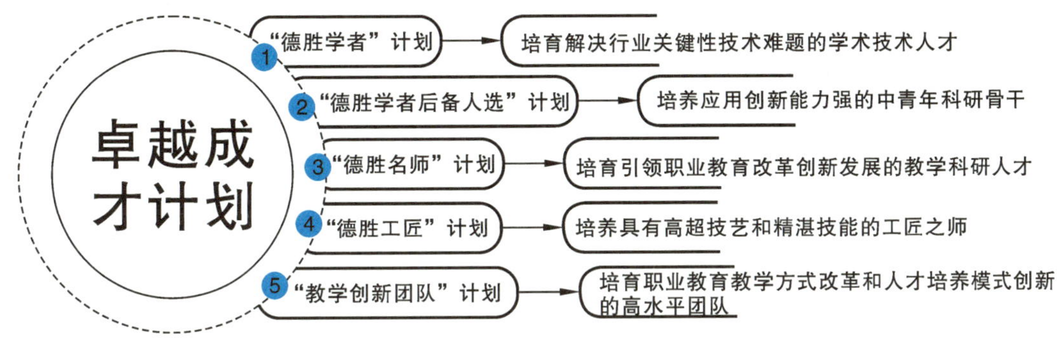

图 2　卓越教师成长计划

二、成果成效

学校按照“高端引领、德能双馨、引育并举、打造品牌”的思路，多方聚力、产教融合，打造了一批高素质专业化“双师型”教师团队。一是团队建设成绩显著。近三年，获批国家级教学团队 4 个，省级教学创新团队 4 个，市厅级、省级技能大师工作室 / 平台 5 个。其中航空装备智能制造专业群教师团队获批“全国高校黄大年式教师团队”，为四川省高职院校唯一获此殊荣的团队。二是团队建设辐射效应良好。通过团队建设的一系列举措，团队建设辐射效应良好，带动一批团队取得硕果。飞机机电设备维修专业教学团队获批“首批国家级职业教育教师教学创新团队”，航空发动机原理与结构教师团队、无人机飞行原理教师团队获评“教育部课程思政教学团队”，飞行器制造技术专业教学创新团队和无人机应用技术教师团队获评“省级职业教育教师教学创新团队”。

对标国际、三师引领、四方共建，打造中国航空维修职业教育第一师资品牌

何龙、王昌昊、彭亚娜、张伟瑞

按照“高端引领、德技双馨、引育并举、打造品牌”的建设理念，以“培养造就一批行业企业有影响的技术领军人才、一批能解决生产技术难题的‘双师型’教师、一批具有高超技艺和精湛技能的工匠大师，建成由高水平学术技术带头人和教学名师领衔的教学创新团队，引领高职教育事业创新发展，推动产业技术进步，成为航空特色鲜明、国际影响显著、航空维修职业教育第一师资品牌”为目标，学校对标三大航空维修国际标准（CAAC\EASA\FAA），由“专家、大师、名师”三师引领，携手“政府、行业、企业、学校”四方共建了一支具有国际化、专家化、专业化水平的“双师”结构教师团队。飞机机电设备维修专业教学团队获批“首批国家级职业教育教师教学创新团队”，成为国内一流、世界一流水平的中国航空维修产业不可或缺的技术技能人才培养高地和应用技术创新服务平台，助力培养未来航空维修领域的高素质技能人才。

一、主要做法

（一）“专家、大师、名师”三师引领，打造国际化“双师”结构职教创新团队

学校始终以打造中国航空维修职业教育第一品牌为目标，对标三大航空维修国际标准（CAAC\EASA\FAA），三师引领，共建具有国际化、专家化、专业化水平的“双师”结构教师创新团队。在团队国际化建设方面，通过国家引智项目，邀请第46届世界技能大赛飞机维修项目首席专家，欧洲航空安全局（简称：EASA）航空器维修人员执照项目专家加入团队；专家建设方面，坚持引进并推选国家“万人计划”教学名师、国家级课程思政教学名师、全国模范教师、航空职业教育教学名师、四川省教书育人名师；在专业化建设方面，选送了中国民航局CCAR66R3、CCAR147R1规章改版专家、教育部“1+X”民用航空器航线维修职业技能等级证书专家委员会副主任委员、第一届中华职业技能大赛飞机维修项目裁判、第一届中华职业技能大赛四川省选拔赛暨第四届“四川工匠杯”职业技能大赛技术专家、第46届世界技能大赛四川选拔赛优秀指导教师、四川省全国职业院校技能大赛飞机发动机拆装调试与维修赛项专家、四川省突出贡献专家、四川省学术和技术带头人、国务院政府特殊津贴专家、四川省先进工作者。通过三个层次的引领，形成了结构合理、水平一流的“双师型”教师队伍，组建了“专业带头人＋产业教授＋企业专家”的教师团队。同时，以“一带一、多对一、一对一”的方式，成立航空维修技术能手工作室，引导团队成员进行师徒式的传帮带。通过高端引领，实现了教

师团队由单一教师个体向多专业方向发展的转变，由单一的“双师型”向“双师结构”发展，由单一的航空维修职业教育向航空维修领域技术技能人才培养的全链条拓展。

（二）以研促教、科研兴师，全方位提升团队教学、科研与工程能力

联合中国国际航空公司、四川航空股份有限公司（简称：川航）、海航集团有限公司、航空工业成飞、中国航发成发、华太电子技术股份有限公司等区域头部企业与航空高新技术企业共建国家级“双师型”教师培训基地，落实国家要求教师每五年不少于半年企业工程实践制度，专项组织团队教师学习航空维修新标准、新技术，分级分类分层组织技术服务类培训，参与企业产品研发和技术创新项目，协助企业解决技术难题，如基于风险管理的“翼龙 -2”气象型无人机系统适航体系开发等。参与国家级科研项目“大飞机智能制造网络示范”，主持“基于航空机翼技术的飞机刹车散热风扇设计软件开发”等省部级科研项目。

科研成果反哺教学，以研促教，提升教师团队的教学能力。围绕国家级职教团队课题航空装备技术与应用专业领域开展研究工作，基于四川省教育厅课题“基于航空维修类专业的产教融合职业教育模式研究”，深入开展了“1+X”证书制度在航空装备技术与应用专业人才培养试点探索与实践应用、新时代航空装备技术与应用专业领域高等职业院校教师发展中心建设重点任务及功能两项课题研究。围绕两项课题立项了“航空维修专业群双主体双中心类型教育教师培养培训模式研究”等 10 项校级教改课题并做了研究任务分解，细化研究重难点，研究任务细化，分层分级，全方位提升团队的教学、科研与工程能力。

（三）对接飞机维修行业标准，构建“岗课赛证”综合育人体系

以国家飞机机电设备维修专业教学标准为基准，以航空器维修培训机构资质认证为牵引，结合中国民航局颁发的航空器维修人员执照培训大纲和民用航空器航线维修职业技能等级证书，制订“课照融通 · 育训融合”的飞机机电设备维修专业群专业人才培养方案，形成“工学结合、课照融通、育训融合”模块化课程体系（图 1）。对接航空器维修培训机构建设标准，校企共同制订产教融合课程教学标准、开发“育训融合”课程资源，构建育训结合的教学运行管理体系，使航空器维修培训机构管理制度与学校教学管理制度融合，编制教育与培训运行程序和质量改进程序，实现飞机维修专业的教学环境与飞机维修企业的生产环境一致，专业教学设施设备与飞机维修企业生产设施设备一致。面向学生、企业在职员工、教师，开展民用航空器维修人员执照培训，服务航空类职业院校和航空维修类企业的人力资源能力提升需求，构建岗课赛证综合育人体系。

（四）校企协同、共建共享，打造航空维修人才育训高地

学校与行业企业协同建设了国家高技能人才培训基地、航空工业高技术高技能人才培训基地、中国航发高技能人才培育基地、世界技能大赛飞机维修国家集训基地等一批高水平实训基地。学校是中国民航局授权航空器维修人员培训机构（CCAR-147 部维修培训机构），并基于

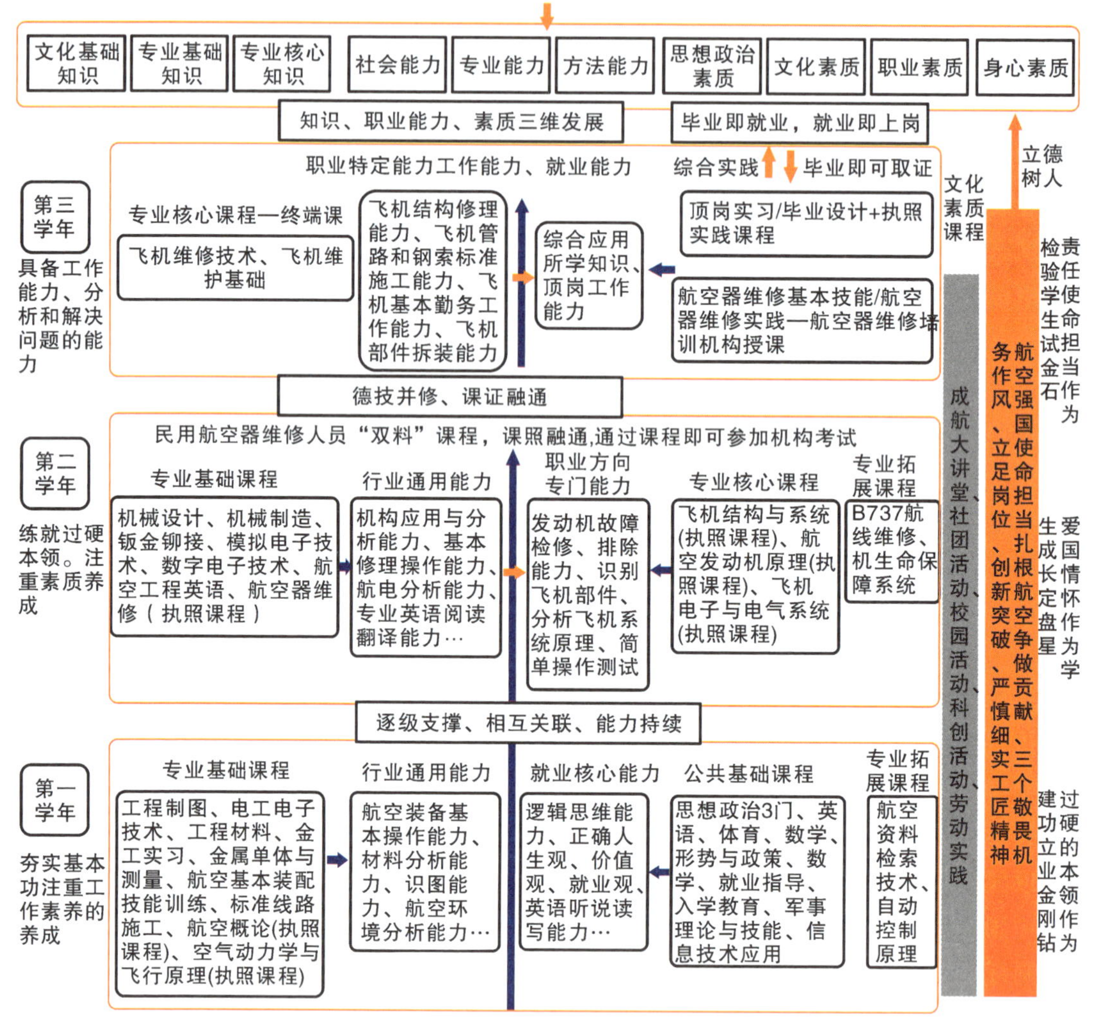

图 1　课证融通的课程体系

航空技能培训中心，对标民航局颁布的规则有关“教员要求”，校企共同制定并落实专兼职教师聘任及管理工作，聘请北京飞机维修工程有限公司和川航 60 余人，学校教师被聘为企业兼职员工 12 人。打造基于航空维修真实案例的虚拟仿真实训项目，建成国家级航空装备智能制造与维修虚拟仿真实训基地、国家级空客 A320 虚拟仿真中心等，为提升实践教学水平奠定了坚实基础。

与川航联合申报航空智能维修产教融合示范项目，创新产教融合校企合作机制，打造航空智能维修技术技能人才育训高地和航空智能维修技术创新平台，建设开放共享的航空维修培训基地，建成航空器状态智能监控与健康管理、航空维修工艺创新、航空维修仿真测试三个技术创新平台，使学校的人才链、教育链和企业技术链、创新链深度融合。

（五）以学生就业为导向，建立多元化考核评价机制

以学生就业为导向，围绕“岗位能力、职业素质、职业精神”三要素，设计过程性、发展性、增值性评价方案，通过开展多元化考核评价，激发学生学习的兴趣和潜力，形成良好的校园文化氛围。

学校基于信息技术，开发痕迹管理系统。在诚信（考勤完成度、活动守信、考试等）、执行力（课堂纪律、考勤执行度等）、团队合作（集体荣誉、班级月排名、寝室月排名等）、技能（课程成绩、竞赛成绩等）、健康（寝室卫生、体能测试等）五个方面实时记录课堂内外的学习情况，理实一体化课程从基本技能、工作规范、安全意识、团队协作四个方面进行过程性评价，从APS[生产准备（Arrangement）、施工程序（Program）和工作标准（Standard）]、基本技能、职业作风三个方面进行发展性和增值性评价。痕迹管理系统生成学生个人成长痕迹报告，对学生职业生涯发展所需的综合能力进行评估，引导学生在校学习过程中形成良好的综合素质。

二、成果成效

学校立足于党建引领专业建设，2021 年航空维修工程学院被认定为四川省“三全育人”改革试点院系，2023 年学校被认定为省级三全育人试点单位。新增“邱寄帆名师工作室”和“刘一斌工匠人才创新工作室”。航空发动机原理与结构课程教学团队被评为“国家级课程思政示范课程教学团队”。2022 年学院学生党支部顺利通过教育部“全国样板党支部”验收，2022 年成功申报四川省高校党建工作品牌“红色匠心”，进入全省前 20（全省共 103 所高校参加）。1 名教师获省级“最美教师”称号，5 名教师被评为国家级课程思政教学名师，1 名教师被评为省级教学育人名师，1 名教师被评为第七批国家高层次人才特殊支持计划教学名师、航空职业教育教学名师。

主持国家职教团队课题 2 项；荣获国家级教学成果奖 3 项，省部级教学成果奖 10 项；两名教师获金砖国家职业技能大赛飞机维修赛项一等奖（第 1 名）；荣获省级教师教学能力大赛一等奖 3 项，三等奖 2 项；荣获四川省师生信息素养提升实践活动二等奖 1 项。

服务产业需求，立项“大飞机智能制造网络示范”国家级科研项目、“飞机刹车主动式散热系统的风阻预测模型构建”等 5 项省级科研项目、3 项市厅级项目；发表科研论文 20 余篇，其中 3 篇被 SCI 收录，4 篇被中文核心期刊收录；授权专利 30 余项，并承接多个技术开发和提供技能提升的服务项目，服务金额 1000 多万元。

重视学生的全面发展，50 名学生获得四川省大学生“综合素质 A 级证书”。致力于提升学生的技能和创新能力，21 名学生考取了高级钳工证，463 名学生考取了中级钳工证；204 名学生考取了“1+X”民用航空器航线维修职业技能等级中心证书，180 名学生考取了民用航空器维修人员基础执照。学生参加世界技能大赛飞机维修赛项、全国职业院校技能大赛飞机发动

机拆装调试与维修、SAMPE 国际超轻复合材料机翼 / 桥梁竞赛，中国国际飞行器设计挑战赛等，获国家级赛事一等奖 14 项、二等奖 11 项、三等奖 8 项，省级赛事一等奖 7 项、二等奖 7 项、三等奖 7 项，1 人入选国家集训基地训练，获“全国技术能手”称号。参加“互联网+”大学生创新创业大赛，获省级金奖 1 项，银奖 2 项，铜奖 6 项。近三年学生就业率稳步达 98%，其中获得技能人才国家级荣誉 5 人，省部级荣誉 11 人。

“岗课赛证”，全方位培育高水平“双师型”教学团队——以培养建筑信息模型教学团队为例

冀晓霞，李享，汤燕飞，刘艳梅

建筑行业数字化发展，促进建筑信息模型（Building Information Modeling，BIM）技术的推广及应用，学院通过组织教师参加各类技能大赛、教师能力大赛、课程改革、教师获证、横向项目实施、“1+X”师资培训等方式，以“德胜工匠”为基础建设建筑信息模型“双师型”教师团队。团队不仅加强内部的协作与配合，也积极与企业、兄弟院校之间加强交流与合作，共同提升，为高职院校建筑信息模型职业技能的全面提升做出了贡献。

一、主要做法

（一）团队建设的背景

1. 技术要求

随着建筑行业数字化、绿色化的发展，建筑信息模型技术成为建筑全生命周期服务的核心技术，也是学生服务于未来工作的核心技能。

教育部公布的2022—2025年土木建筑大类的建筑装饰数字化施工、建筑智能化系统安装与调试、建筑工程数字化计量与计价、建筑工程识图及建筑信息模型建模与应用等赛项，比赛规程中均要求参赛选手具有基本建筑信息模型技术能力，在赛项规程中占有一定的比例，因此建筑信息模型教学团队的培养就成为建筑工程学院教师培养的重点。

2. 学院建设基础

2012年，建筑工程学院敏锐地发现建筑行业发展对于建筑信息模型这一技术能力的要求，开始第一批建筑信息模型师资培养。2013年9月，学校成立了BIM研究与应用中心，是西南地区少数从事BIM服务的机构之一。BIM研究与应用中心充分发挥本校教师在工程设计、施工管理、工程计价等多专业领域的研究及人才优势，将“诚信、品质、务实、共赢”作为团队的理念为建筑企业、学校提供BIM咨询、培训、考评等服务。

专业教师技能涵盖建筑、结构、给排水、暖通、电气等相关专业，并与国内多家知名企业建立了战略合作关系，聘请了多位实战专家。团队成立至今，求真务实，真诚服务于客户，赢得了良好的口碑。

（二）“岗课赛证”，全方位培育高水平“双师型”教学团队

建筑工程学院各专业在课程设置时，结合建筑类人才数字化、绿色化转型需求，将建筑信息模型职业技能有机融入专业人才培养方案和课程体系，优化课程设置和教学内容，完善课程标准，面向产业链和岗位需求，构建基于 BIM 技术的“平台 + 模块 + 集成”的课程体系，全面开展各专业课程标准的修订，将课程标准和课程内容对接建筑信息模型职业技能等级证书的考核标准。

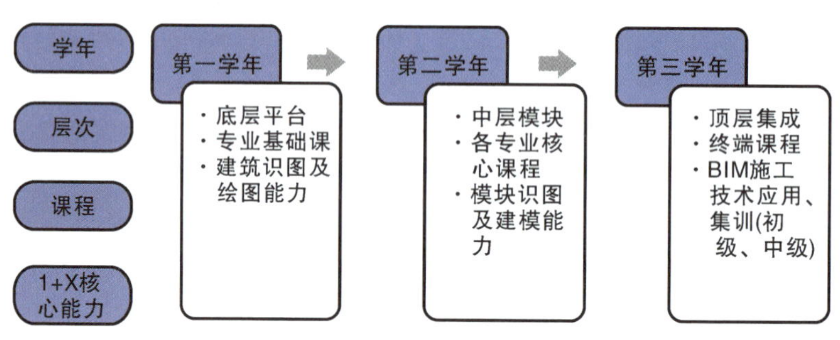

图 1　BIM 融入专业建设全过程

“底层平台”主要指对应的专业基础课程，包括工程制图与计算机绘图、建筑概论等基础课程，培养学生对于建筑施工图和专业相关的施工图的基本绘制和识图技能。“中层模块”指的是各专业岗位核心能力课程，以建筑智能化工程技术专业为例，主要包括建筑供配电与照明工程、建筑给排水工程、空调与制冷工程、BIM 技术等专业课程，课程结束后具备建筑信息模型职业技能等级初级能力。“顶层集成”包括建筑智能化工程造价和 BIM 施工技术应用，学生具备建筑信息模型职业技能等级中级能力，根据专业培养目标和规格，进行课程的有机组合，同时将BIM职业技能各个等级考核的能力通过实训集成,形成职业岗位的基础能力和核心能力，使课程之间相互渗透，彼此依托。

围绕课证融通，鼓励学生参加职业技能等级考证，“以证代考”认定相应课程学分，实现学分替代。

表1　建筑智能化工程技术专业“以证代考、学分替代”课程

序号	职业技能等级证书名称	等级	颁证单位	可替代的课程（含实训）
1	建筑信息模型职业技能等级证书	初级	廊坊中科建筑产业化创新研究中心	BIM技术、绿色建筑与建筑节能技术、专业英语
2	建筑信息模型职业技能等级证书	中级	廊坊中科建筑产业化创新研究中心	BIM施工技术应用、智能家居、岗前实训（3周）

围绕“课证融通”，将“1+X”证书制度中的建筑信息模型职业技能融入课程标准将“1+X”建筑信息模型对应的识图、绘图等基本技能融入课程“制图与计算机绘图”等，提升课程中识读及绘制能力。针对建筑信息模型职业技能等级考试初级考试大纲和考试计划调整“BIM 技术应用”课程教学进程。围绕证书考核，形成较为稳定的教师培训和建设团队，经过 2019 至今的建筑信息模型职业技能等级考试，已形成 10 人稳定的校内培训团队；同时建立了校企合作培训平台，与四川省宏业建设软件有限责任公司合作，邀请杭州品茗安控信息技术股份有限公司到校为学生进行专业培训，有效地提高了学生考试的通过率。

2022 年，基于建筑智能化工程技术专业“BIM 技术应用”课程，由汤燕飞老师牵头，参与四川省职业教育创新创业示范课程改革，有效地将创新创业融于课程建设，同时整合教师团队，将建筑工程技术、建筑装饰工程技术专业、建筑智能化工程技术及智能建造技术的 BIM 教师团队整合教师优势，形成建筑工程专业群教师团队，共同打造特色课程：将“岗位定课、证书融课、竞赛促课、思政并行、引导转型”融入课堂，实现“五融”入课，从保证基础岗位素质技能需求、证赛技能考评要求至行业发展、个人发展层层递进教学设计，并将教学过程、实际建筑建设过程、岗位职业素质养成过程有机结合，实现“三线”对接。

课程的培养以就业为导向，注重培养学生的基础岗位技能、赛证技能、职业晋升技能等，通过嵌入思政培养学生勤学好思等通用良好素质，形成严谨细致、精益求精等优秀品质，初步形成良性竞争、创新创业等行业发展素质。以实际项目为载体，以工作过程为导向，将工学结合线、思政线、信息技术与资源手段线贯穿于整个教学过程，统筹“教学方法、教学情境、考核评价、教学资源”开展采用线上、线下的混合教学方式。基于学情与目标，采用促进成长、鼓励团队贡献、培养团队协作、培养创新与竞争意识的多维评价体系，并借助仿真模拟币平台打造虚仿实三管齐下的情景化课堂。

同时注重培养学生创新创业能力，最终，课程“BIM 施工技术创新应用实践”获批四川省创新创业示范课程。

二、成果成效

建筑信息模型教师团队拥有良好的教学实践经验，其中“双师型”占比 80% 以上，李享老师获得全国职业技能大赛 BIM 赛项一等奖，并成功申请学校“德胜工匠”；汤燕飞、刘艳梅、冉松 3 名教师在 2022 年获得全国职业技能大赛 BIM 赛项二等奖。结合教育部“1+X”证书制度职业技能等级证书要求，学校陆续派出教师参加相应的师资培训，20 人次教师获得相应的师资培训证书。

团队累计完成多个 BIM 项目，建筑面积达到 $5 \times 10^5 m^2$，大大提高了师生的 BIM 实战能力。学生的建筑信息模型职业资格证书的获取率达到 95%。

2022 年，刘艳梅老师带队汤燕飞、卢瑾和冉松，以“BIM 技术应用”课程为载体，参加成都航空职业技术学院教师能力大赛，以第一名的成绩获得一等奖，并参加四川省教师能力大赛，以赛促学、以赛促教，同时进行教学方法改革，激发学生的学习兴趣。通过学生扮演实际建筑项目部真实职能（建模组、造价组、施工组、运维组）打造情景化课堂，强化教学效果。最终“大型文化主题综合体项目BIM技术应用”获得2023年四川省教学能力大赛高职组三等奖，课程资源的成果获批四川省创新创业示范课程。

建筑信息模型教师团队不仅积极参与各种赛项、项目锻炼，带领的学生也取得了不错的成绩。近5年，学生在省内外技能大赛中成绩显著，2019年以来，获得四川省建筑信息模型大赛一等奖4项、二等奖3项、三等奖3项。同时指导学生BIM相关创新创业项目省级3项、校级1项。

由此，建筑信息模型员、“BIM技术应用”课程、教学能力大赛、职业技能大赛以及建筑信息模型职业技能等级考试初级和中级证书组成的“岗课赛证”全方位培育高水平“双师型”教学团队，成立了建筑类全专业的教师团队。在培养教师专业技能的同时，有效促进了课程改革和学生技能的提升。

Chapter Five

第五章 提升校企合作水平

推进"双融合"多元协同育人，打造航空技术技能人才培养高地

袁忠，康凤，张雪燕，徐洪灵

成都航院坚持以就业为导向，建成行业和区域技术技能人才育训高地、中国人民解放军定向培养士官人才高地，成为航空工业企业技术技能人才需求的首选单位和民航企业技术技能人才需求的重要一环。主要合作企业对学校满意度达100%，其中航空工业集团公司连续8年到校开展专场招聘，成飞公司3年共招聘532人，国航连续13年开展订单培养，每年约100人。

一、主要做法

（一）建成行业和区域技术技能人才育训高地

学校以航空、国防和区域经济社会发展需求为导向，创新政行军企校融合机制，建成国家高技能人才培训基地、中航工业和中国航发高技能人才培育基地、世界技能大赛国家集训基地等17个育训平台。

表1　建设的一批高水平培训平台

国家高技能人才培训基地	全国首批职业院校校长培训基地
世界技能大赛飞机维修项目国家集训基地	世界技能大赛制造团队挑战赛项目国家集训基地
中航工业高技能人才培训基地口	中国航发高技能人才培育基地
民用航空器维修CCAR-147培训中心	海德汉NC授权培训中心
四川省退役军人教育培训联盟	四川省高技能人才培训基地
四川省退役军人职业技能承训机构	2020年"省培"四川省卓越校长培养计划项目承训机构
职业技能竞赛飞机维修项目成都集训基地	职业技能竞赛制造团队挑战赛项目成都集训基地
四川技能大赛飞机维修项目省级集训基地	成都市退役军人职业技能承训机构
龙泉驿区"退役军人就业实训基地""退役军人创业孵化基地"	

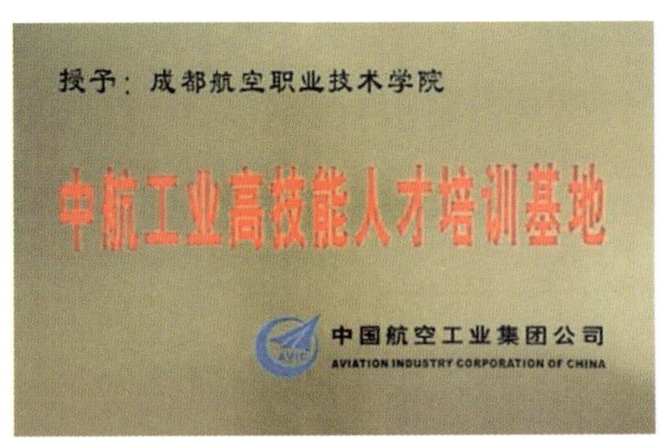

图 1　中航工业高技能人才培训基地授牌

图 2　中国航发高技能人才培育基地授牌

（二）建成中国人民解放军定向培养士官人才高地

围绕机务岗位布局专业群，在飞行器数字化制造技术、飞机机电设备维修等 6 个专业定向培养士官，其中在全国最早开设无人机应用技术等定向士官专业，按照“军地协同、共建共育、分段实施、定制培养”的思路协同育人，累计为空军、海军和武警部队培养士官 2628 人，其中近三年培养 1792 人，大部分在辽宁舰、歼 -20 等国之重器的地勤、空勤、战勤岗位，已成为航空机务士官专业最全的培养基地之一。

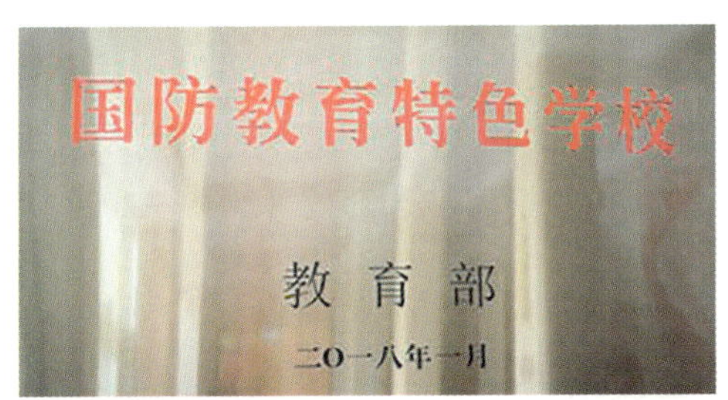

图 3　建成定向培养士官人才高地

（三）学校成为航空工业企业技术技能人才需求的首选单位

航空工业是歼 -20、运 -20 等国之重器战机的研制、生产企业。学校瞄准其高技能人才需求，从招生、培养到就业，全程联动，全力以赴满足企业人力急需。2021 年，航空工业专场招聘会上，其下属航空工业成飞公司、沈阳飞机公司、西安飞机公司、中国空空导弹研究院等

39 家优质航空企业到校招聘，面向航空制造、航空维修、电子信息等 10 余个专业的毕业生提供了逾 600 个就业岗位。2019—2021 年，学校共 1100 余名毕业生进入航空工业。2014 年以来，航空工业已连续 8 年到校召开专场招聘会，学校是其西南地区所到唯一一所高职院校。

图 4　航空工业 2022 届毕业生专场招聘会

（四）学校成为民航企业技术技能人才需求的重要一环

近年学校紧跟民航发展趋势，制定和引领行业人才培养标准，按照互信互惠、优势互补、整合资源、共同发展的原则，探索合作新途径、新模式，定制“国航班”“川航班”，与国航合建 CCAR-147 航空维修执照培训中心，成为国航、川航招聘首选高校，2019—2021 年分别有 410 余名毕业生进入国航，380 余名毕业生进入川航。

（五）校企育训融合，助推航空产业高质量发展

深入贯彻落实国务院《职业技能提升行动方案》，依托西南地区雄厚的航空产业资源，携手航空企业、深化校企合作、探索航空产业“1+X”证书人才培养模式，提升航空专业技能教学和培训能力，专业知识教育和岗位技能培训并举，育训融合，企业新入职员工专业技能达到行业高级工水准，助推航空产业高质量发展。

（六）培训供给紧密对接企业需求，助推企业提升核心竞争力

完善政府指导、学校主体、企业深度参与的协同培训机制，深化政校企合作，开创“项目制”企业职工培训。基于岗位能力需求和员工技能状态，校企联合调研形成培训需求，制订培训标准和培训方案，学校专业教学团队、企业大师、技术能手和认证内训师联合组建培训团队，培训课程以工作任务为导向，融入职业素养和先进企业文化，融“知识习得、技能训练、素养培育”于一体，实现培训供给与企业需求紧密结合，打造高素质技能人才队伍，助推企业提升核心竞争力。

二、成果成效

（一）提升了航空产业发展服务能力

加强中航工业高技能人才培训基地、中国航发高技能人才培育基地建设，与航空工业成飞等航空企业合作，共同开发职业技能培训标准与培训资源，开发虚拟仿真、航空复合材料等24个航空特色培训方案。严格对照标准，建成CCAR-147民航维修人员培训中心并获批成为国家首批按照CCAR-66R3试点培训机构。与航空工业成飞、成都飞机设计研究所、中航无人机公司等合作，启动“翼龙”无人机空地勤培训中心建设。加强世界技能大赛国家集训基地建设，成功承办第一届职业技能大赛“飞机维修”“制造团队挑战赛”项目集训及省选拔赛，2名选手入选国家集训队备战第46届世界技能大赛。2020年，面向航空产业开展技术技能人才培训18 611人天，服务航空产业发展能力明显提升。

（二）服务了国防建设

建立“军企校”三方联合培训机制，与武警部队、5719厂等合作，面向武警部队现役军人开展直升机机务维修深化培训等，为国防建设贡献成航力量。创新退役军人培训机制，牵头成立四川省退役军人教育培训联盟，探索政府指导、学校主体、企业深度参与的协同培训机制。2020年，完成航空机务维修、民航空中安保等军人技能培训方案5个，开展军人技能培训3492人天，退役军人学历教育251人。

（三）服务了区域经济

加强国家高技能人才培训基地和全国职业院校校长培训基地建设，成立职业培训与继续教育学院，整合学校培训资源，构建集学历教育、技术服务、技能培训和技能鉴定为一体，开放共享的教育培训服务平台。深化校企合作，以企业为核心，以提升为重心，准确把握岗位实际需求，积极适应产业转型升级发展，校企共同制订培训标准、培训方案，实现培训供给与企业需求紧密结合。2020年，校企合作开发模具维修、汽车制造、质量与精益提升等技术技能人才培训方案30个，服务区域经济开展技术技能人才培训48 990人天。

（四）服务了贫困地区

加大贫困地区招生宣传的工作力度，四川省三州地区录取365人。“9+3”实行“计划、命题、考试、录取”单列，录取率90%以上，录取226人。与航空工业贵飞合作开展教育扶贫，建立“招生（招工）—培养—就业”一站式育人模式，帮助46人就业。对贫困地区特别是建档立卡的困难学生，在助学金评定、勤工俭学、就业指导等方面落实政策，资助建档立卡困难学生1077人，就业帮扶1597人/次，免费开展技能人才、教师和乡村干部等职业培训2139人天。

（五）服务了行业企业

依托无人机应用技术研究院、成飞 - 成航 CAM 中心等，建立对接机制，搭建创新服务平台，面向航空工业及区域主导产业企业完成技术推广和技术成果转化 15 项，为企业实现技术研发和技术服务收入 1250 万元，学校技术研发与技术推广能力得到提升。

（六）促进了学校发展

建成国家高技能人才培训基地、中航工业和中国航发高技能人才培育基地、世界技能大赛国家集训基地等 17 个育训基地。建成中国人民解放军定向培养士官人才高地。获批教育部国防教育特色学校、空军士官人才培养试点院校、中国人民武装警察部队士官人才培养试点院校等。毕业生就业质量得到国家高度认可。2021 年 12 月，教育部联合央视专题报道高职院校就业典型案例，其中，优秀毕业生张泰军作为航空尖端装备制造企业航空工业成飞的技能人才代表，充分展现了学校办学特色和就业质量。

“企校双制，工学一体”，航空物流育训结合人才培养模式

王玫，曾海珠，杨光

目前，中国航空物流行业面临来自市场和政策的双重机遇。根据学校的优质校建设方案和“十四五”规划方案，打造航空物流专业建设，培养航空物流人才，正是顺应和辅助学院航空运营专业集群发展的需要。为此，成都航院和四川川航物流有限公司（简称：川航物流）根据企业新型学徒制的相关规定，通过创新技能人才培养模式，进一步推进企业技能人才能力提升。双方于 2019 年共同制订了“企业新型学徒制”实施方案，共建“航空物流校企育训平台”，采取由川航物流和成都航院“企校双制，工学一体”的培养模式，为航空物流专业培养满足企业需求的技术技能型人才提供了难能可贵的机会。

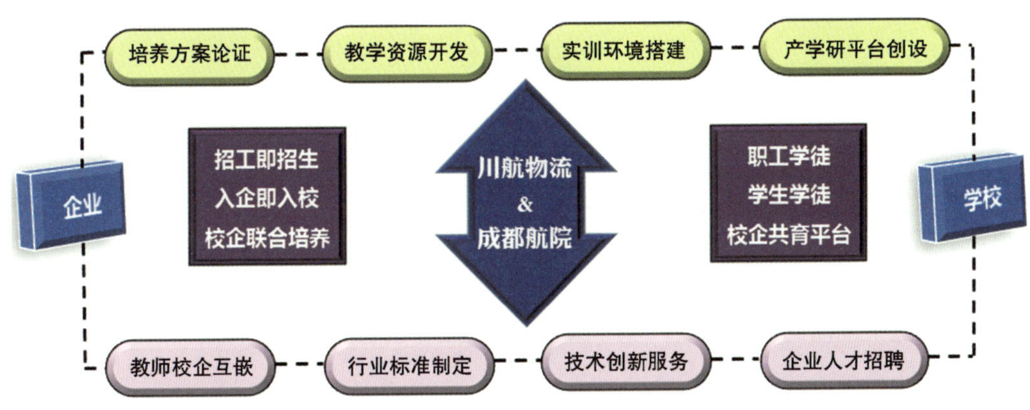

图 1　“企校双制，工学一体”人才培养模式

一、主要做法

（一）教师为员工培训，校企共建育训资源

2020 年 1 月，我校航空物流管理专业与川航物流公司人资、培训部共同制订了“企业新型学徒制实施方案及实施计划”，签订了委托培训协议。采取由川航物流和成都航院“企校双制，工学一体”的培养模式，以“招工即招生、入企即入校、企校双师联合培养”为主要内容，探索建立“职工学徒 + 学生学徒 + 校企协议”的招生招工新机制。

2020—2021 年，本专业 5 位教师对川航物流新员工培训约 1000 人次，包括“物流概论”“物流规划与设计”“冷链运输管理”“供应链协同运营管理”“物流信息技术”“仓储管理”等

10 门课。实行线上线下混合式教学，满足了企业对员工培训的目的与要求。

“新型学徒制”合作结束后，企业对学校教师精益求精、认真踏实的工作作风甚为满意，川航物流公司培训部领导特到校商洽后续合作事宜，开启 2022 年和 2023 年企业主管及组长相关培训环节。

2022 年 7 月，川航物流公司为提升新晋干部的思想政治素养及业务水平，助力新晋干部明晰管理基础及快速适应职能切换，特启动人才梯队轮训班（新晋干部综合管理培训），针对新晋干部开展“岗位认知、素养植入”的专题培训，其中部分课程特委托成都航院航空物流管理专业老师进行，双方签订了“委托培训协议书”，确定培训时间为 2022 年 7 月—2023 年 6 月，并于 2022 年 7 月月底进行了第一次合作，邀请了本专业曾海珠老师为公司新晋主管进行了“供应链协同运营管理”的讲座，反馈良好。

（二）专家给学生讲课，助力技能人才培养

为了让学生了解航空货运企业有关工作岗位、工作环境，所需工作技能，从而认识自身差距，确定自我发展方向和目标，为将来从事相关工作奠定基础，我校邀请了川航物流经验丰富的从业人士，在“专业认知实训”环节来校讲座，激发学生学习物流的积极性，为学好其他专业核心课打下基础。为学生进行岗前培训，让学生在企业实习结束后能顺利转正。

（三）学生实习就业，推进校企协同育人

在“新型学徒制”合作期间，川航物流接收我校航空物流专业同学到现场参观和轮岗实习，并于同年 9 月来我校校招，开启了川航物流第一次面向专科毕业生的校招，为今后加强双方的合作奠定了基础。

为进一步拓宽双方合作的广度和深度，了解业务流程，掌握行业动态，合理设置专业课程体系，教师在暑假期间到企业实践，学习体验工作流程，创新人才培养模式。

二、成果成效

（一）打造产教融合校外实习基地，为学生提供对标岗位

航空物流专业在人才培养方向及校企合作实习就业方面，倾向于与航空物流公司或航空链企业之间的合作。川航物流公司为本专业最重要的产教融合校外实习基地。2020 年首次通过校招入职 5 名学生，实习期满顺利转正，目前在天府机场川航物流任货运员岗，期间努力勤奋工作，受到企业的好评。2021 年 10 月再次招聘，此次入职 12 名学生。这对深入推进产教融合校企合作，实施校企协同育人，提升人才培养质量，起到了极大的推动作用。

（二）校企共建育训平台，共享培训资源

（1）借助企业案例和资源，与企业共建信息化共享课程，2021—2022 年共建成 4 门网络

资源信息化课程、2门校级精品课。

（2）2021年与川航物流合作的“立足需求，服务区域，高职应用型航空物流人才培养体系的探索与实践”获职业教育教学成果校级二等奖。

（3）2022年职业院校教师教学能力大赛中，“民航货物运输”课程团队获省级一等奖、国赛三等奖。

（4）2022年调研后重设专业课程体系，修订人才培养方案，完善教学计划和课程标准，对标就业岗位需求，培养双复合型人才。

荣誉证书

HONORARY CREDENTIAL

2021年职业教育教学成果

二等奖

成果名称：立足需求，服务区域，高职应用型航空物流人才培养体系的探索与实践

获奖者：王玫、付涛、李超杰、曾海珠、陈丽英、马文洁

证书编号：CHJX21-2-227

成都航空职业技术学院

2021年9月16日

图2　学校教育教学成果比赛获奖

（三）新员工获取合格证书

“新型学徒制”培训顺利完成，共培训川航物流新员工约1000人/次，约100人获得合格证书。社会服务取得了良好的社会价值和经济效益，社会服务水平明显提高。强化育训并重，满足区域需求，推动了人才培养模式实施进程。

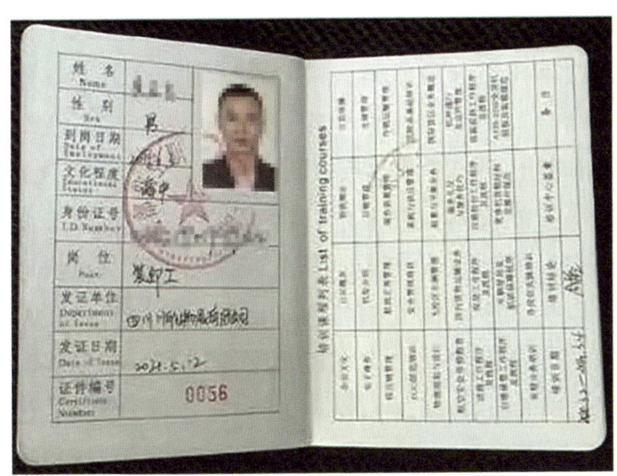

图3　“新型学徒制”培训合格

深化产教融合校企合作，提高技术技能人才培养的适应性

袁忠，马超，陈小燕，张雪燕

成都航院始终不忘航空报国初心，肩负航空强国使命，坚持“服务航空、服务国防、服务区域经济”的办学定位，坚定走产教融合、校企合作的发展道路，与行业及区域优势企业合作，成立了“成都航空职业技术学院产学研合作发展理事会”，搭建起了“1+188”（学校和188个企业）产学研合作平台，以“双高计划”建设为抓手，推进学校内涵建设高质量发展，着力打造高素质航空技术技能人才培养高地和创新服务平台。

一、主要做法

（一）进一步构建开放融合的办学格局

学校以国家示范性职业教育集团——航空职业教育集团为依托，建立了“政府、行业、军队、企业、学校”五方携手的合作办学组织，在人才培养培训、应用技术创新等领域展开实体化运作，携手头部企业共建产业学院，搭建了一批育人平台、创新平台和技能传承平台，促进教育链、人才链与产业链、创新链有机衔接，推进校企协同育人与协同创新。

携手成飞公司共建航空装备制造产业学院，落实国家军民融合战略，对接成都航空装备制造产业实施“一核、一极、多点”的空间布局，联合航空主机厂所、航空产业园、军民融合企业共建，着力培养航空产业急需的航空结构件数字化制造、航空发动机装试、航空材料精密成型、航空装备表面处理、复合材料成形、飞机数字化装配等的高素质技术技能人才；携手中航无人机公司共建无人机产业学院，对接四川航天技术研究院和地方制造企业，在落实三方共建的基础上，深化“校企合作、工学结合”的人才培养模式，资源开放共享，在专业建设、课程开发、学生实习就业、教师实践和校企员工兼职等方面展开深度合作，培养从事飞行器制造、数字化装配、数字化检测等的高素质技术技能人才；携手川航共建航空维修产业学院（筹），围绕我国民用航空和军用航空发展，联合空军、海军、武警，以及国内外各航空公司、航空制造企业、航空维修企业，以探索企业深度参与人才培养、科学研究、社会服务的组织创新和办学体制机制改革为重点，联合打造航空发动机装配、试车、维修等工程应用和技术管理的高层次技术技能人才。

成航走进四川成都航空产业园，与成飞携手共建航空产教园区，发挥地方政府规划指导、凝聚合力作用和头部企业行业的主导作用，统筹职业教育和培训资源，从产、学、研、教、训

全方位推进校企合作，构建共建、共治、共享的产教城融合发展高地与多类型、高水平、有特色的应用型航空人才培养基地，实现产教园与产业园两园融合、产业与专业两业共生、协同育人与协同创新两同共进，多元协同打造产教融合和军民融合改革示范区，共推四川航空产业高质量发展。

（二）精准对接产业构建高水平专业集群

学校为适应航空航天产业转型和升级需求，围绕“航空制造—航空运营—航空维修”产业链打造航空专业集群，围绕“航天装备制造—航天总装—航天试验”产业链打造航天专业集群。联合打造技术技能人才培养高地，服务于航空航天产业走向全球产业高端；深化产教融合、校企合作，推动院校和行业企业形成命运共同体，支撑国家战略、融入区域发展、服务产业升级。

对接航空航天产业链布局专业群。紧跟国家战略需求和飞机及发动机重大型号工程的研制生产，围绕重大航天装备制造，形成飞行器数字化制造技术、航空发动机装配调试技术、航空材料精密成型技术、飞机机电设备维修、飞机电子设备维修、通用航空器维修、航空发动机维修技术、无人机应用技术等航空类专业集群；飞行器制造技术、航天器数字化装配技术、航天器试验等航天类专业集群，成为促进教育链、人才链与产业链、创新链有效衔接的关键一环。

专业标准开发。以企业转型和升级需求为导向，联合开发航空装备大类专业教学标准，引领职业教育航空类专业建设发展；紧密对接行业发展和人才需求，动态调整专业人才培养方案；开展教育教学改革，主动适应岗位培养需求；建立国家级职业教育专业教学资源库，校企共建共享。

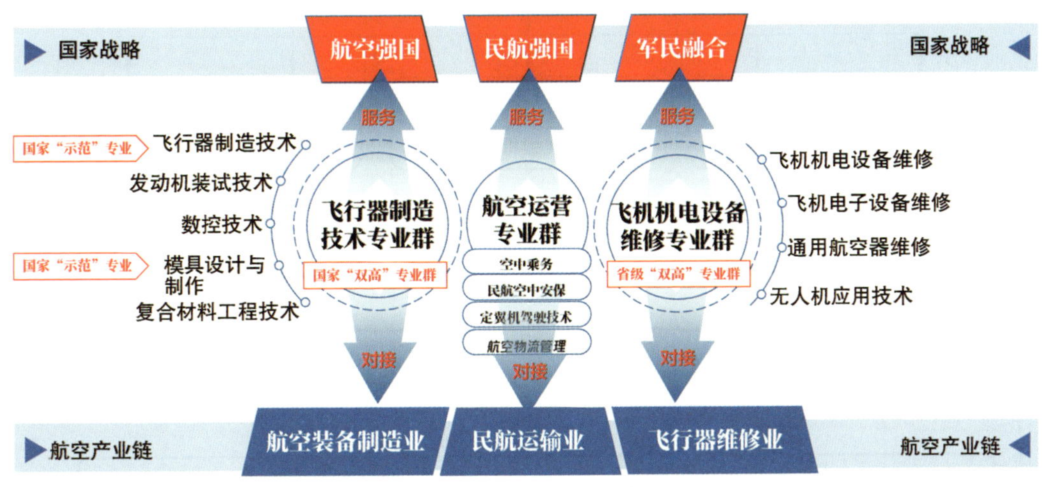

图 1 航空专业集群

（三）深化人才培养模式改革

紧密对接航空航天产业高端化、数字化、智能化、绿色化发展要求，支持成飞集团、成都发动机集团、凯天电子、成都联合飞机等头部企业，联合开展人才培养模式改革。

一是全面推行现代学徒制。支持航空工业成飞、中航无人机、川航等企业与成都航院等职业院校扩大订单 / 定制 / 定向培养规模，共同制订和实施招生招工方案，规范招生录取和企业用工程序，共同研制高水平的现代学徒制专业教学标准、课程标准、实训标准，建立双导师制度，共建共享教学资源，实施育训结合、工学交替、在岗培养，扩大“学历证书 + 若干职业技能等级证书”试点。

二是扩大现场工程师培养规模。扩大航空航天数字化制造、复合材料、智能检测、装备维修等专业现场工程师培养规模，协调航空工业成飞、中国航发成发等相关企业每年设置现场工程师学徒岗位不少于 2000 人，共同制订人才培养方案、共同建设专业课程体系、共同开发核心课程、共同出版高水平教材、共同制作配套数字化资源及对口就业联动机制，基于真实生产任务组织教学，强化对学生的实践能力培养。

三是实施人才贯通培养。遵从航空航天技术技能人才成长规律，支持成都航院、四川航天职业技术学院与联合体内本科、中职学校开展中高本贯通培养试点，聚焦航空器 / 飞行器制造、发动机维修、无人机应用技术等专业探索高职本科“3+3”、中高本“3+3+3”贯通人才培养体系，探索长学制培养航空航天高层次应用型人才和高素质技术技能人才，推动航空航天产业高质量发展，为学生成长成才提供更多更的好发展机会。

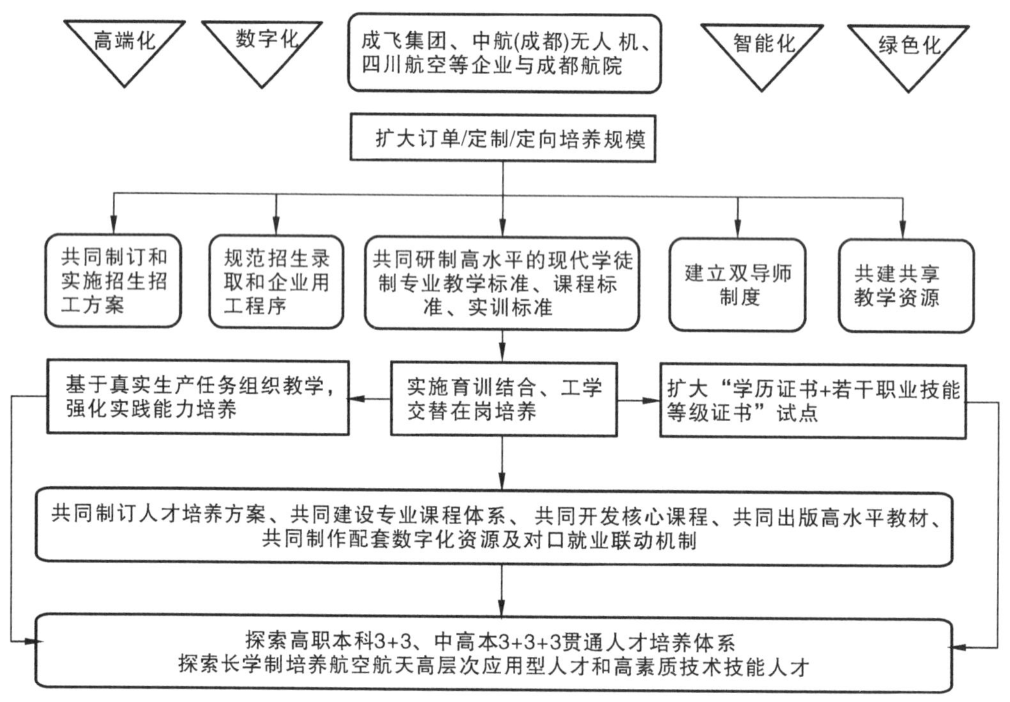

图 2　联合开展人才培养模式改革

二、成果成效

（一）学校成为航空企业技术技能人才培养的首选单位

在航空工业集团和中国航发集团的指导和支持下，学校携手航空工业成飞、航空工业贵飞、中航无人机、中国航发成发、中国航发黎阳等行业头部企业开展分类分层的协同育人，共同探索现代学徒制、中高职衔接，“世赛班”“航发班”等人才培养模式改革，培养航空装备制造急需的高素质技术技能人才，每年为航空产业输送 2000 余名毕业生，成为为航空工业集团和中国航发集团输送技术技能人才最多的高职院校，为歼 -10、歼 -20、“翼龙”无人机等国之重器的研制生产做出了重要贡献。

（二）学校成为航空企业应用技术创新的重要伙伴

学校联合航空工业成飞和中航无人机，建成四川模具工程实验室、四川省无人机全产业链创新平台、成航—成飞 CAM 技术中心、成航—中航无人机适航技术与标准研究所等科技创新平台。与上飞、成飞一起承担国家民用飞机专项项目——“大飞机智能制造网络示范”项目，中标成飞 974 万“自动化质量检测与管控系统”技改项目，承担成飞飞机结构件 NC 编程技术外包工作（年技术服务额超 1000 万），承担“翼龙”无人机适航标准体系开发；获得省部级科技进步奖 2 项。学校是四川省高技能人才培训基地，第 43—46 届世界技能大赛省级集训基地，第 45、46 届世界技能大赛飞机维修项目中国集训基地，第 46 届制造团队挑战赛国家集训基地，还是国防科技工业职业教育实训基地、中航工业高技能人才培训基地、四川省专业技术人员继续教育基地、四川省职教师资培训基地、成都市返乡农民工创业培训基地。

军企校家联动，完善培育体系，打造高素质技术军士人才培养高地

梁潘，郭锐，杨余，宋勇军

建设世界一流军队，需要一流军士人才。2012 年开始，学校作为全国首批试点院校承担定向培养军士任务，为战育人培养“听党指挥、能打胜仗、作风优良”的空军、海军和武警部队军士。学校支撑军事航空装备全生命保障体系，培养战机“医生”，提高了战机返场维护、放飞效率，助力航空装备无人化、数字化升级。近年来，累计为空、海军和武警部队培养军士 3200 余人，其中近三年 2400 余人，大部分服役于辽宁舰、歼 -20 等国之重器的地勤、空勤、战勤岗位，毕业生中 30% 以上立功受奖。目前，学校已成为部队航空机务人才优质供给方，形成军委认同、兵种赞同、全国推广的“成航模式”。

一、主要做法

（一）军企校家联动，服务强军目标

1. 军校联动

与空军工程大学航空机务士官学校、海军航空大学青岛校区、武警部队特勤局航空处、武警四川省总队等指导单位建立军校融合平台，坚持军校融合、双元主体、同频共振。定期就军士生培养目标与教学标准、军政训练与专业学习等方面进行磋商、交流，共同制订人才培养方案。通过军地联动，学校在全国最早开设无人机应用技术等定向军士专业，按照“军地协同、共建共育、分段实施、定制培养”的思路协同育人，坚持思想政治教育与部队岗位需求的精准对接，军事素质提升与部队岗位需求的精准对接，专业技能培养与部队岗位需求的精准对接，实现供需精准对接，保障入伍军士成为技术尖兵，确保航空尖端军事装备发挥最大技术效能。目前，空海军无人机军士主要由学校培养，学校已成为航空机务军士专业最全的培养基地之一。

2. 校企联动

与航空工业成飞公司、北京飞机维修工程有限公司等单位联合成立西南航空职业教育集团，打造为全国首批示范性职业教育集团，挖掘诸如航空工业成飞、航空工业昌飞、成都飞机设计研究所、5719 厂等航空企业的文化精神，利用企业大师、工匠等人力资源，将“航空报国 · 追

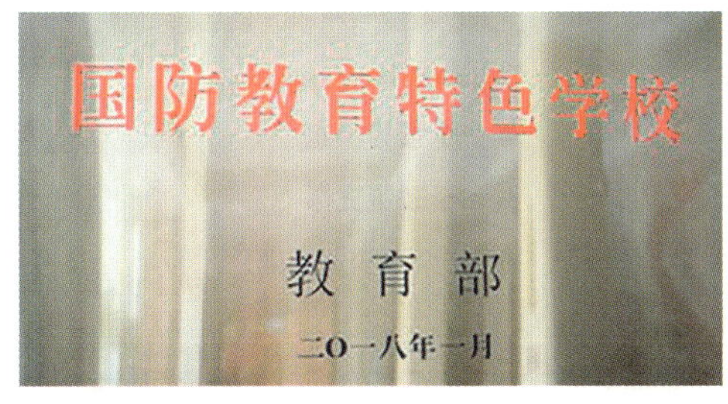

图1 学校已建成定向军士人才培养基地

求卓越”的价值追求融入定向机务军士的思政教育、专业见习中，探索校企共建、产教融合、支部联动、多方协同培养军士的新方法，让军士生未入伍便掌握部队最新航空装备的新动态、新方向和维修岗位新技艺。

3. 家校联动

建立家校联动育人、信息反馈、毕业持续跟踪等机制，家校信息及时沟通，良性互动。借力新媒体引导家长全力支持，建立了有8000余名家长、教师、学生参与的20余个家校群，以线上线下、校内校外相结合的方式，及时展示定向军士教学、训练、比赛、养成、考核等场景，得到学生家长的积极关注和广泛参与，点赞、留言、慰问、捐赠踊跃，家校联动育人成效明显，近3年来，家长会参与率达80%，90%的家长加入了军士学院微信群。

（二）对标强军目标，完善培养体系

1. 思想政治培养体系

搭建思政涵养育人模块，总结凝练培育爱党、爱国、爱校、爱专业，献身于国防和军队建设事业的“四爱一献身”军士生精神、“严苦勤”学风、“平凡而卓越”的价值追求，加强微信、视频号、抖音等融媒体建设，让思想政治教育润物无声；搭建思政活动育人模块，通过骨干任命仪式、新生授衔与宣誓仪式、红色基因教育工程，培养军士生军人社会主义核心价值观，开展“显形+隐形”协同互动的思政培育活动。

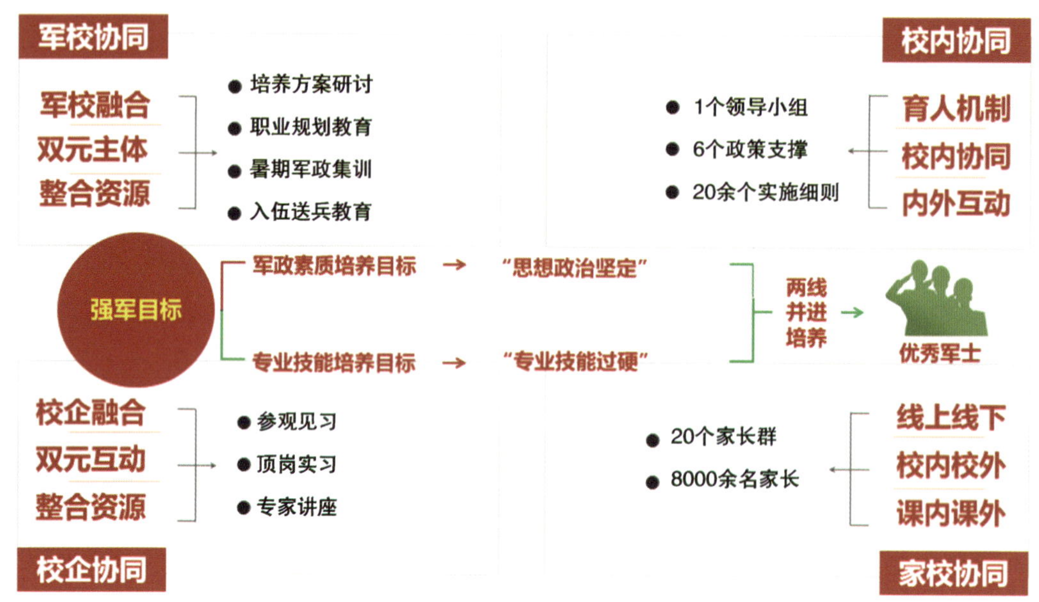

图 2　军企校家联动培育高素质军士人才框图

2. 军事技能培养体系

构建了贴近军队的"骨干架构 + 日常管理 + 技能培养"的军事技能多级运行培养系统。创新内部治理运行体系，设置具有军队特色的"机关 + 学员队"两级协同的骨干架构体系，以"学员旅、大队、中队、区队、班"五级管理架构实施准军事化管理；建立日常教育管理体系。构建符合部队管理特点的"学习、训练、管理、生活"秩序。严格一日生活制度，无缝衔接部队管理标准，增强学生思想和行为自觉；构建军事体能、技能训练体系，固化每天 1.5 小时军事基本技能训练，定期开展"体能、队列、内务"三大比武，不断丰富军士生"基础体能 + 运动技能 + 运动常识 + 军事共同科目"的全方位培育架构。

3. 专业技能培养体系

围绕部队对航空机务高素质机务人才的需求，对标打仗型军队建设和部队任职岗位需求，明确战场对学生综合素质、职业素养、知识技能等培育要求，制订专业标准，形成航空高素质机务人才培养方案，构建"基础知识 + 专业理论 + 专业技能"的职业技能培养体系，建设航空机务军士专业特色课程教学资源库，完善从制造到维修的知识链。对接民航维修龙头企业安全管理体系，借鉴先进维修理念，打造航空器维修实训基地，强化"规章意识、红线意识、风险意识、举手意识"四个意识和"准备到位、实施到位、测试到位、收尾到位、交接到位"五个到位的维修作风，提升航空机务军士的维修技能和素养。

4. 心理素养培养体系

构建“基础理论 + 行为训练 + 讲座拓展”三维互补的心理素养培养体系。与武警四川省总队联动，设置“士兵心理教育与疏导”课程、心理行为训练和讲座，培育军士生自我心理认识，建设“怡心怡刻”心理咨询工作站，常态化开展心理疏导和咨询工作，提升丰富军士生心理理论知识，增强其在军人职业生涯中的抗压力、抗挫折能力。

5. 综合素质培养体系

构建“办公技能 + 宣传技能 + 生活技能 + 文体特长”的综合素质培养体系。针对部队学习工作生活对军士人才全方位能力渴求的特点，全面提升其综合素质，使其更好地融入、适应部队生活，找到个人价值，树立并坚定长期服役的思想。

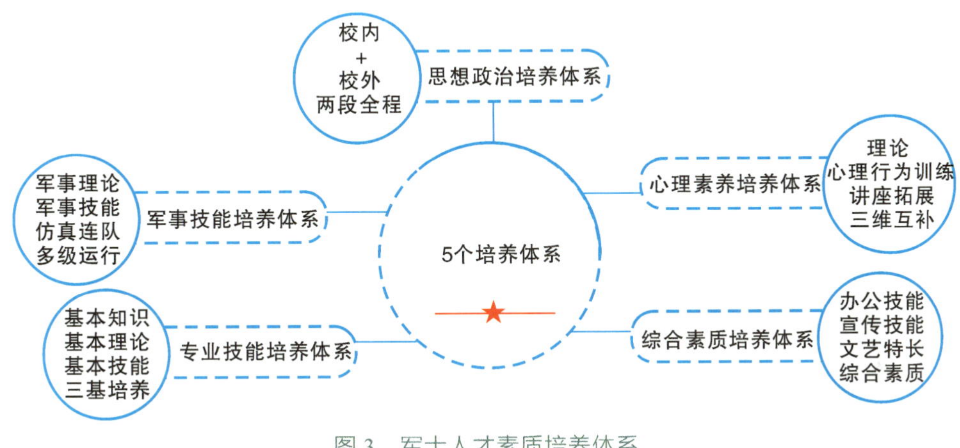

图 3　军士人才素质培养体系

（三）创新育人模式，培养技术尖兵

创新“两线融合 · 三维递进 · 四方协同”人才培养模式，为有关军种和地方院校军士培养提供路径参考与经验借鉴。设计“两线融合”培养标准。与海军航空大学等单位研讨 CAAC（中国民用航空局）标准并引入军士人才培养，完成专业技术培养标准设定，参加中央军委和各军兵种研讨、完成军政素质培养标准设定。构建“三维递进”培养体系。围绕两线融合标准，对接技术军士任职要求，搭建军事和专业理论培养体系、技能培养体系和素养养成培养体系。优化“四方协同”育人机制。围绕战训一体要求，整合军企校家资源，形成军校协同、校企协同、校内协同、家校协同的四方协同机制。

二、成果成效

一是学校成为部队机务人才优质供给方。培养了一大批战机“医生”，1000余人在空军歼-20等岗位任职，900余人在海军辽宁舰等岗位任职，600余人在武警直-20等岗位任职，每年全国航空机务军士中10%来自成航。支撑了航空装备全生命保障体系，提升了战机返场维护、放飞效率，加速了航空装备无人化、数字化升级。

二是培养成效产生了示范引领效应。“定向士官军政素质培养模式的创新与实践”人才培养模式获四川省2021年教学成果一等奖，人才培养成效被中央广播电视总台《新闻联播》栏目，及旗下新闻频道、军事频道等38家媒体报道，中国人民解放军陆军士官学校、空军通信士官学校、西安航空职业技术学院等50余所军地院校到校交流学习。

图4　2022级定向军士班合影

强劲“中国心”，助推“动力梦”，校企“三定”培养航空发动机亟需人才

常春喜、曹鼎、武伟、姚艾可

中国航空发动机集团有限公司（简称：中国航发）是国家航空发动机研制核心企业，其装配调试、航空材料精密制造等领域的高技能人才严重短缺。多年来，成都航院与中国航发开展“三定”合作：定制开设了航空发动机装配调试技术等新专业，为人才培养提供“新土壤”；定制开办订单“航发班”，近3年300余名毕业生就业进入中国航发，涌现出“全国技术能手”白强、“中国航发十大工匠”任超等一大批优秀校友；“一对一”定制技术服务——校企协同科技攻关，合办职业技能大赛，开展员工培训等，解决了企业在人才、科研、竞赛、培训等领域的急需问题，为航发事业和航空强国战略做出了重要贡献。

一、主要做法

（一）访“新企业”定制“新专业”

2016年，为适应国家重大装备急需，打造强劲“中国心”，中国航发在北京成立。学校快速响应，精准对接企业，多次组织专家团队走访调研人力需求，由此确定航空发动机装配调试技术、航空装备表面处理技术、航空材料精密成型技术等专业属航发研制紧缺专业，相关领域技术技能人才属于行业产业急需人才。随后，学校在中国航发的大力支持下陆续开办了以上专业，其中，航空装备表面处理技术专业在全国率先开办。

表1　走访企业名单

序号	走访企业	企业类型
1	中国航发贵州黎阳航空发动机有限公司（简称：中国航发黎阳）	航空发动机主机厂
2	中国航发成都发动机有限公司（简称：中国航发成发）	航空发动机主机厂
3	中国航发西安航空发动机有限公司（简称：中国航发西航）	航空发动机主机厂
4	中国航发南方工业有限公司（简称：中国航发南方）	航空发动机部件制造企业
5	贵阳航发精密铸造有限公司（简称：贵阳精铸）	航空发动机部件制造企业
6	中国航发贵州红林航空动力控制科技有限公司（简称：贵州红林）	航空发动机部件制造企业

在调研中，学校坚持“高层互访、中层对接、基层落实”，把航发企业的人力需求作为办学核心目标贯穿于人才培养方案制订、课程设置、校内外实践实训基地建设、科研及社会服务等每个环节，确保新专业“紧跟产业办，走进企业讲，沿着产线干”。同时，学校也及时“请进来”，邀请中国航发商用航空发动机有限责任公司、中国航发四川燃气涡轮研究院（简称：涡轮院）、中国航发成发等企业的航发专家进校研讨专业建设方案，为新专业的建立打下坚实的基础。下一步，学校航发相关二级学院和专业将搬入成都市新都航空产教园区，实现深度产教融合。

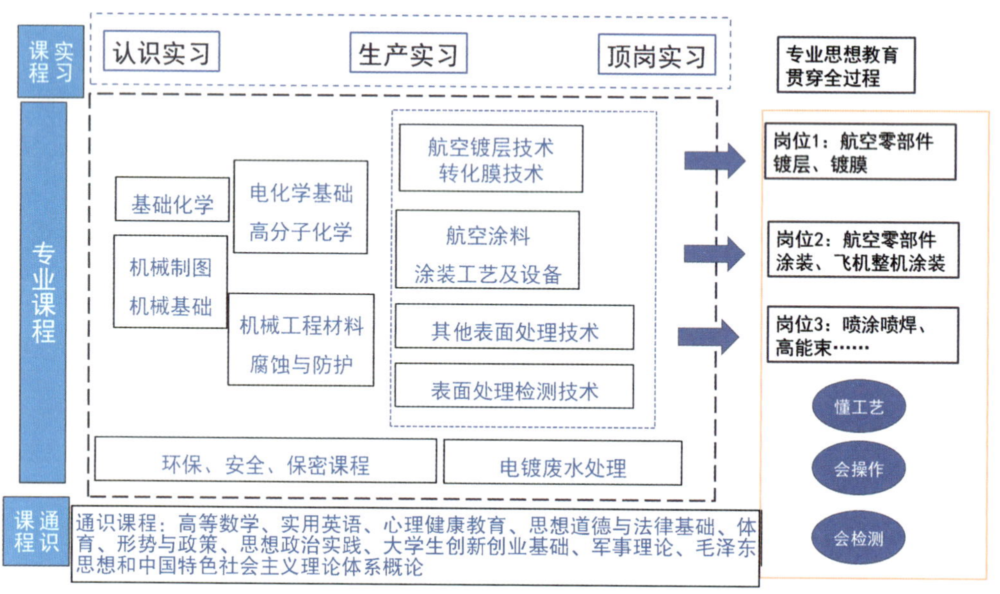

图 1　航空材料精密成型专业课程结构表

（二）“点面结合”定制“航发班”

学校聚焦中国航发及整个航发产业对高素质技术技能人才的急需，与中国航发开展全方位多维度合作。在集团公司的大力支持和协调下，同其 8 家直属公司（中国航发成发、中国航发黎阳、贵阳精铸、红林、中国航发南方、中国航发西航、中国航发中传机械有限公司、中国航发沈阳黎明航空发动机有限责任公司）深入对接，以“产教精准融合，校企协同育人”为目标，合作定制“航发班”。每家企业根据自身需求点对点定制相应专业的学生，采用“2+1”或“1+2”模式开展校企协同育人。2020—2022 年，“航发班”学生人数超 300 人。

学校注重加强“航发班”思想文化建设，组织了以“走进航发、认识航发、投身航发”“走进贵州航企，感受航空文化，践行航空精神”等为主题的“航企夏令营”活动，几十名“航发班”师生于暑期分赴湖南和贵州航发企业开展学习和认知，使他们对航发的企业文化有了深刻的理解。学校还与中国航发成发合作“建堡垒”——共建党支部活动，制作了航发企业“宣传栏”，邀请航发优秀校友回校“讲故事”，通过系列活动的开展，学生们真切领悟了航发企业“祖国和人民利益高于一切”的使命和追求，牢固树立了为航发事业奉献青春和智慧的理想信念。

（三）“一对一”定制技术服务

学校紧扣航发等国防科技重大需求，建立组织、创新机制、搭建平台，稳步推进科研、竞赛、培训体制机制改革，聚焦“大平台、大项目、大任务、大产出”，携手中国航发等企业共同打造技术创新服务高地，承接横向项目，加强协同创新，提升校企协同攻关能力。学校充分发挥技术优势，与中国航发航空科技股份有限公司签订了叶片检测技术服务合同，为企业提供“一对一”技术咨询、技术服务，组织开展技术攻关，解决企业实际问题，不断提高校企的核心竞争力。

2021 年，中国航发第三届职业技能竞赛在中国航发黎阳举行。学校因丰富的办赛经验和完备的教学培训资源受邀协办比赛。为此，学校精心组织，召开专题研讨会，派出专家团队，提供了多台套飞机发动机及相应设备，并最终圆满完成任务，获得中国航发高度赞誉。同时，中国航发指导学校取得 2022 年全国全国职业院校技能大赛（高职组）“飞机发动机拆装调试与维修”一等奖等优异成绩，指导学校举办 2021 年四川全国职业院校技能大赛飞机发动机拆装调试与维修比赛等多场大赛。

近年来，着眼于培养航发装配与制造优秀技术技能人才，学校为成发等企业的员工定制开展钳工等专项技能培训，针对航发工作原理、装配工艺等专业知识，航发基本装配、成附件装配、外部管路装配等操作技能，系统安排了专业知识课程，采用理实一体的方式，结合航发企业特色，融入最新技术，从职业素养、技术理论和技能强化等多角度开展多形式的培训授课，获得中国航发成发的高度评价。

二、成果成效

（一）化解航发人才难题

通过多年来卓有成效的人才输送工程，有效缓解了中国航发装配调试等高素质技术技能人才严重短缺的难题，得到企业高度认可，学校被授予“中国航发高技能人才培育基地”等称号，毕业生进入中国航发的数量逐年增加，有力提升了学校毕业生的就业质量。

（二）打造航发职教生态

学校与中国航发的合作激励了更多学生就职于航发企业，也吸引了更多社会关注和资源投入。学校跳出区域办教育，积极深化与成都市青羊区、新都区、龙泉驿区，自贡市贡井区开展“3+1”校地合作。地处新都区的中国航发成发和涡轮院是其重要支柱企业，政府、企业、学校、中学多方开展了现场工程师、现代学徒制等多种形式的合作，并成立了约五万人规模的校地高技能人才培养联合体，为深化和拓展校地合作提供了全方位保障。

（三）学校学子闪耀航发

近年来，学校学子在中国航发扎根一线，刻苦钻研，涌现出一大批德技兼修的优秀人才，白强和任超是他们中的典型代表。

白强：毕业于成都航院模具设计与制造专业，现为中国航发黎阳高级技师、二级技能专家，先后参与第三代、第四代航空发动机关键零部件的研制加工，获 2018 年“全国技术能手”荣誉称号。

任超：毕业于成都航院航空机电设备维修专业，现任中国航发成发装试试车工段工长，试车高级技师。2019 年中国技能大赛航空发动机试车工赛项国赛第七名，2020 年荣膺“中国航发十大杰出工匠”“成都工匠”。

多年来，学校与中国航发的“三定”合作探索出了一条职教教育与航发企业战略合作的有效路径，“定制新专业”解决合作基础问题，“定制航发班”解决合作核心问题，“定制技术服务”解决合作提升问题，三者有效衔接、有机统一，在解决企业急需的高素质技术技能人才方面取得了显著成效。下一步，学校将深化与更多航发企业在装配调试等关键领域的合作，为校企深度产教融合提供了强力支撑，构筑新时代高职院校与航发企业合作新机制。

以“三说”引领毕业生到祖国最需要的地方建功立业

常春喜，曹鼎，武伟，姚艾可

高职院校毕业生就业面临“三向”难题：一是学生慢就业、不就业矛盾突出，表现在过于看重地域和待遇；对岗位挑剔、轻易离职；盲目追求专升本；等等。二是行业产业急需大量高素质技术技能人才，航空、军工企业需求尤其旺盛，但企业可选择、能录用、留得住的高职毕业生数量严重不足。三是高职院校就业育人效果不理想，往往“投入大，产出低”，与国家战略急需的契合度不高，导致就业质量难以提升。为破解以上难题，成都航院以“三说”（航企说、HR说、校友说）为载体，构建高质量就业育人体系，引领学生到祖国最需要的地方建功立业，毕业生毕业去向落实率高，一半以上的毕业生就业进入国防航空类单位，涌现出大量德技兼修的能工巧匠、大国工匠。

一、主要做法

以“三说”构建高质量就业育人体系。学校强化就业工作“一把手”工作，成立了就业工作领导小组，并将“三说”融入书记校长访企拓岗、校企合作、就业—招生—培养联动、学校—学院—班级三级就业核查、困难毕业生“不断线”就业帮扶等就业主体工作中，着眼于行业产业需求，不断探索学生、企业、高校三方就业联动，构建了“有制度、有准度、有温度”的就业育人体系。

（一）“航企说”——引导毕业生响应祖国召唤

以“到祖国最需要的地方建功立业”为主题，学校邀请航空工业、中国航发两大航空军工支柱企业及其下属的航空工业成飞公司、中国航发沈阳黎明航空发动机有限责任公司等几十家航空头部企业，以航空报国、航空强国的使命和担当，用激扬有力的文字，向毕业生发出投身于航空事业的伟大召唤。

立体多维呈现“航企说”。为广泛宣传、深化实践“航企说”，学校采用了线上、纸质、海报等立体多维的形式将“航企说”具象化，力求实现校园全场景覆盖，并配合不同的宣传形式编排完整版、集团版、企业版等不同版本。邀请相关企业同步开展线上宣传，得到企业的大力支持，师生反馈效果好，社会认可度高。

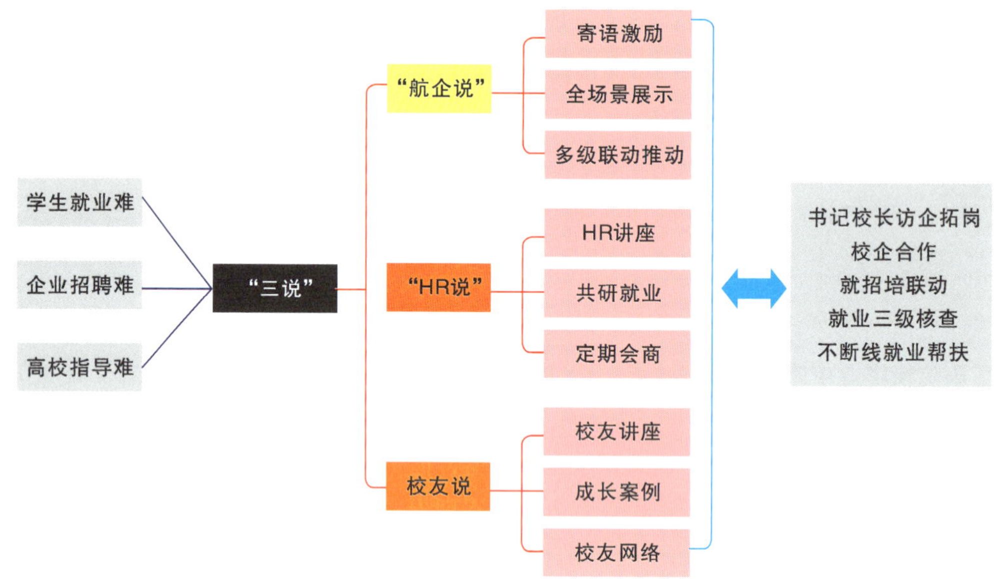

图1　以“三说”融合就业主体工作

多级联动助推“航企说”。学校—学院—班级—宿舍四级就业联动，将“航企说”作为核心素材，开展“入行、入心”就业教育，学生对航企认知、认可度显著提高。学校各部门以“航企说”为指引开展联动，招就处着力就业指导和招就联动。教务处主抓教学和培训服务；科技处重在技术和科研合作；二级教学学院则与航企开展协同育人等全面合作，通过部门联动，学校实现了与航企的深度融合，还分别与成飞公司和中航无人机公司共建了省级现代产业学院——航空装备制造产业学院、无人机产业学院。

（二）“HR 说”——指导毕业生明确社会需求

学校邀请世界一流军机制造企业航空工业成飞公司、中国航发成发公司等多家航企人力资源专家（HR）现身说法，聚焦国家需求和个人规划，为毕业生“讲故事”、明方向，激励他们树立家国情怀，勇担社会责任，立志航空报国。

图2　成飞公司 HR 专家讲座

联合HR共研科学就业。着眼于精准就业，学校联合成飞公司等航企的HR开展研究，利用大数据技术，结合生源地、学业成绩、综合测评、就业意向和企业人力相关数据等信息，建立模型、整体画像、群体分类、个体建议。为提高就业工作水平，学校还邀请HR到校开展招聘技巧讲座、就业竞赛指导等工作。

建立HR定期会商机制。学校发起成立了航空职业教育集团、经开区汽车产教联盟、成都市无人机产业协会等产教融合组织，并成为航空工业、中国航发两家集团战略合作单位，每年组织举办集团间（内）HR研讨会，就校企、校地合作、毕业生招聘、专业建设等工作展开研讨。航空工业每年组织30 ~ 50家企业HR到校举办专场招聘会，并与学校师生深入交流生涯规划和做就业指导等。

（三）“校友说”，启迪毕业生提升个人追求

学校高度重视工匠精神的培育和朋辈榜样力量，邀请“全国技术能手”航空工业张泰军、邵志永，中国航发白强等典型校友为学弟学妹分享成长经历，以他们扎根基层、奉献航空的生动案例，引导毕业生将个人事业与国家战略紧密结合起来。

编撰典型校友成长案例。为充分发挥典型校友在匠心传承、严谨治学、创新服务等方面的宣传示范效应，学校组织专门团队，瞄准航空等产业，遴选了100余位校友，按“匠、家、长、创”分类，一一走访，采编其成长故事，深入访谈部分杰出校友，挖掘其魅丽人生背后的“通关密码”。

走访校友，完善全国校友网络。学校每年安排专门线路，校领导带队调研校友所在的重点企业，并走访当地校友会，以期更好服务校友，助推学校发展，实现“双向”赋能。此外，学校在科研、技术服务领域与众多校友保持密切联系，整合平台和资源，充分发挥校友这支关键力量的作用。在每年的毕业季，学校评选班级校友联络员，并将各地校友信息报送当地校友会，完善全国校友网络。

二、成果成效

“到祖国最需要的地方”就业氛围愈加浓厚。学校从大一入校到大三毕业开展全员、全过程、全方位的“三全”就业教育，校企协同、家校协同，塑造“航空报国·追求卓越”“服务航空、服务国防、服务区域经济”的就业文化，结合“三说”以来，毕业生就业热情更高，积极参与航企招聘，踊跃奔赴贵州、东北、陕西、河南、江西、湖南、湖北、上海、广东等“祖国最需要的地方”。用人单位满意度更高，不仅投放招聘计划大，且不少航企追加计划开展“二次招聘”，形成了“就业有高度、招聘有热度”双向奔赴的就业局面。

毕业生就业进入国防航空单位的比例超50%。学校高度重视提升就业质量，特别是就业进入国防航空单位的人数和比例。近三年，毕业生就业进入航空工业成飞和航空工业贵飞的人数超1000人，航空工业沈飞、中国航发黎阳、中国航发成发等多家主机厂的招聘人数都有大幅

度增长。每年超 50% 的毕业生就业进入国防航空单位，并形成了广泛的社会效应，学校招生分数在 20 余个省份超本科线，生源质量逐年提高。以“三说”引导毕业生“到祖国最需要的地方”工作成效得到了上级单位、兄弟院校和企业的高度肯定，中央广播电视总台、《中国教育报》、四川电视台科教频道等权威媒体多次专题报道和宣传。

毕业生涌现出大量优秀人才。近年来，学校逾 50 名校友获省部级技术技能人才荣誉称号，包括“全国技术能手”“全国青年岗位能手”“英雄机组”成员、“五四”奖章、“三八”红旗手、“成都工匠”等，一大批青年校友成长为行业产业中坚力量。其中，就职于成飞公司的张泰军荣获 2022 年度“全国高校毕业生基层就业卓越奖”，2021 级毕业生雷永鹏荣获 2022 年度“中国大学生自强之星”等荣誉称号。

学校将进一步强化树立“到祖国最需要的地方”就业观，完善“三说”就业育人模式；校企合作开发更高效的就业指导方案，开展信息化、个性化就业指导；以就业—招生—培养联动为导向，科学制定就业考核办法，打通现有办学障碍和制约，实现毕业生更高质量成才，更高水平就业。

Chapter Six

第六章 提升服务发展水平

“以赛促教、以赛促训、赛训融合”，打造世界技能大赛国家级高水平育训基地

袁忠，马超，黄浩坤，王煜炎

携手航空工业成飞、中国空空导弹研究院，面向区域打造“岗课赛证”融合的高水平技术技能精英育训平台，依托四川省人力资源和社会保障厅、教育厅，深化校企合作共建世界技能大赛“制造团队挑战赛”和“飞机维修”国家级集训基地，实现国家级赛事技术标准的应用转化，提升社会服务能力。

一、主要做法

（一）携手航空头部企业，校企共建世赛国家集训基地

联合中国空空导弹研究院、成飞等头部企业共建国家级赛事承办单位和世界航空技能成果孵化区。在四川省人力资源和社会保障厅、教育厅的大力支持下，深化校企合作，共建世界技能大赛“制造团队挑战赛”和“飞机维修”国家级集训基地，实现国家级赛事技术标准的应用转化。

（二）开发引进优势资源，优化集训基地运作条件

围绕集训内容开发虚拟仿真教学资源，探索实践虚拟仿真教学与实物装备技能操作有机融合的一体化教学方法改革，与企业接轨实际生产现场的高信息化水平。引才指导备赛，打造专家教练团队。2020 年，学校成功引进世界技能大赛飞机维修项目首席专家马丁 · 耶茨（Martin Yates），解读世界技能大赛规则、制订集训方案、实施水平评估，全方位指导师生备赛，提升基地运行水平。

（三）试点精英人才培养，创新专业人才培养模式

围绕航空行业企业高素质技术技能人才需求，以世界技能大赛制造团队挑战赛项目为牵引，试点成立“航空工业世赛班”“空空导弹研究院世赛班”等开展赛教结合的人才培养改革，逐步验证从“完全竞赛型”人才培养转向“生产性实训驱动”的人才培养，形成了可持续发展的竞赛选手人才梯队。

（四）对标对标采购设备，打造全模块集训条件

学校作为第 45 届、46 届世界技能大赛飞机维修项目、制造团队挑战赛项目国家集训基地，是国家高技能人才培训基地、中国航空工业高技术高技能培训基地和中国航发高技能人才培育基地等。

其中飞机维修项目现建有飞机外场维护、飞机结构修理、航空部附件拆装、航空复合材料检修等实训室 20 余个，实践训练场地 13 000 余平方米，年累计培训及集训超过 3000 人，设施设备价值超过 1 个亿。基地主要设施设备如下：

（1）现有全国最完整的航空维护场地 3 个，分别是飞机外场维护机坪、飞机内场维修机库和直升机维修机库，拥有波音 737-300、歼 -8、歼 -7、轰 -6、AN26、卡 -28 直升机、R44 直升机、R22 直升机等军民通用飞机整机 17 架，拥有空客 A320、波音 737NG、新舟 60、直 -10 等机型的全套结构、系统、维护虚拟仿真教学资源。学校还主编了直升机绕机检查实训教材、军民航客机绕机检查实训教材各 1 种。

（2）现有国家级生产性实训基地 1 个、国家级航空复合材料生产性实训基地；拥有航空用热压罐 2 个、热烘箱 4 个、红外烤灯 3 台、湿式除尘打磨台 3 台、真空泵 4 台、复合材料多通道声学检测系统 1 台、复合材料超声检测仪 1 台、飞机复合材料修理工作台 24 台及配套飞机复合材料修理工具套装 30 套；建有航空复合材料成形国家级在线精品课程 1 门；开发有虚拟仿真实训项目 1 个；正式出版教材 1 种。

（3）现有四川省加工制造类考点 1 个；现有飞机金属结构修理实训室 5 个；拥有电动剪板机 1 台、电动折弯机 1 台、手动剪板机 6 台、手动折弯机 6 台、空气压缩站 1 个、空气压缩机 6 台及配套飞机结构修理工作台 150 套、各类公制 / 英制铆枪 100 多把、各类气钻 100 多把、检测工具 100 套、锉刀等工具 100 套。

（4）现有省级重点建设部附件实践基地 1 个；拥有军民用航空发动机 30 余台套、飞机液压系统排故训练设备 1 台、飞机部附件拆装训练设备 8 台、PFCU 综合设备 3 台及配套飞机检查与拆装工具 40 套、孔探设备 5 台套。

（5）现有校级重点建设航电专业实训基地 1 个；现有飞机电子组件实训室 5 个；拥有航空电子组件制作工作台 150 套、电子制作板 40 套、航空线路压接钳 50 把、热风枪 50 把、剥线钳 80 把、剪线钳 80 把、万用表 50 个、电子制作工具套装 50 套；建有航空电子系统国家资源库课程 1 门、省级精品在线开放课程 1 门；开发实训教材 2 种。

（6）现有校级重点建设机电专业实训基地 1 个；拥有飞机传动装置校装工作台 10 套及配套英制张力计 4 个、公制张力计 10 个、角度测量仪 24 个、校装工具套装 8 套；能够满足飞机操纵系统调整模块训练的要求。

（7）按照世界技能大赛飞机维修赛项技术文件，根据模块划分，主编了《飞机电气组件制作》《飞机金属结构修理》《复合材料检测与维修》《直升机放飞认证》《航空紧固件装配训练》等成体系的技能竞赛训练教材。

其中第46届世界技能大赛制造团队挑战赛项目国家集训基地、世界技能大赛四川省选拔与集训基地、成都市职业技能竞赛集训基地，是国家高技能人才培训基地、中国航空工业高技术高技能培训基地和中国航发高技能人才培育基地等。成航与全球领先的智能制造解决方案企业瑞士GF公司共同投入2100万元，共建智能制造技术应用创新基地，在航空精密制造领域开展科研试制和技术创新；与全球顶尖的数字化几何计量企业瑞典海克斯康公司共同投入1800万元，共建数字化几何测量公共服务平台，开展先进数字化几何量计量技术的产学研及技术推广；与全球知名的北京精雕集团共同投入3400万元，共建数字化 & 多轴精密加工技术中心，开展精密加工技术应用研究与加工试制。学校依托以上平台并根据制造团队赛项内容，分区配置有数控加工区、钣金钳工区、普车普铣区、测量训练专区、设计区、焊接区、电装区、展示区、会议区等专用场地及设施设备，训练场所集中，训练条件完备，有生产型加工机床45台，包括五轴加工中心、卧式加工中心、五轴数控刀具、磨床、数控车床、电火花、线切割、铣床、车床等设备，基地内设有与企业共建的航空结构件生产线，设备总资产8000余万元。

基地与发那科机器人、西门子、海德汉等主流数控系统供应商有密切合作并建有授权培训中心，软硬件条件均符合世赛要求。主要设施设备情况如下：

（1）数控加工生产实训基地：纽威数控装备WM903H数控加工中心4台、台湾福裕QP2033-L立式加工中心3台、台中精机VC80立式加工中心1台、北京机电院VM750立式加工中心2台、北京机电院BV100立式加工中心1台、华中XK713数控铣床5台、汉川XK714数控铣床5台、GF公司UCP800U五轴加工中心1台、GF公司HSM500高速铣加工中心1台、GF公司GOMILL350航空发动机叶片专用五轴加工中心1台、普什宁江THMC6350四轴加工中心1台、宝鸡机床厂CK7525A数控车床1台、沈阳数控机床有限公司SSCK20A数控车床7台、普通铣床、普通车床20余台。上述设备配备了TESA、三丰品牌功能型号完备的几何量测量器具。

（2）智能制造创新基地：GF智能制造产线一套，包括HEM700U五轴、FORM P350电火花、MILL900三轴高速铣、海克斯康三坐标测量机、TRANSFEROM机器人等专业设备，以及基于西门子公司Tecnomatix软件开发的数字化双胞胎应用。

（3）数字化几何测量中心：海克斯康PMMC7107超高精度三坐标测量机1台、ALPHA龙门三坐标测量机1台、GLOBAL桥式三坐标测量机4台、复合影像测量仪3台、粗糙度仪1台、三维扫描仪2套。

（4）钣金钳工实训室：钣金钳工实训室3个，每个实训室配有钳工训练工位48个和台钻10台，每个工位均配完善的工位器具。

上述设备完全能够支撑数控铣方向选手训练及选拔比赛，并有效支撑制造团队挑战赛产品试制与验证，满足综合制造及数控方向选手训练。

（5）成飞-成航CAM中心：4个专业机房，安装了比赛所需软件，能够支撑较大规模的选手训练及选拔。

（6）产品设计中心：研发室3个，配备专用服务器、工作站，安装了Inventor、Mastercam、AutoCAD等产品设计与CAE分析软件，全面支撑高水平产品方案设计与选手培养。

（7）电子设计与制作室：电装实验室 2 个，设置 40 个焊装训练、调试标准工位，配备有 AVR 单片机开发实验箱、AVR 单片机仿真器、可调节编程线性直流稳压电源、可调恒温数显焊台、智能无铅焊台、工业级吸烟仪风扇、电热吸锡器、防静电焊接维修台、高精度万用表、嵌入式系统实验箱、4 通道数字示波器等专用设备。

上述设施设备全面支撑设计方向、综合制造方、产品电控方案设计、制作与调试等全部模块的集训与竞赛选拔工作。

二、成果成效

培养的选手郝崟栋获得制造团队挑战赛第一名、学生梁镖获得飞机维修项目第四名，他们均代表中国备战第 46 届世界技能大赛。为航空工业成飞、5719 厂等企业的技能竞赛选手提供技能提升培训，累计培养竞赛选手 200 余人。

2020 年 1 月，四川省人社厅副厅长王勇等一行领导到校参加“世赛班”开班仪式。2020 年 7—8 月，第 46 届世界技能大赛四川省集训队选拔赛在成都航院举行，今日头条、搜狐网等多家主流媒体深度报道，被评价为创新了“以赛促教、赛教结合、赛课融合”的新高度，探索了为国家培养高技能后备人才的新道路。

“课赛融通 · 育训融合——飞机维修人才培养的创新与实践”获四川省 2021 年度职业技能竞赛成果转化奖三等奖。立项科研项目“基于世界技能大赛飞机维修赛项的赛教融合课程建设研究”一项。发表论文《基于世赛的“四维五层六步”课程建设方法》一篇。

紧扣产业需求，以师带徒传绝技绝活，术能双修培养高技能人才助力企业技术攻关

袁忠，黄浩坤，张波，周树强

充分发挥大师工作室作为高职教师社会服务的助推器、承载器、转化器和孵化器的优势，打造“新、专、特”平台和建立“通、活”师资培育与激励机制，以专业团队、特色品牌、培养机制和紧扣赛事为抓手，全方位提升教师的社会服务能力。学校具有健全的管理体系和各项管理制度，学校领导班子结构合理、高效廉洁，具有较强的领导能力和管理能力，管理体系层次清晰，职责明确，学校重视领导班子和干部队伍建设。学校管理制度主要包括培训管理、财务管理、资产管理、风险管理等，以制度规范办学行为。

一、主要做法

（一）紧扣政策法规，制定工作计划

依据四川省人力资源和社会保障厅等5部门《关于印发〈四川省省级技能大师工作室建设项目实施管理办法〉的通知》（川人社发〔2019〕18号）等有关规定，制订周树强机床装调维修工技能大师工作室工作计划，升级改造工作室软硬件设施，完善工作室职能制度，建立工作室有效的运行机制，并着重面向行业企业提供科研技术服务，加强数控设备改造维护与维修、切削加工智能制造单元技术应用的高层次技能人才培养，传承和发展数控技术、切削加工智能制造单元应用技术。

（二）根据产业需求，打造专业教师团队

周树强大师工作室拥有2处办公场地、1处为办公用地，配备有计算机10台和国际先进的Renishaw激光干涉仪、球杆仪等，另1处为实验实训基地，拥有FANUC数控系统、SIEMENS数控系统、HEIDENHAIN数控系统、ABB工业机器人、KUKA工业机器人、FANUC工业机器人、GF智能制造生产线、GF五轴加工中心、车削中心、高速铣床、数控车床、数控铣床等设备60余台，价值6000万，也是全球领先的瑞士GF加工方案、瑞典海克斯康和北京精雕公司中国西南办事处与技能创新基地。

基于航空工业和区域产业对工作室的需求，组建专业教师团队。团队成员共有10人，专兼职占比、主要类型、职称与年龄结构合理。其中，中华技能大奖获得者1名、国家级技能大师工作室领办人1名、享受国务院特殊津贴2名、全国技术能手4名、技能成长型专家2名、

专业技术人员 2 名、高级技能人员 2 名、管理人员 1 名。

（三）依托职教平台，助力企业技术攻关

工作室依托航空职业教育集团、汽车职教联盟、航空工业集团等合作发展平台，以全球领先的 GF 加工方案公司、海克斯康测量技术公司、北京精雕等企业为主线，开展深度校企合作、技术技能攻关及高技能人才培训等。提升“双师型”教师队伍的实践能力，立项省部级科研课题 10 余项，发表 SCI 核心、中文核心期刊论文 20 余篇，专利 40 余项，担任技能竞赛专家 4 次。

二、成果成效

周树强（享受国务院政府特殊津贴专家）是四川省技能大师工作室领办人，荣获“全国技术能手”、四川省“天府万人计划”“天府工匠”“成都工匠”等荣誉称号，是教育部产业导师资源库技术技能大师、全国航空职业教育教学名师、四川省第四届专家委员会专家。

近三年，周树强先后担任四川省教育厅紧缺领域教师技艺技能传承创新平台 - 数控技术（设备管理方向）主持人、机电一体化技术专业带头人、FANUC 数控系统认证培训专家、西门子数控系统教材编写专家、国家技能大赛专家 / 裁判员、“四川工匠杯”职业技能大赛裁判员、中国国防邮电职工技术协会数维专业技术委员会委员、国家职业技能鉴定考评员，参与教育部“1+X”证书制度职业技能等级标准《数控设备维护与维修》制定，参与国际中非职业技能等级证书机电类标准制定。

（一）技术技能攻关方面

在企业技术攻关方面，周树强近 5 年来承担横纵向项目 10 余项。一方面，积极开展企业技术攻关，为普惠艾特航空制造（成都）有限公司、成都锦德源机电科技有限公司、成都准鸣科技有限公司、成都晶脉精密机械有限公司完成“数控机床精度恢复”项目，对数控机床精度进行优化，提高数控设备加工精度，节约企业生产成本，为企业创造收益超过 1000 万元；另一方面，积极为企业解决生产技术难题，完成成都金手指有尔互动科技有限公司“机械化推拉屏设计生产加工”项目、四川成焊宝玛焊接装备工程有限公司“精度检测技术服务”项目，解决控制系统设计问题，优化工艺方案，为公司创造的价值超过 800 万元；2020 年参与海克斯康公司智能制造系统开发，提出一种新的技术方案，解决海德汉数控系统数据采集技术难题，为公司创造的价值超过 1000 万元。2013 年以来，周树强带领大师工作室团队成员完成本校数控技术实训基地数控机床的升级改造项目，解决学校生产、教学设备问题，为学校节约超过 200 万的设备采购资金；参与了航空工业成飞、航空工业西飞、中国航发成发、瑞士 GF 公司、海克斯康测量技术公司、成都若克精密机械有限公司、成都市恒成精机电设备有限公司等多项技术改造项目，赢得了众多用户的广泛好评。

在科研项目方面，周树强近 5 年来发表论文 18 篇，其中 5 篇中文核心期刊、13 篇省级期刊，

6 篇独撰、3 篇第一作者；正式出版教材 1 种，校本教材 5 种，其中 3 种独撰、1 种第一作者；申请专利 19 项，发明专利 5 项。积极参与教育教学创新改革研究，2021 年，周树强以第一负责人获得四川省职业教育教学成果二等奖 1 项，主持成都航院校级教学成果一等奖 1 项，参与获得四川省职业教育教学成果特等奖 1 项。2017 年，周树强以第一负责人获得成都航院第四届高等教育教学成果二等奖 2 项，参与获得全国航空工业职业教育指导委员会教学成果获三等奖 1 项、四川省第八届高等教育教学成果三等奖 1 项、成都航院第四届高等教育教学成果一等奖 1 项。

（二）技能水平方面

2016 年，周树强参加人力资源和社会保障部、教育部、科学技术部、中华全国总工会、中国机械工业联合会联合举办的第七届全国数控技能大赛全国总决赛“数控机床装调维修工”赛项，获得教师组第一名（冠军），并获“全国技术能手”荣誉称号，学校获“冠军选手单位”荣誉称号。周树强从教 10 余年来，始终坚持教书育人，深受学生欢迎；指导学生参加人力资源和社会保障部、教育部等部委举办的国家级技能大赛，多次获得国家级技能竞赛一等奖，本人多次获得国家级大赛“优秀教练”“优秀指导教师”荣誉称号。

2018 年 11 月，周树强指导学生参加人力资源和社会保障部、教育部等联合举办的第八届全国数控技能大赛全国总决赛“数控机床装调维修工”赛项，荣获一等奖，他个人获“优秀教练”荣誉称号。

2018 年 5 月，周树强以第一指导教师指导学生参加教育部等部委举办的全国全国职业院校技能大赛全国总决赛“数控机床装调与技术改造”赛项，获一等奖，他个人获“优秀指导教师”荣誉称号。

2019 年 6 月，周树强以第一指导教师指导学生参加全国职业院校技能大赛，获三等奖。

2020 年 12 月，周树强以第一指导教师指导学生参加全国职业院校技能大赛，获三等奖。

2021 年 5 月，周树强以第一指导教师指导学生参加全国职业院校技能大赛，获三等奖。

2020 年 4 月，周树强指导学生参加四川省高职院校大学生技能大赛，获一等奖 1 项、二等奖 1 项、三等奖 1 项，他个人获“优秀指导教师”荣誉称号。

2022 年 8 月，周树强以第一指导教师指导学生参加全国职业院校技能大赛获三等奖。

2019 年 4 月，周树强指导学生参加四川省高职院校大学生技能大赛，获一等奖 1 项、二等奖 1 项、三等奖 1 项，他个人获“优秀指导教师”荣誉称号。

2018 年 4 月，周树强指导学生参加四川省高职院校大学生技能大赛，获一等奖 1 项、二等奖 1 项。

2017 年 5 月，周树强以第一指导教师指导学生参加全国职业院校技能大赛，获三等奖。

2017 年 4 月，周树强指导学生参加四川省高职院校大学生技能大赛获一等奖 1 项、二等奖 1 项，他个人获“优秀指导教师”荣誉称号。

2014 年，周树强指导学生参加四川省全国职业院校技能大赛，获得二等奖；第六届全国数控技能大赛四川省选拔赛第 2 名。

2014 年至今，周树强指导学生完成省级创新创业项目 4 项、校级创新创业项目 3 项。

（三）技能传承方面

从教十余年来，周树强始终不忘航空报国初心，肩负航空强国使命，继承和发扬航空报国精神，坚守“严慎细实”工作作风，干一行、爱一行、专一行，通过自身努力，在人力资源和社会保障部等举办的第七届全国数控技能大赛教师组获得全国第 1 名，先后获得成都市龙泉驿区“金牌工人”“十佳匠心人物”“2017 年突出贡献年度人物”等称号。作为学校的优秀教师、优秀青年教师，他始终坚持立德树人、德技并修，传承与弘扬航空强国工匠技艺，先后获省级教学成果特等奖 1 项、二等奖 1 项、三等奖 2 项，校级教学成果 5 项，累计为企业培育造就 100 余名爱岗敬业、精益求精、协作共进、追求卓越的高水平（高级工以上）工匠人才。其中刘宝川、何富忠等 10 余人先后获得全国数控技能大赛、全国全国职业院校技能大赛一等奖，张泰军、白强等人先后获得“全国技术能手”“全国青年岗位能手”等荣誉称号。

在企业技术技能培训及承办技能大赛方面，成航近 5 年主持开展企业技术技能培训 2000 余人次天，承办各类大赛 10 多项。2015 年成航主持开展了四川省高职院校“FANUC 数控系统连接与调试”骨干教师培训班、中航工业第四届职业技能竞赛数控机床装调维修工培训班；承办中航工业第四届职业技能竞赛数控机床装调维修工赛项全国总决赛、成都市百万职工技能大赛（数控机床装调维修工赛项）选拔赛、中航工业装备预选赛（数控机床装调维修工赛项）选拔赛、四川省教育厅高职院校大学生技能大赛。2016 年以来，成航每年为航空工业集团公司各分公司、成飞公司等开展数控系统连接调试与诊断技术、数控设备故障诊断与维修技术、数控设备维护维修技术等高技能培训班多次，负责每个项目的具体组织、设备准备、技术支持、裁判、出题、技术交流及总结等工作。

传承工匠精神，服务区域产业，创新工学交替“双循环”专业人才培养模式

王青春，袁忠，康凤，徐洪灵

成都航院立足于区域汽车产业发展，传承汽车工匠精神，将其融入课程设置、师资队伍、教学环境和规章制度等人才培育各个环节，成功总结出一条具有汽车产业特征的工学交替专业人才培养模式，为区域汽车产业培养了大批高质量工匠人才。

一、主要做法

（一）产学结合，创新工学交替“双循环”专业人才培养模式

工学交替人才培养模式是以培养学生的职业能力为目标，成都航院根据职业能力的形成特点，把学校教育教学与企业工作有机结合起来，组织学生在学校与企业两个不同的学习环境中，运用不同的学习方式，交替完成理论学习与岗位技能训练的人才培养模式。

坚持“产学结合、开放办学”专业办学特色定位，经过多年的探索和实践，创新提出“素质核心、能力本位、循线递进、工学交替双循环”的人才培养模式。该模式以学生胜任岗位工作的综合素质和能力培养为核心，充分利用学校和企业两种不同的教育环境和教育资源，将在校的理论学习、基本技能训练与在企业实际工作锻炼有机结合起来，依据行业和企业发展对专业人才需求层次、职业岗位能力、职业素养与知识点的需求，融合职业资格标准，以岗位作业流程为导向全面分析就业岗位群及职位层次所需的职业岗位能力、职业素质、知识，遵循岗位能力渐进规律，校企工学交替进行专业人才培养。具体学习方式为：

第 1 学年主要为“专业基础课程学习 + 职业素养顶岗实习”，采取校内课堂教学和校内生产线教学的方式；第 2 学年为“专业核心课程学习 + 专项技能顶岗实习”，采取校内生产线和校外生产线教学的方式；第 3 学年为“专业拓展课程学习 + 综合技能顶岗实习”，仍采取校内生产线和校外生产线的方式，从而更好地利用企业实训资源和生产资源，使学生在真实环境中工作和学习，与企业“零距离”无缝对接，更好地实现共享资源、凝聚资源、整合资源，使汽车行业生产资源有机地服务于汽车专业建设发展需要。

（二）校企合作，协同构筑工学交替人才培养双线型课程体系

用产教融合理念统领全局，构建校企共同的育人长效体制机制。始终坚持校企双方合作共赢，责任共担的原则，校企共同制订“学校课程 + 企业课程”双线交织的课程体系，充分体现

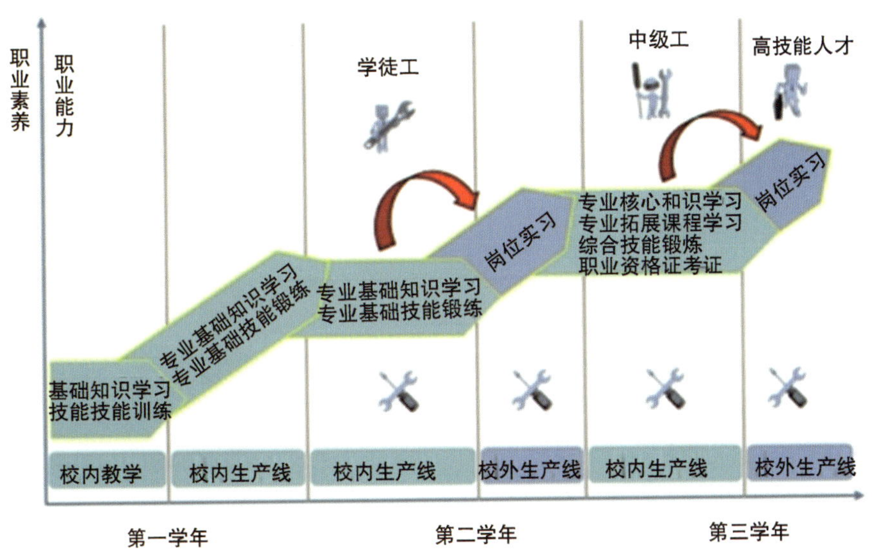

图 1“素质核心，能力本位，循线递进，工学交替双循环”人才培养模式

了专业教育与素质教育相结合，学校培养与企业培养相结合，专业教学内容与职业资格标准相结合的特色。

立足于师带徒形式，强化岗位技能训练，实现校企一体化育人，全面解决了“产教整合、立德树人”落细、落小、落地的问题。为充分发挥汽车专业教师专业教育教学能力和企业技能大师一线技术和工作实践能力优势，校企双方在人才培养过程中，共同组建了“双导师制”师资队伍，共同策划与实施项目教学。其中部分核心课程主要由企业技能大师授课。同时安排校内专业骨干教师利用暑假和学生工学结合之际，参与企业的实际工作项目，大大提高了教师的专业实践能力。

同时，根据汽车产业转型升级过程中对岗位职业能力的新要求，调整专业培养目标，以工作任务为中心，研判“汽车制造—装配—维修”产业链职业标准，整合相应知识点、技能点和素养态度，将汽车工程生产实训项目贯穿整个教学过程，从而实现课程标准与职业标准对接，教学过程与生产过程对接，以此强化工学结合，加强实习实训环节，培养符合汽车产业标准的人才。

（三）大师引领，培育工匠精神贯穿专业人才培养全过程

“工匠精神”是一种职业精神，它是职业道德、职业能力、职业品质的体现，是从业者的一种职业价值取向和行为表现。“工匠精神”的回归和培育已经成为国家意志和社会共识，是“中国制造 2025”和“一带一路”倡议的需要，是企业转型、产业升级的需要，也是职业生涯发展和个人价值实现的需要。在专业教学中，全面落实科学发展观，认真贯彻落实党的教育方针，坚持“以服务为宗旨，以就业为导向，走产学研结合的发展道路”。

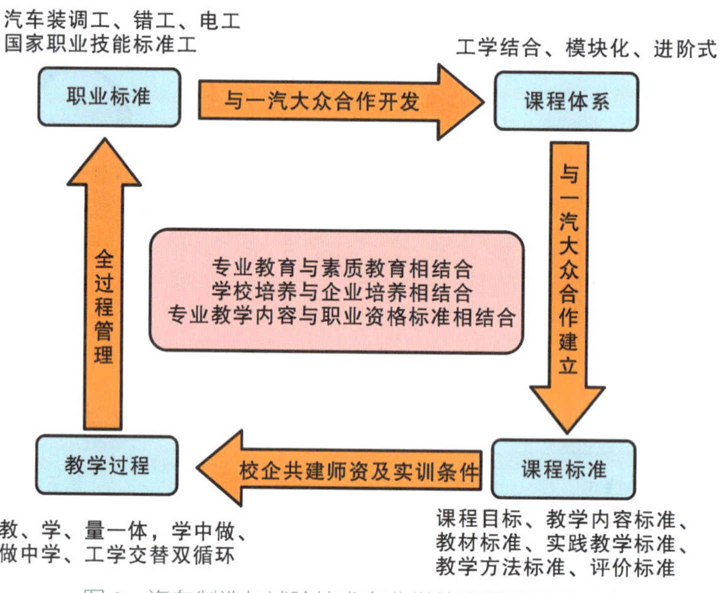

图 2　汽车制造与试验技术专业学徒班课程体系建立

当前，职业能力的内涵正在被重新结构化，它不再只是动手能力、操作能力和理论知识的代名词，工作态度、敬业精神、协作精神、创新精神等开始进入职业能力要求的职业标准含义之中，而“工匠精神”恰好能满足对学生的培养。因此，汽车专业学生学习汽车职业相关技能的同时，更要塑造职业态度和职业素养，以便能够在职业发展中快速有效地转换和适应工作岗位，提升职业综合能力水平，在进入工作岗位前能够拥有“工匠精神”的精神内涵，实现自我职业生涯有序成功的发展。

立德树人、德技并修，基于校企合作、学做一体的人才培养模式，将职业素养、专业知识与工匠精神相融合，帮助学生体会和感受企业的理念、愿景、目标及文化等，把学生的职业素养、企业的实际环境和工匠精神关联在一起，借助校企“双导师制”，让学生在真实的企业环境中，尤其是面临具体任务、项目或实际操作时感受执着专注、精益求精、一丝不苟、追求卓越的“工匠精神”。使专业课教学与“工匠精神”相结合，全面推进课程思政，形成协同育人，提升课程的内涵和质量，赋予知识和技能正确的价值取向。

此外，打造以崇尚“工匠精神”为内核的校园文化。一是加强校园“工匠精神”物质文化建设，打造工匠文化长廊、大国工匠塑像、精品工程展示栏等；二是加强校园“工匠精神”精神文化建设，邀请企业家、大国工匠、全国技术能手等先进典型人物进校园，与学生面对面座谈交流，发挥榜样人物的引领作用；开展“技能之星”评选活动，选出大学生身边工匠精神传承的典型人物，发挥朋辈榜样作用，在校园里营造尊重技能、崇尚工匠的良好文化氛围，让“工匠精神”触手可及。

通过以上方式，校企合作，将“工匠精神”渗透到育人的每个环节，将“工匠精神”融入学生灵魂深处，以此勉励学生勤练技能，磨炼意志力，全面提升人才培养质量，实现全员、全程、全课程育人格局形式。

图 3 “学徒班”学生在一汽大众培训中心上课（企业导师）

图 4 “学徒班”学生在一汽大众培训中心上课（学校导师）

二、成果成效

（一）校企共同创新工学交替人才培养模式

对接汽车产业技术与管理发展“双通道”，校企开发并完善专业人才培养方案、专业核心课程标准、教学内容标准、教材标准、实践教学标准、教学方法标准、评价标准等，从而系统构建汽车职业特征工学交替课程体系。

（二）校企共同实施教学管理与质量管控

由企业人力专员、一线工程师和专业教师依据岗位任职要求，系统设计工学交替、校企双循环课程与周期，促进学生知识、技能、素质协调发展。

成立了校企合作教学督导小组，开展教学的管理、监督与教研工作，对教学质量进行全方位督导。成立学院教学副院长任组长，企业总师 / 主管任副组长，专业教师和企业技术人员任组员的督导小组。督导小组负责检查教学方案的实施情况，指导日常教学，并通过制定教学质量评价制度，召开学生座谈会等形式，定期开展教学质量评价，对课堂教学、实训项目实行全过程、全方位跟踪调查和研究，对学校、企业和学生形成三方约束，确保教学质量不断提高，教学工作有序、顺畅、高质量运行。

引领技术进步、支撑中小型制造企业发展，打造航空制造技术应用创新服务平台

岳太文，韩雷，刘鑫

成都航院主动对接航空产业和区域主导产业发展趋势，建设国内一流航空应用技术协同创新平台和航空技术技能传承基地，服务于航空、国防企业以及区域中小微企业的产品研发和技术创新，引领和推动航空产业技术进步和转型升级、科技成果转化与产业化。学校行业领先企业合作，对接航空装备制造技术发展趋势，围绕技术技能积累创新核心能力建设，聚焦航空装备制造中的关键核心技术，以应用科研为重点，成体系构建国内领先的多层次技术技能创新服务平台。通过校企合作订单培养企业紧缺高技能人才，开展学徒制人才培养模式探索，为区域内航空制造中小型企业提供人才保障；通过校企联合攻关技术难点，为区域内航空制造中小型企业提供技术服务支撑。

一、主要做法

（一）携手行业领先企业，打造技术应用创新服务平台

整合成飞、北京精雕、厦门金鹭等行业领先企业优势资源，校企协同打造技术应用创新服务平台。与国内外领先技术供应商深度合作，先后建成数字化几何量计量检测中心、GF 智能制造技术应用创新基地、航空制造工艺应用技术创新基地、难加工材料切削实验室、数字化制造及五轴精密加工技术研发验证中心、四川省模具智能制造工程实验室、四川省航空数字工程国防科技重点实验室、四川省高校航空制造工艺校企合作应用创新基地等科研与应用创新基地。平台瞄准航空装备大型结构件制造与装配、航空发动机制造关键工艺与装备、复杂型面和难加工材料高效加工及成形技术、100% 在线检测技术、轻量化整体及高强金属结构制造技术等航空装备制造领域主攻方向，在高性能切削工艺、智能工艺装备设计与制造、智能检测等领域形成核心竞争力。与成飞合作建成 2 个省级、3 个校级航空技能大师工作室。四川省模具智能制造工程实验室 2021 年度运行评价为优秀，四川省高校“航空制造工艺”校企合作应用创新基地 2022 年度运行评价为优秀，获批建设 2022 年四川省航空数字工程国防科技重点实验室。四川省模具智能制造工程实验室列入四川省 2022 年创新能力建设项目，获得省级预算内投资 300 万元。平台创新绩效显著，依托平台共开展省部级科研项目 8 项，与企业合作开展产学研

项目 100 余项，参与国家标准制订 4 项，行业标准制订 1 项。拥有国家发明专利 20 项，软件著作权 50 项，新型实用专利 300 余项，登记科技成果 2 项。

（二）对接中小型制造企业，培养输送各层级紧缺人才

依托创新平台，对接军机生产领域的军民融合转型发展需求；依托成飞 - 成航 CAM 中心项目，开展协同制造技术研究与应用验证。以航空结构件数控工艺技术、航空钣金成形技术、航空工艺装备设计等项目为载体，探索依托科研技术服务项目进行人才培养，实现人才培养与应用技术科研项目相结合。以企业项目开发全过程为教学过程，在应用科研项目开发中实现育人功能，为军民融合企业提供更加务实、高效的航空装备制造技术技能复合型人才，促进企业高效能发展。依托技能大师工作室，积极探索现代学徒制人才培养模式，为园区入驻企业定制培养五轴机床操作工，解决企业高端设备操作岗位用人的燃眉之急。依托技能大师工作室，派遣技能专家到企业为员工提供培训服务，提升企业员工的技术技能水平。

（三）服务中小型制造企业，助力企业生产与技术创新

依托航空制造技术应用创新平台，面向中小型制造企业数字化、智能化、绿色化转型升级。发挥创新平台的生产服务功能，承接生产试制、产品加工和检验检测业务，减轻企业生产压力。发挥平台的技术优势和创新能力，联合区域内企业申报纵、横向科研课题，在高性能切削工艺、智能工艺装备设计与制造、智能检测、工业软件等方面为区域内中小型制造企业提供技术开发和服务，助力企业突破技术难点、提能增效。

二、经验总结

（一）成为中小型航空装备制造企业的技能人才供给中坚力量

通过工艺转包项目，为成都航新输送 6 名工艺工程师；通过“五轴班”现代学徒制培养，为成都朝合普尔航空科技股份有限公司等 3 家成都航空产业园区企业输送 24 名取得证书的五轴机床操作工；通过“海川班”为四川省自贡市海川实业有限公司输送定制培养的检验、操作和工艺员 10 人；组建“金鹭班”，定制培养技术人员 9 人。为成都永峰完成 40 人次员工技能提升培训，与成都市模具工业协会 7 家企业开展教育部第二批现代学徒制试点项目，先后为行业培养了 120 余名高端模具设计人才。各航空制造技术应用创新服务平台面向企业员工开展“数字化几何量检测技术”“数控设备维修与诊断技术”“柔性制造单元应用技术”“复合材料”等技术技能培训，提升服务模具和装备制造行业发展能力。创新服务平台全年接待参观量 1000 人次，为企业提供公共服务 50 次，产生了良好的社会效益。同时，作为装备制造高素质技术技能人才培养单位，年均为社会提供装备制造专业技术技能人才 500 余人，为我省装备制造技术技能人才提供了新生力量。

（二）成为区域内中小型企业生产和技术创新的重要合作伙伴

近 3 年，学校为区域内中小型企业提供技术服务 100 余次，到账金额 1500 余万元。主持完成的某型直升机阀体智能制造工艺开发项目，解决了高精度深孔加工与检测技术；开发的模具电极柔性制造单元，解决了实现无人值守的多零件自动搬运、装夹、铣削加工、三坐标检测等技术问题，该成果已经在四川科思精密模具车间柔性单元改造得到应用；主持完成的飞机装配机器人智能钻铆系统项目，实现了大型构件的制孔和铆接，解决了飞机制造过程中的装配质量与装配效率；主持完成的叶片智能检测分析系统，开发了叶片智能检测分析系统、叶片数据自动处理软件系统、榫根分析系统，形成了发动机叶片精密检测成套技术，成果已在中国航发黎阳叶片智能检测中得到应用；团队从事的自动化质量检测与管控系统开发项目，攻克了自动上下料检测技术、自动对接技术、自动测量技术、自动扫码识别技术、AGV 运输系统、安全防护系统等模具车间自动化检测关键核心技术，解决了企业在现有生产模式下升级为全自动化检测和检测数据的自动采集的整体方案，开发的成果应用于航空工业成飞自动化检测升级项目，获得技术成果转化收入 974 万元；主持完成的视频监控中运动目标图像分割关键技术研究项目，解决了视频目标跟踪与分割的关键技术问题；主持完成的航空发动机小型薄壁复杂腔体零件激光选区熔化成形工艺研究项目，解决了航空发动机小型薄壁复杂腔体零件 SLM 成形工艺参数控制技术问题，项目成果已成功应用于成都通宇航空机械制造、四川鑫跃鑫、成都联余等企业；完成的改性双马来酰亚胺树脂的性能及固化模拟技术研究、透明全降解合金 PLA/PPC 包装材料研究、不同水环境下碳纤维增强 EP 复合材料的吸水老化等项目，解决了透明全降解 PLA 增韧、改性双马来酰亚胺树脂固化模拟、碳纤维增强复合材料吸水老化等高分子材料成形技术难题。

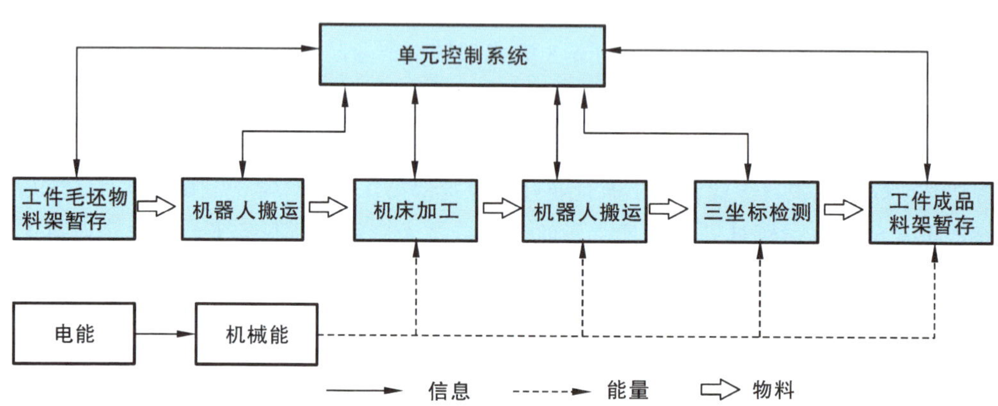

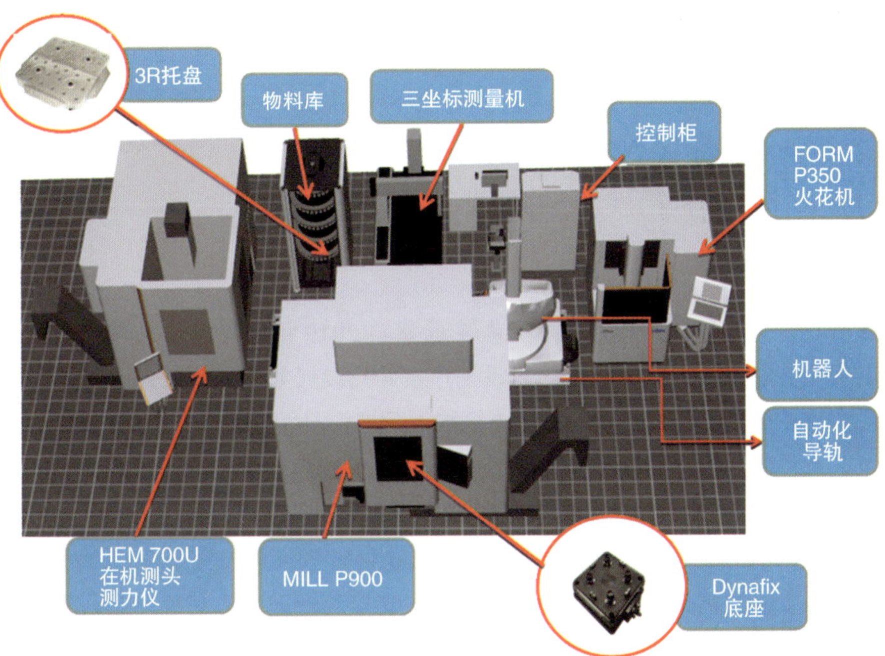

图 1　开发的精密零件加工柔性制造单元

聚焦智能制造，协力打造创新平台推动高质量发展

岳太文，韩雷，刘鑫

四川省模具产业智能制造应用技术工程实验室自2019年批复建设以来，积极开展各项应用研究、工程化验证与技术服务，各项建设工作按照建设任务逐步开展，取得预期成效，三年共投入建设经费1200万元，聚焦智能制造领域，开展模具智能制造应用关键技术攻关，建设材料成形工艺及模具、模具智能制造技术应用、几何量技术协同创新、增材制造工艺与设备4个研究室和材料分析测试中心。实验室在四川省工程研究中心（工程实验室）2020年评价结果为优秀。获批2022四川省创新能力建设项目，获得省级预算内资金300万元，创新平台建设解决产业发展中的关键技术与装备的瓶颈问题，支撑和推进装备制造产业数字化、智能化、绿色化发展与转型升级。

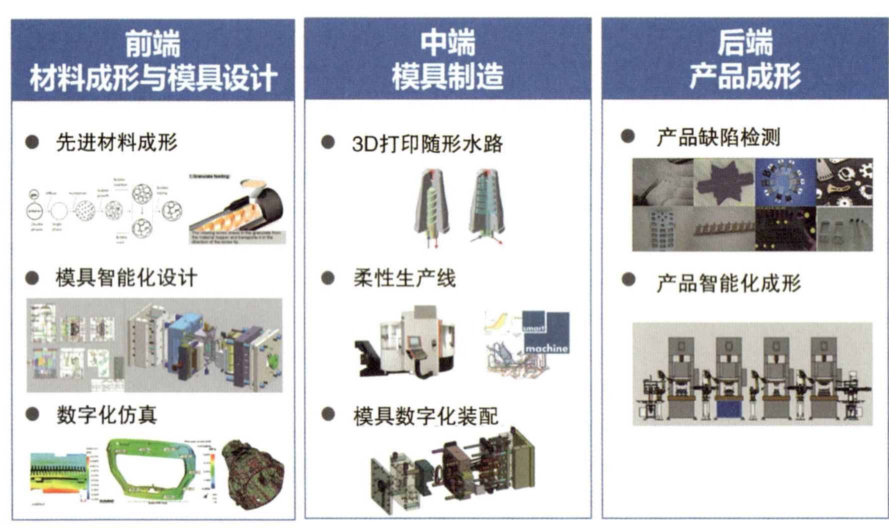

图1　四川省模具产业智能制造应用技术工程实验室技术领域

一、主要做法

（一）聚焦智能装备制造，协力打造省级创新平台

为响应四川省创新驱动高质量发展战略，飞行器制造技术专业群先后成功申请并获批四

川省高校“航空制造工艺”校企合作应用创新示范团队和基地、汽车零部件材料成形与模具技术联合实验室、四川省模具产业智能制造应用技术工程实验室、四川省航空数字工程国防科技重点实验室等创新平台。通过建设工程化研究、验证设施和有利于技术创新、成果转移转化的机制，搭建科技创新与产业发展之间的“桥梁”，推动智能制造产业关键共性技术、前沿引领技术、现代工程技术、颠覆性技术创新，促进我省装备制造产业高质量发展。2020年至今，成航先后投入资金1200万元，在已有实验条件的基础上，适应性改造现有研发及辅助设施面积3000平方米，购置主要仪器设备及软件26台/套，完善材料成形工艺及模具、模具智能制造技术应用、几何量技术协同创新、增材制造工艺与设备4个研究室和材料分析测试中心，建设数字化制造及五轴精密加工技术研发验证中心、难加工材料切削实验室，提升模具智能制造应用技术研发能力。四川省模具产业智能制造应用技术工程实验室在四川省工程研究中心（工程实验室）2020年评价结果为优秀。按照《四川省创新与高技术发展省级预算内基本建设投资管理办法》相关要求，四川省模具产业智能制造应用技术工程实验室开展创新能力建设，纳入2022年度工程研究中心（工程实验室）创新能力以及后续省预算内基本建设投资计划，下达投资计划300万元。

（二）开展关键技术攻关，推动装备制造产业转型升级

实验室团队在模具智能制造应用技术领域开展了深度的研究，在材料成形与模具智能化设计、模具智能制造、产品智能化成形等关键共性技术取得了突破，掌握了模具智能制造应用技术的关键核心技术。全年共承担来自企业的横向课题10项，经费逾1300万元。

在材料成形与模具智能化设计技术领域，团队成员在模流分析、力学分析以及CFD流体分析等领域结合现代化CAE分析商业软件的应用，在力学强度、刚度、碰撞、结构模态、结构拓扑优化、形貌优化等分析方面积累了丰富的经验，能对产品流体性能以及整机系统等特性进行准确高效的模拟仿真。团队在高性能树脂基纤维复合材料、绿色环保材料、复合材料界面调控技术、超疏水先进材料、先进钣金技术等领域取得较大突破，团队成员完成的改性双马来酰亚胺树脂的性能及固化模拟技术研究、透明全降解合金PLA/PPC包装材料研究、不同水环境下碳纤维增强EP复合材料的吸水老化等项目，解决了透明全降解PLA增韧、改性双马来酰亚胺树脂固化模拟、碳纤维增强复合材料吸水老化等高分子材料成形技术难题。团队常年为四川省新万兴碳纤维复合材料有限公司、成都国营锦江机器厂、成都飞机设计研究所制造中心提供生产和试验服务。

在模具智能制造技术领域，团队成员开发的模具电极柔性制造单元，解决了实现无人值守的多零件自动搬运、装夹、铣削加工、三坐标检测等技术问题，该成果已经在四川科思精密模具车间柔性单元改造得到应用；团队成员主持的某型直升机阀体智能制造工艺开发项目，解决了高精度深孔加工与检测技术；团队成员主持完成的飞机装配机器人智能钻铆系统项目，实现了大型构件的制孔和铆接，解决了飞机制造过程中的装配质量与装配效率；团队成员主持的叶片智能检测分析系统，开发了叶片智能检测分析系统、叶片数据自动处理软件系统、榫根分析

系统，形成了发动机叶片精密检测成套技术，成果已在中国航发黎阳叶片智能检测中得到应用。团队从事的自动化质量检测与管控系统开发项目，攻克了自动上下料检测技术、自动对接技术、自动测量技术、自动扫码识别技术、AGV 运输系统、安全防护系统等模具车间自动化检测关键核心技术，解决了企业在现有生产模式下升级为全自动化检测和检测数据的自动采集的整体方案，开发的成果应用于航空工业成飞自动化检测升级项目，获得技术成果转化收入 974 万元。

在产品智能化成形技术领域，团队成员主持完成的视频监控中运动目标图像分割关键技术研究项目，解决了视频目标跟踪与分割的关键技术问题；团队成员主持的航空发动机小型薄壁复杂腔体零件激光选区熔化成形工艺研究项目，解决了航空发动机小型薄壁复杂腔体零件 SLM 成形工艺参数控制技术问题，项目成果已成功应用于成都通宇航空机械制造、成都联余等企业，2022 年为成都通宇等企业开发 3D 技术服务 4 项。

二、经验总结

（一）开展关键核心技术研发，助力装备制造业转型升级

实验室在模具智能制造应用技术领域开展了深度的研究，在材料成形与模具智能化设计、模具智能制造、产品智能化成形等关键共性技术方面取得了突破，掌握了模具智能制造应用技术的关键核心技术。近 3 年，实验室共承担省部级以上科研项目 8 项，参与 4 项国家标准制定，授权发明专利 45 项，授权实用新型专利 100 余项，发表核心期刊以上论文 20 篇。实验室技术创新和人才培养推动了我省装备制造产业数字化、智能化、绿色化转型升级。

（二）开展技术服务，解决企业难题

实验室全年接待参观量 1000 人次，为企业提供公共服务 50 次，产生了良好的社会效益。同时，作为装备制造高素质技术技能人才培养单位，年均为社会提供装备制造专业技术技能人才 500 余人，为我省装备制造技术技能人才提供了新生力量。年均为企业提供各类技术技能培训 1000 人次。

实验室借助几何量计量技术协同创新中心平台，在“问天”实验舱大型太阳翼对日定向装置的阿尔法机构中所采用的“对构齿轮传动”研发过程中，解决了齿轮检测难题。对构齿轮是一种特殊的非标齿轮，面临的难题不仅是精度高，其检测方法和评定分析方法均为行业空白，同时评定结果如何指导试制加工也面临着巨大技术难题。以工程实验室超高精度测量系统，校企合作开展对对构齿轮参数的检测和评定技术的研究。针对对构齿轮特殊的结构形式，开发专用的非标齿轮参数化检测和评定算法，突破对构齿轮的齿面轮廓的检测和评定技术瓶颈，实现对构齿轮的自动化精密检测，为攻克对构齿轮检测技术难点与关键技术提供有力的数据支撑，为对构齿轮的加工试制结果提供数据反馈。经过反复的试验、算法开发与测试与论证，检测程序调试，通过高质量检测数据多次对齿形数据进行修正，最终完成了对构齿轮的试制加工。

打造中小微企业技术服务平台，推动两业融合助力乡村振兴

付涛，李超杰，余姝霖，涂云友

乡村振兴战略的核心是产业振兴，推动产业发展是乡村振兴的重要途径，中小微企业是产业的主体，是乡村振兴的中坚力量。为深入贯彻落实党中央乡村振兴战略，成都航院以自身面向现代服务业的专业群建设为依托，以四川省教改项目“乡村振兴背景下高职院校基于现代服务业专业群面向中小企业职工培训的研究与实践”及若干政校企合作项目为抓手，以松潘县工业园区的中小微企业为重点，着力打造面向中小微企业的技术技能服务平台，围绕制造业服务价值延伸提供“品牌—新零售—物流—产供销协同”生产性服务领域的培训、咨询和现场指导服务，为现代服务业与生产制造业的两业融合在中小微企业层面做出贡献。截至 2023 年 8 月，成都航院针对松潘县工业园区 26 家中小微企业开展了 2400 余人学时的培训服务、企业新零售运营现场指导服务 260 余人学时，为园区企业绿色低碳发展情况提供综合评价服务，并撰写了 5600 余字的《松潘县工业园区小微企业绿色低碳发展评价报告》，为松潘县工业园区的持续建设和发展提供了重要的决策参考。

一、主要做法

（一）政校企四个“共”合作，以项目为抓手做实中小企业服务

许多中小微企业人力资源综合素质相对处于弱势，科技人才匮乏，并且由于规模小、资金不足、发展不稳定等因素，企业人才流失现象严重，很难形成竞争优势和特色。中小微企业要实现转型升级，最关键的要素在于人才资源和技术创新能力两个方面；但由于缺乏科学合理、循序渐进的职工育训和智力资源整合体系，中小企业持续发展乏力。针对这一痛点，成都航院、松潘县经济商务和信息化局（简称：松潘经信局）、松潘工业园区管委会（简称：园区管委会）、松潘电商孵化园及若干中小微企业积极互动，三方牢牢抓住“数商兴农”新机遇，以四个“共”协作模式开发合作项目，脚踏实地为中小微企业服务，为乡村振兴做贡献，即：共育企业经营管理人才、共研高原电商课题，共讲松潘高原故事，共拓农产品上行渠道。

1. 分类培训项目

2022 年 12 月—2023 年 3 月，成都航院与园区管委会联合策划实施“松潘县工业园区小微企业管理人员培训”“松潘县工业园区小微企业业务人员培训”两个项目，共 2400 余学时，

内容涉及供应链构建与管理、品牌建设与传播、安全管理、数字营销、高品质沟通等。

2. 实战指导项目

2023年7月，成都航院与松潘经信局联合设计开展“云上松潘——电商助农，赋能乡村振兴”项目，管理学院9名师生赴松潘县工业园区，运用新技术、新方法、新规范指导和参与当地中小微企业的数字营销与电商直播运营，累计为当地中小企业开展数字营销培训共200余学时，现场指导企业开展新零售业务活动60小时，与当地企业一道探索农产品上行运营模式，助力农产品标准化、规模化、品牌化。

目前，成都航院、松潘经信局、松潘电商孵化园，正酝酿策划“新零售手把手帮扶系列”“乡村书记说乡村系列”“电商人才引进与培育”等项目。随着这些项目的落地，政校企三方四个“共”协作并以项目为抓手的工作新模式、新思路将有力赋能松潘县的乡村振兴。

（二）强化平台技术服务功能，助力中小企业提升绿色发展能力

2023年1—3月，管理学院组织专业教师团队面向松潘县工业园区小微企业开展了企业经营诊断与改进系列服务，充分利用成都航院教育与智力资源优势，强化中小企业服务平台的技术性。

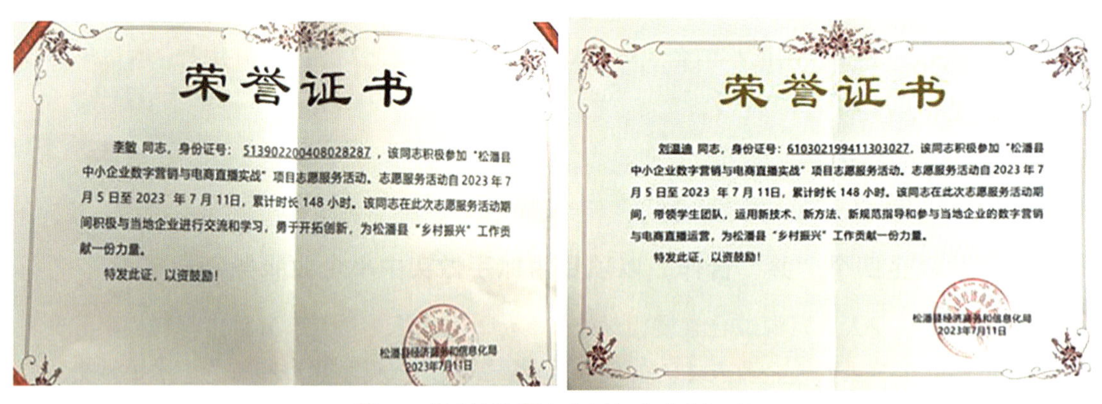

荣誉证书

李敏 同志，身份证号：513902200408028287，该同志积极参加“松潘县中小企业数字营销与电商直播实战”项目志愿服务活动，志愿服务活动自2023年7月5日至2023 年7月11日，累计时长148小时，该同志在此次志愿服务活动期间积极与当地企业进行交流和学习，勇于开拓创新，为松潘县“乡村振兴”工作贡献一份力量。

特发此证，以资鼓励！

松潘县经济商务和信息化局
2023年7月11日

荣誉证书

刘温迪 同志，身份证号：610302199411303027，该同志积极参加“松潘县中小企业数字营销与电商直播实战”项目志愿服务活动，志愿服务活动自2023年7月5日至2023 年7月11日，累计时长148小时，该同志在此次志愿服务活动期间，带领学生团队，运用新技术、新方法、新规范指导和参与当地企业的数字营销与电商直播运营，为松潘县“乡村振兴”工作贡献一份力量。

特发此证，以资鼓励！

松潘县经济商务和信息化局
2023年7月11日

图1 成都航院师生乡村振兴荣誉证书

以成都航院中小企业技术技能服务平台为依托，管理学院教师团队依照松潘县工业园区绿色低碳发展评价指标体系和松潘县绿色循环经济园区建设标准，对松潘县工业园区小微企业绿色低碳发展情况进行了综合评价，通过线上、线下两条途径获取大量资料和数据，完成了《松潘县工业园区小微企业绿色低碳发展评价报告》，为松潘县工业园区的建设和发展提供了重要的决策参考。

（三）坚持人才培养宗旨，实现专业群建设与社会服务借力互哺

成都航院教师团队通过调查分析研究得出结论：很多高职院校与企业合作时，往往盯住大型企业或国有企业，从而忽视了中小企业，只把与中小企业的校企合作当成解决学生生产实习

场地和就业补充的一个途径，并不重视中小企业转型发展中的实际需求，以及与之匹配的人才育训建设。中小企业往往也是追求短期利益，缺乏主动、长期参与校企合作的动力，即使与高职院校合作也是重应用轻培养，更多的时候是把校企合作、岗位实习学生作为解决用工困难的手段。显然，在这样的合作意愿和方式下，高职院校面向中小企业的职工开展培训的研究与实践，不论从量上还是质上，都远远不能满足中小企业转型升级的需要。然而，不可否认的是，高职院校与中小企业有着相同的 DNA，高职院校人才培养目标是生产、建设、服务、管理第一线的高素质技术技能型人才，技术开发和研究的重点领域是以应用技术服务为主，而中小企业期望高校能提供更多具备良好职业道德和综合能力的高素质技能人才，技术需求大多以固定资产投资少、建设周期短、技术成熟度高、投资回报快的项目为主，重点是新工艺、新设备、新产品的研发，从双方的目标和利益诉求来讲，高职院校与中小企业的合作更容易实现对接和共赢。因此，成都航院借助中小企业技术技能服务平台在专业群建设和社会服务方面做到借力互哺。成都航院与松潘县政府、企业积极互动，从顶层设计规划校 - 企人才育训的合作，通过不断创新和改善育训的相关体制机制，一方面持续创新高职院校人才培养模式，另一方面不断拓宽中小微企业员工终身学习渠道。

校企人才育训聚焦两点：第一点，聚焦松潘县工业园区企业发展现状及存在的问题，企业期望得到成都航院在电商运营、品牌打造与营销推广、人员培训等方面的帮助和支持；第二点，聚焦成都航院面向生产性服务业专业群建设需求，将地方及产业企业需求和学院所结合起来，打造“品牌 + 新零售 + 物流 + 产供销协同”的全链路帮扶模式，促进中小微企业层面的两业融合，赋能乡村振兴。

成都航院管理学院在市场营销专业人才培养实训环节开设了生产性实训课程“短视频营销与电商直播”，于 2023 年 5—6 月执行 60 学时，受训学生 135 人。通过与松潘中小微企业合作设计的生产性实训项目，从学生角度来讲，不仅提升了学生的专业实战技能，而且增进了学生对中小微企业的了解，就业意向更多元，就业竞争力提升；从企业的角度来讲，不仅直接促进了松潘县农特产品的销售和品牌影响力的扩大，让“松潘味道”通过成航学子飘香“云端”，而且培养了更愿意到企业去、更符合企业需求的人力资源。后期，成都航院、松潘经信局、松潘县工业园区将持续加大“电商人才引进与培育”项目力度，为松潘县中小微企业未来的发展建设人才储备池。

二、成果成效

（一）建成一套完善的中小微企业职工培训制度和课程体系

培训制度涵盖从培训需求调研到培训结果评估的全过程，确保成都航院组织实施中小微企业职工培训时，切实做到有章可循，包括《中小企业职工培训需求调研管理规定》《中小企业职工培训教学运行管理办法》《中小企业职工培训专兼职师资队伍建设管理办法》《中小企业职工培训引导师培养方案》《中小企业职工培训项目评估管理办法》等。

重视中小企业在供应链中的重要作用，以其承担的供应链角色为核心将培训视角拓展至企业所在的整个供应链，同时注重提升中小微企业员工的信息素养和数据分析能力，利用智慧职教平台进行培训教学，培训核心课程设置有“企业品牌管理与传播之道”“流量管理与心智营销”“直播技能实训”“智慧供应链模式下采购与供应商管理”“供应链与中小微企业关系管理”等自主开发课程。

（二）实现面向生产性服务业的专业群人才培养模式创新

《四川省“十四五”服务业发展规划》《成都市“十四五”服务业发展规划》明确要加快发展生产性服务业，促进生产性服务业向专业化和价值链高端延伸，加快建设高素质复合型的服务业技术人才和高技能人才队伍，扩大应用型、技术技能型人才培养规模，提高人才培养质量。在“两业”融合的大背景下，成都航院建设面向中小微企业的技术技能服务平台，以松潘县工业园区中小微企业为重点研究和服务对象，通过政校企三方紧密合作，实现了学校专业群建设与社会服务的借力互哺，进一步明确了面向生产性服务业的专业群的建设目标和任务，以品牌化社会培训服务为重点，全面提升专业群建设水平，为生产性服务业向专业化和价值链高端延伸提供人才保障和智力支持，为如何使“两业”融合在中小微企业层面得到贯彻落实探索出一套可行的“成航方案”。

Chapter Seven

第七章 提升学校治理水平

坚持“五个一”工作机制，以“五有”理念深入推进依法治校工作

曾友州，李新怡

在全面依法治国的战略目标引领下，成都航院坚持“五个一”依法治校工作机制，以政治引领、组织领导、制度建设、治理结构、普法宣教为抓手，不断强化依法治校工作中的“五有”理念，在学习贯彻习近平法治思想、坚持党的全面领导、落实党政主要负责人推进法治工作第一责任人职责、健全法治机构与制度体系、完善治理机构、坚持法治宣传教育等方面持续发力。近年来，学校先后获批四川省内首批章程获得核准的高等职业院校、四川省依法治校示范校，并获得四川省首届法治融媒体挑战赛“优秀组织奖”等荣誉。

一、主要做法

（一）坚持“一面旗”高举，政治引领“有方向”

1. 深入学习贯彻习近平法治思想

学校始终将学习贯彻习近平法治思想作为全校重要的政治任务，作为学校党委理论学习中心组集体学习、全校领导干部培训、新教师入职培训的重要内容，并于每年统一编发教职工理论学习资料，针对重要文件、讲话、政策、法规开展系统研学。同时，将习近平法治思想列为“思想道德与法治”“习近平新时代中国特色社会主义思想概论”等课程教材中的重要内容，并充分通过校电视台、校报、“两微一端”等渠道，广泛营造学习贯彻习近平法治思想的良好氛围。

2. 始终坚持党对学校工作的全面领导

学校坚持走社会主义办学方向，全面贯彻党的教育方针，坚持党委领导下的校长负责制，以党建促法治，以红色强红色；不断完善内部治理工作，健全党委常委会和校长办公会等议事决策制度，规范总支委员会、党政联席会议事决策内容、程序和要求；不断统筹推进党建工作新格局，创培“全国党建工作样板支部”“党建工作品牌”“优秀支部工作法”；不定期组织党员学法考法活动，并将每周二下午固定为教职工政治理论学习时间，推进教职工理论学习制度化、规范化。

图1　“五个一”工作机制 +“五有”理念的依法治校工作模式

（二）坚持“一把手”统筹，组织领导“有力量”

1. 落实党政主要负责人推进法治工作第一责任人职责

落实依法治校“一把手”工程，学校党政主要负责同志定期研究部署推进依法治校工作，保证学校办学宗旨、教育活动与制度规范符合民主法治、自由平等、公平正义的社会主义法治理念要求；成立由党委书记、院长任组长的依法治校工作领导小组，领导小组下设领导小组办公室，具体负责领导小组的日常事务，督促指导各项任务落地落实。

2. 设置法治与法律事务办公室夯实决策保障

成立法治与法律事务办公室，聘请专职法务秘书，明确职能定位和工作人员岗位职责，制订加强学校法治工作的实施方案，将法治工作纳入目标管理和领导干部年度考核述职；建立法律顾问制度，聘请资深律师团队担任学校法律顾问，进一步规范决策程序，防范法律风险，汇聚依法治校工作合力。

3. 强化各级领导干部依法治校职责

将依法治校工作列入学校党政年度工作要点，并通过明确校院两级法治工作职责、开展中层干部廉政法规知识考试及将法治素养和依法履职情况纳入干部考核考评等方式，强化各级领导干部依法治校职责，形成学校主导、部门联动、学院落实，全员推进的法治工作格局。

（三）坚持“一揽子”覆盖，制度建设“有章法”

1. 依法制定与修订学校章程

2012年，学校正式启动章程制定工作。2015年12月14日，学校章程经上级核准通过，成为四川省内首批章程获得核准的高等职业院校。2016年，学校正式印发《成都航空职业技术学院章程》。2021年5月启动《成都航空职业技术学院章程》修订工作，并于2023年1月印发实施。2023年6月印发《中共成都航空职业技术学院委员会关于〈成都航空职业技术学院章程修正案〉宣传贯彻实施方案》，进一步加强全校师生对章程的理解与落实。

2. 构建内容规范、运行高效的规章制度体系

学校以章程为核心，依法制定规范统一、分类科学、层次清晰、运行高效的规章制度体系，统筹推进人事、财务、资产、招生、基建、学生管理和后勤等管理制度创新；建立了行政统一领导、部门各负其责、师生积极参与的信息公开工作格局，对各类规章制度、涉及师生切身利益以及社会普遍关注的信息及时公示公开。

3. 常态化开展规章制度的“立改废释”工作

在“立”及“改”方面，设置法律审核前置程序，各项重大规章制度的制定或修改，由法律专家出具专业意见后提交党委常委会或院长办公会研究；在“废”方面，对照国家法律法规、学校章程、新形势新要求，每3～5年开展一次制度清理，每年更新规章制度汇编；在“释”方面，由制度起草部门组织开展面向适用人员的制度解释与培训工作。

4. 强化合同与内控管理制度

通过《成都航空职业技术学院合同管理办法》《成都航空职业技术学院内部控制规范》构建权责明晰、运转高效的合同管理模式。增加学校重大合同前的法律论证和风险评估程序，以合同审查为抓手，从源头上防范法律风险；上线合同管理信息系统，实现合同全流程线上办理模式，进一步加强合同全流程监管。

（四）坚持“一盘棋”联动，治理结构“有谋划”

1. 完善内部治理体系

通过《成都航空职业技术学院关于坚持和完善党委领导下的校长负责制实施细则》《成都航空职业技术学院关于执行“三重一大”制度的实施办法》《成都航空职业技术学院全体会议议事决策规则》《成都航空职业技术学院常务委员会会议议事决策规则》《成都航空职业技术

学院院长办公会议议事决策规则》《成都航空职业技术学院院（系）议事决策规程》等制度文件，坚持和完善各类议事规则和配套制度，健全党委统一领导、党政分工、协调运行的工作机制，完善内部治理体系，加强依法治校的组织保障。

2. 提升各类机制驱动力

规范财务和资产管理机制，紧盯内部控制体系重点领域和关键环节，梳理细化法律风险清单，并明确防控办法；依法依规开展审计工作，完善审计整改工作机制；制定《成都航空职业技术学院学术委员会章程》，成立学术委员会及各专门委员会，健全学术管理组织体系；围绕学校“十四五”规划、重要会议决策事项及领导批示等进行督办，强化党委议定事项跟踪落实。

3. 强化民主决策机制

积极落实教职工代表大会制度，制定《成都航空职业技术学院教职工代表大会章程》，建设校工会、分工会等工会组织、教职工代表大会联席会议、（部）党政联席扩大会议，保障教职工参与民主管理和监督的权益；充分发挥学生代表大会、共青团及学生会等群众组织在民主决策机制中的作用，成立学生自治管理委员会，保证学生自我教育、自我管理、自我服务。

4. 健全师生权益保障机制

畅通师生校内申诉救济渠道，综合运用信访、调解、申诉等多元化争议解决机制，积极、稳妥解决校内的矛盾纠纷；通过“校长信箱”“校领导走访学生日”等形式，收集师生对学校事业发展的意见、建议，进一步提升师生在重大决策形成过程中的参与度。

（五）坚持“一股绳”贯通，普法宣教“有办法”

1. 建立普法工作责任制

学校制定了《成都航空职业技术学院法治宣传教育第八个五年规划（2021—2025年）》，法治宣传教育责任明确。将法治宣传教育纳入党委中心组学习和各单位的政治学习中，推动党员干部法治学习教育；借助思政公共课、法律类系列通识课，使法治教育与思想品德教育有机结合起来。

2. 多种形式开展法治宣传教育活动

坚持推进四川省国家工作人员学法考法工作，对全校教职工进行法律法规教育和培训，组织参加普法考试，合格率达100%。结合节日、纪念日等重要节点，开辟第二课堂，开展如新学期法治教育第一课、真实庭审进校园、法治沙龙、知识竞赛、演讲比赛、志愿者普法等形式多样、内容丰富的法治宣传教育活动，努力形成若干以法治教育为核心的校园文化活动品牌。

3. 构建法治文化宣传教育基地

学校和成都市龙泉驿区司法局共建成都航院法治文化宣传教育基地，设置法治沙龙研讨室、活动教室、法治成航服务台等场地开展普法宣传教育活动，并搭建校园法治长廊、法治文化园、法治文化广场，使师生在潜移默化中接受法治熏陶。

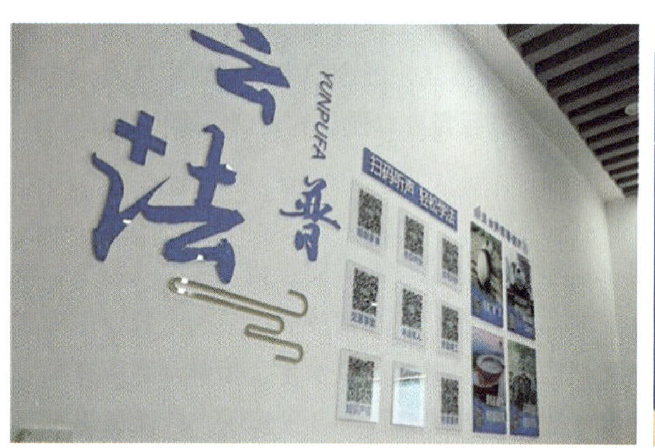

图 2　校园法治文化建设情况

二、成果成效

在持续扎实推动依法治教、依法办学、依法治校，坚持不懈地将依法治校工作向纵深推进的过程中，取得了一系列丰硕成果。

一是内部治理机制完备科学，规章制度体系科学合理。学校成立了依法治校工作领导小组，设置法治与法律事务办公室，配备专职法务秘书，常年聘任外部资深律师为学校法律顾问，内部治理机制逐渐完善；形成了以章程为核心的，152 项程序规范、合法合理、运行高效的规章制度为保障的制度，有效助推四川省依法治校示范校申报及复核工作。学校于 2016 年获得“四川省依法治校示范校”称号，并于 2023 年高分通过复核。

二是法治育人工作开展得有声有色，法治校园建设稳步推进。结合办学定位、校风校训，通过各类新媒体平台和实践教育基地等线上、线下资源，开展丰富多样的普法活动。近三年，学校联合龙泉驿区司法局、检察院等组织开展系列普法活动 30 余场，覆盖师生两万余人次，积极组织学生参加法律类竞赛，其中我校获得由省委政法委、省教育厅、省法学会颁发的“优秀组织奖”，我校学生获得四川省“纪念现行宪法公布施行 40 周年”主题知识竞赛一等奖、第三届全国大学生“学宪法・讲宪法”辩论赛一等奖、第七届全国学生“学宪法・讲宪法”全国总决赛团体季军。

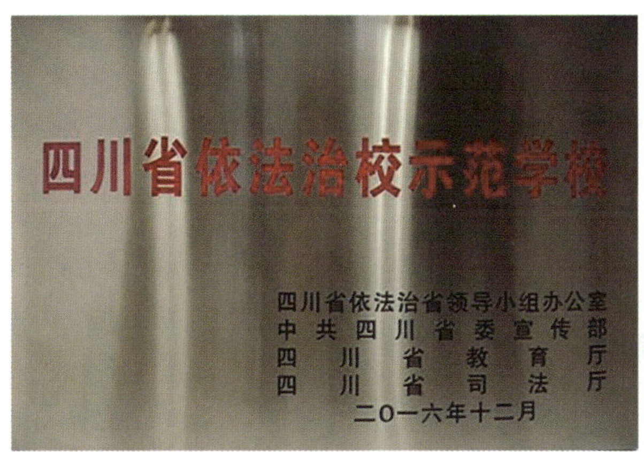

图 3　荣获“四川省依法治校示范学校”称号

图 4　获得“优秀组织奖”证书

问题导向，破立并举，“三个坚持”多维度深化教育评价改革

曾友州，张寒露

成都航院以完善立德树人体制机制为目标，以省级教学评价改革试点学校建设为契机，坚决破除“五唯”（唯论文、唯“帽子”、唯职称、唯学历、唯奖项）等不科学的教育评价导向，着力从多维度构建更加健全、多元、科学的教师、学生、用人评价体系，进一步提升治理能力和水平，激发学校办学活力，为建成航空特色鲜明的职教本科高校奠定坚实的基础。

一、主要做法

（一）坚持党的领导，健全评价体制机制

健全党对学校工作全面领导的体制机制。以习近平新时代中国特色社会主义思想为指导，深入学习贯彻习近平总书记关于加强高校党建工作的重要论述，贯彻落实《中国共产党普通高等学校基层组织工作条例》，切实落实党对学校的全面领导。修订印发《中共成都航空职业技术学院委员会关于坚持和完善党委领导下的校长负责制实施细则（修订）》，深入规范执行党委领导下的校长负责制；修订《成都航空职业技术学院章程》，充分发挥党委在推进现代大学治理体系和治理能力现代化中的引领作用。

完善校领导定期研究工作机制。建立领导干部“大学习、大走访、大调研”工作制度，深入教学、科研、实训基地开展调研；建立健全党建工作标准化规范化长效机制，落实党员队伍质量提升行动。印发了《中共成都航空职业技术学院委员会关于加强和改进领导干部深入基层联系师生工作的实施办法》，将领导干部服务基层、服务师生工作制度化、科学化、常态化，切实推进“三全育人”工作。

（二）坚持分类分级，激发教师干事创业活力

完善师德师风评价机制。完善《成都航院师德师风建设及考核评价办法》，实行成都航院教师师德禁行行为“红七条”和成都航院师德师风不良行为负面清单，加大师德失范行为的惩处力度。建立教师荣誉制度，开展优秀教师评选，建立“德胜学者”“德胜名师”“德胜工匠”等选拔与评审的荣誉制度。

建立健全人才引进与培养机制。按专任教师、实训教师、辅导员等类别明确引进标准，大力引进具有行业企业经验的工程技术人员。探索构建初级、中级和高级资质培训体系，按教学

为主型、教学科研型、科研为主型等类别明确各级岗位聘任条件和考核标准，探索不同层次和类型的人才职称评审标准。推行代表性成果制度，将竞赛获奖、课程建设等指标纳入评审标准，将教师企业工程实践和担任政治辅导员作为职称晋升的基本条件。

打造高水平“双师”队伍。完善“双师”素质教师认定制度，健全专业教师到校内（外）实训基地轮岗、到企业实践锻炼制度，鼓励教师获取行业职业（执业）资格证书，完善传帮带机制，提升青年教师的“双师”素质。开展“德胜人才”项目遴选工作，骨干教师培养支持效果明显。支持骨干教师开展科研和社会服务，继续实施骨干教师出国研修计划，培养具有国际视野的“双师型”骨干教师。

（三）坚持五育并举，严格学业标准

完善“五育”并举评价体系。修订了《学生综合素质评价办法（修订）》，将学生综合素质测评的成绩分为“德”“智”“体”“发展素质”等四个方面，其中，发展素质测评成绩为：德育加减分 + 智育加分 + 体育加分 + 美育加分 + 劳育加减分，更加注重过程性评价的学生综合性评价体系。

创新美育课程形式。以大学生文化素质学校为依托，以第二课堂成绩单制度为载体，建立了“语言与文学课程”“历史与文化课程”“哲学与人生课程”“艺术与审美课程”“社会与职场课程”五大类美育课程体系，设置美育教研室，开发了一整套服务于乡村振兴、中小学“双减”工作的课程体系。同时，采用“打捆”方式，形成一年两大文化节（航空科技文化节、大学生文化艺术节）的承载模式，充分利用区域内文化资源，打通美育教育实践路径。

构建特色劳动教育体系。实施“三融合 + 六行动”的劳动教育实践将劳动教育分为“日常生活劳动教育”“生产劳动教育”“服务性劳动教育”三个类别，构建较为完整的劳动育人体系。通过“生活技能培育行动”“社会实践体验行动”“公益志愿服务行动”“创新创业创造联动行动”“就业能力拓展行动”“劳动文化建设行动”六项劳动实践行动，有目的、有计划地组织学生参加日常生活劳动、生产劳动和服务性劳动。

改革体育课程评价。首先，构建课内外相结合的体育考核评价体系，从学生出勤、课堂表现、健康知识、运动技能、体质健康、课外锻炼、参与活动情况等方面进行全面评价。考核内容包括平时锻炼成绩 30%、身体素质考核 30%、技术水平考核 40%。其中平时锻炼成绩中考勤占 10%，过程评价占 10%，课后作业占 10%，实现过程评价与结果评价相结合。其次，全面实施《国家学生体质健康标准》，成立了学生体质健康测试中心，开设“成航体育”公众号，并通过公众号对学校体育赛事进行宣传，营造良好的体育文化氛围。

强化学业标准。通过修订管理办法，建立工作机制，从专业人才培养方案编制、教学计划制订、学期师资安排、教学管理过程等强化学业标准，严控课程质量。以课程思政建设为例，注重课程育人，坚持价值引领、能力培养、知识传授三位一体的课程目标，构建课程思政体系，使思想政治课程、职业生涯规划课程、心理素质课程与专业技能课程相结合，将工匠精神、劳模精神融入课程体系的各个环节。通过构建综合评价指标体系、过程管理评价指标体系、结题

验收评价指标体系，多维度立体式推进课程思政建设。

改革单独招生考试形式。建立“文化 + 职业适应性测试”“文化 + 面试”“文化 + 技能测试”“文化+特长测试”等考试方法。拓宽了特殊类型招生渠道，开展了高职扩招专项招生、“9+3”等单独招生。生源质量得到了提升，生源渠道进一步拓宽，与此同时也推动了中高职教育有效衔接，为探索高等教育多样化招生机制提供了有效经验。

提升毕业生评价的质量。学校走访近百家行业产业主要用人单位，调研毕业生就业等，了解校友职业发展情况，通过收集企业和校友的反馈信息及时改进人才培养方式和教育教学方法。学校每年请第三方调查机构对毕业半年、一年的毕业生进行问卷调查，掌握毕业生就业动态，调查数据涉及就业率、就业满意度、专业对口率、薪资待遇、对母校的推荐度、对教学的满意度以及对学生工作的满意度等多个维度，调查数据分析报告发学校各相关单位和人员参考。同时，学校还择机开展一些定向调查，例如调查就业于国航、川航和成飞的毕业生。

二、成果成效

人才队伍建设成绩突出。近年来，学校教师获得国家“万人计划”教学名师、国务院政府特殊津贴专家、全国技术能手，四川省“教书育人”名师等多项荣誉称号，一批教师和团队在全国信息素养大赛、全国教学能力大赛等各级各类教学竞赛中成绩优异。

人才培养质量稳步提升。近三年来，学生在各类技能竞赛上年均获奖国家级奖项 100 余项、省级奖项 200 余项，获得“全国技术能手”“全国青年岗位能手”等荣誉称号 10 余项。

就业环境和毕业质量再上台阶。引进航空工业、中国航发、民航企业等上百家优质企业到校招聘，毕业生就业率达到 96%，年均超过 50% 的毕业生就业进入航空、军工和国防类单位。

狠抓管理强绩效　深化改革提效能

张合振，杨明凯，文晓霞，李洁

近年来，随着职业教育的高质量发展，国家和四川省“双高计划”建设及职业教育本科入规工作的大力推进，高职院校在师资队伍建设等人员经费、教学科研设备购置、基本建设等方面的刚性支出大幅度增加，在当前财政资金收入基本稳定的情况下，高职院校普遍出现了教育经费不足、收支失衡等问题。鉴于此，学校积极提升自主造血能力，全面深化预算绩效管理改革，努力向资源投入与结果输出要效能，切实激发了内生活力，有力保障了学校可持续高质量发展。

一、主要做法

（一）深化预算管理改革，提升预算执行成效

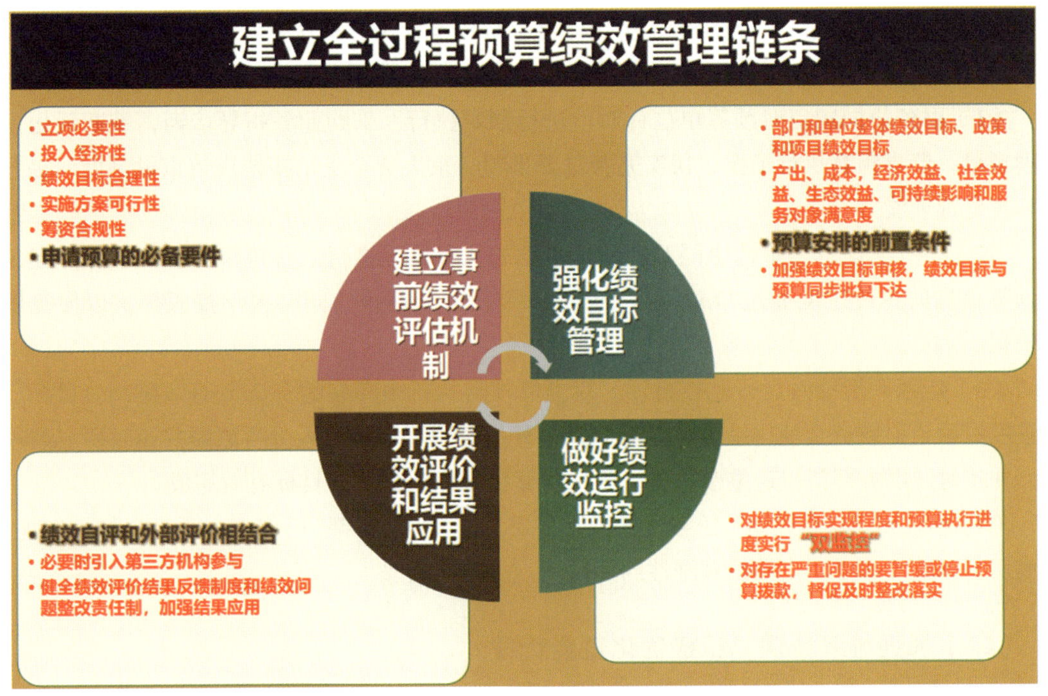

图 1　全过程预算绩效管理链条

1. 加强支出规划管理，改进预算项目储备

按照“无预算、无支出”的预算管理要求，各二级单位（部门）根据学校事业发展规划和本单位（部门）工作目标于 8 月份及时向学校提交三年支出规划项目库，同时报送次年度预算项目清单，并对次年度采购预算项目认真开展市场需求调研（特别是参数及价格），尽可能精准申报预算金额，提前做好支出规划与当年预算的有效衔接。

2. 加强项目事前论证，提升预算编制质量

财务部门对申报的预算项目汇总建库后，及时协同各业务归口管理部门进行事前绩效评估及绩效目标审核。对预算项目设立的充分必要性、投入经济性、绩效目标科学性、实施方案可行性、资金筹措合规性、预算安排合理性等进行客观、公正的评估；对于专业技术性较强的项目，必要时组织相关行业领域的专家或第三方机构独立开展预算事前绩效评估。在与预算申请单位逐项分析、充分磋商的基础上，根据需要与可行的原则提出分项目预算建议数，确保预算项目与年度工作目标相对应，并做到指向明确、细化量化、合理可行。

3. 加强预算执行监控，大力提升预算绩效

学校高度重视“双高计划”预算绩效管理工作，由主要校领导牵头成立工作专班，财务、国资、审计、业务归口管理部门及各预算执行单位全力协同，建立了全过程预算绩效管理链条，对监控对象的绩效目标完成情况、预算执行情况、项目组织实施、资金规范管理等情况及时进行动态跟踪、公开通报、纠偏纠错、优化完善，学校预算执行率及绩效目标的实施成效得到全面提升。

（1）财务协同国资对预算单位针对性进行预算执行、采购业务指导培训，不断强化预算管理规范，严肃预算执行纪律，切实完善重要事项、重大资金支出集体决策审批制度，提升了预算规范管理能力。

（2）财务、国资、审计协同对各预算单位的执行情况进行联合监督检查，从 6 月起，对各预算单位的执行进度通过 OA 系统及时进行全校公开通报，同时报学校领导，以便提供决策依据。

（3）定期开展绩效运行监控自评。对预算项目执行中存在的资金使用偏离绩效目标、执行进度滞后、财政资金使用绩效欠佳等问题，督促各预算单位深入分析原因并及时研究改进措施，并按时向财务部门报送整改报告，确保预算执行和项目绩效目标有效完成。

（4）学校将“双高计划”任务预算执行结果与二级单位（部门）考核、干部考核切实挂钩，形成切实有效的内生动力和预算刚性约束力。

（二）加强统筹协调，积极优化资金管理

一是认真研究上级政策，协同发展规划、基建、科技等部门积极加强与主管部门的沟通，

努力把握政策机遇；二是积极探索政企行校深化合作引资模式，积极谋划教育教学收入拓展渠道；三是协同创新创业学院、科技部门对已到期的创新创业项目及科研项目结余资金进行全面清理，将结余资金全部用于新项目的培育，减少了资金沉淀、提高了使用效益；四是积极探索开展基于专业分类的生均培养成本核算工作，为学校后续二级单位生均拨款调整、成本管理深化改革做好准备。

（三）积极引入内控咨询，规范财务管理体系

为有效加强内控建设，学校引入了第三方咨询机构，对学校财务制度体系设计、资金使用及审批规程、预算编制及绩效管理等进行了全面优化。一是健全完善了财务相关制度，2023 年上半年修（制）定了学校《预算与决算管理办法》《预算绩效管理办法》《专项资金管理办法》《差旅费管理办法》《预算经费使用及审批管理办法》等；二是对预算编制及事前评审、预算执行监督、财务报销、绩效考核、收支管理等环节规程进行优化，有效提升了财务风险防控能力。

（四）开展财经纪律专项整治，全面强化资金使用监督

定期开展财经纪律专项整治自查，对各单位（部门）在预算编制、预算执行、资产管理、采购管理、资金使用等方面存在的问题，按照“以查促改、立查立改、以查促管”的原则，积极落实专项整改工作，全面加强了学校财务规范管理工作。

（五）加强“外培内升”，提升财务人员能力素养

一是创新开展多形式学习，通过专项内部培训、制度修订集中研究、专项政策解读、个人说岗等多种方式将党风廉政建设、专项资金管理、预算绩效管理、法规政策解读、业务交流等内容进行融合，并融入学习之中，增强了财务人员的政治意识、规矩意识和业务能力；二是积极外派财务人员参加培训交流，2023 年上半年来先后派出 11 人次参加“双高计划”顺利实施高级研修班、四川省教育会计学会川西南分会、教育厅财务人员培训等，切实提高了财务人员在精准把控政策、专业技能、规范管理资金等方面的综合素养。

二、成果成效

（一）预算管理得以全面优化，资金使用效能明显提升

通过加强支出规划管理、改进预算项目储备管理、加强项目事前论证审核、加强预算执行监控等预算管理链条的全过程深化改革，学校财务与国资、审计、业务归口管理部门、各预算执行单位的协同工作能力得到了有效加强，预算执行得到了及时监控，绩效目标完成情况实现了动态跟踪，专项资金的综合管理得到有效规范，资金使用管理成效得到了全面提升。

（二）增收活力得以激发，收支结构有效优化

学校激励各单位（部门）充分利用校内外资源，积极主动参与市场竞争，努力提高科研、技术服务、培训等的创收能力，尽力拓展学校教育经费来源。在确保人员及基本运行经费的同时，积极优化教育经费支出结构，努力把有限的资金用到学科建设、师资培养及职业教育本科办学条件达标建设方面，通过深化管理改革，采取节支有效措施，提高了资金使用效益。

（三）业财得以有效融合，财务治理能力全面提升

通过梳理财务业务流程，优化业务程序，不断加强业务与财务部门之间的协同配合、深度联动，使学校业财得以有效融合，财务人员能更多地了解"双高计划"业务实质，及时跟踪业务开展，时刻为业务提供财力保障和财务指导，为"双高计划"建设科学决策提供有效的数据支撑，使业务风险得到有效把控，学校资源配置更科学、高效，综合管理能力进一步提升，财务治理能力全面提升。

践行“三个走向”，提升“四项能力”，充分发挥档案工作赋能学校高质量发展优势

曾友州，张寒露

成都航院深入贯彻落实习近平总书记关于档案工作“走向依法管理、走向开放、走向现代化”的指示精神，紧紧围绕学校中心工作与高质量发展目标，切实提升档案工作执行力、资源建设力、服务影响力、治理核心力。近年来，学校档案管理体制机制和制度体系得到进一步完善，档案资源不断充实丰富，档案管理加快数字化转型，档案存史资政育人作用发挥明显，构建起档案工作服务于学校高质量发展的新格局。

一、主要做法

（一）践行依法治档理念，提升档案工作执行力

学校充分运用法治思维，不断完善档案管理体制机制，确保档案行政职能落实到位。坚持以依法管理为坐标点，夯实档案基层基础，确保依法管档和依法治档不缺位、不失位、不空位。

一是组织体系有保障。学校设立校史档案馆，档案工作构建起党委主管，各二级单位（部门）分管领导和单位档案员分工负责，涵盖全校的档案管理网络。同时坚持定期开展集中或专项培训，进行上门服务，为档案保存、分类、整理等相关工作提供指导，进一步提升单位（部门）档案管理员的专业化能力水平。

二是日常工作有支撑。学校每年将档案工作经费纳入年度预算，纳入各单位（部门）职责和年度目标考核，将档案数字资源建设和校史工作纳入学校“十四五”规划，加大对档案工作的保障力度。

三是制度体系健全完善。坚持与时俱进，根据发展状况和实际需要，修订印发了《成都航空职业技术学院档案管理办法（修订）》《成都航空职业技术学院档案实体分类法》《成都航空职业技术学院档案工作岗位职责》等规章制度，对各单位（部门）文件材料归档范围和保管期限表进行了整理修订，基本形成了较为规范的制度体系，做到有章可循，依规办事。

（二）践行以用促建理念，提升档案资源建设力

学校坚持以利用为导向，不断加强档案资源体系建设，履行好档案保管利用职能，全面提高档案管理水平和服务能力，推动档案馆成为优质资源库。

一是科学整合学校档案资源，加强档案的收集和征集工作。建立了党群、行政、教学、科研、外事、仪器设备、实物等13个门类的档案，同时在保证传统载体、门类的档案征收基础之上，适时修改扩大归档范围，逐步实现了纸质和电子档案“双套制”归档，推动实现电子文件“应归尽归”、电子档案“应收尽收”，构建量质并举的数字档案资源库，既确保传统档案应建尽建，又注意延伸到新领域、新载体。

二是进一步加大重大事项和特色档案的收集力度。进一步加强声像照片档案、实物档案、校史档案等特色档案资源，加大包括重要会议、重要活动、重要项目、重特大事件等档案的收集力度。及时介入档案材料的形成、收集等环节，认真做好第四次党代会、疫情防控重大事项档案的归集工作，加强“国家级高技能人才培训基地”等重点建设项目档案工作监督指导和专项验收，为项目建设、运行维护和长效管理提供重要支撑。从内容和载体上丰富了馆藏档案，确保重要档案资料完整安全。

三是采取普遍性要求和个性化督办相结合的方式进行档案收集。除每年定期开展年度归档工作外，还通过即时归档、专项征集等工作，进一步保证档案的系统性和完整性，进一步丰富馆藏。通过开展档案宣传、专题培训和个性督办，档案归档率逐步提升，声像档案和电子档案数量增加明显，建立起声像档案资源库。

（三）践行开放创新理念，提升档案服务影响力

学校坚持开放为先、服务为本，奋力推进档案资源开发利用新格局，开拓档案事业发展新气象。

一是全力服务于学校重点和中心工作。校史档案馆紧贴围绕中心服务大局需求，坚持政治引领，把档案工作置身于学校改革发展稳定大局中谋划推动，做到中心工作部署到哪里，档案资源体系就建设到哪里、档案服务就延伸到哪里。推动将档案工作纳入学校“十四五”发展规划，推进档案工作与中心工作同频共振。及时跟进学校重大工作，在“双高计划”“国家优质高职院校”“中共成都航院第四次代表大会”等学校重点和中心工作中，在材料撰写、项目申报、佐证提供、宣传教育等方面发挥了重要作用。

二是创建档案特色文化品牌。校史档案馆加强管理、创新形式、丰富内容、拓展途径，加强档案文化资源开发，将档案文化建设融入校园文化建设中，构建起特色档案文化服务体系。丰富编研成果，完成了“年鉴”“大事记”“管理制度汇编”“校友回忆录”等一系列编研成果，不断总结凝练学校历史发展成果。策划精品展览，结合中国共产党成立100周年、国际档案日等重要节点，举办了“庆祝中国共产党成立100周年‘回首来时路、筑梦新征程’成都航院党建工作图片展”“回顾奋斗路·眺望新征程——历次党员（代表）大会专题展”等多个展览，以档案视角生动展现党的重大成就和历史经验。拓宽宣传平台，打造“成航记忆”微信公众号、在校报上开辟“成航档案”专栏，讲述成航故事，传承成航精神。

三是充分发挥校史育人功能。校史档案馆切实做好档案宣传思想阵地建设和管理，利用好校史陈列室和各类临展，充分挖掘档案史料背后蕴藏的成航精神和成航文化，把“死档案”变

为“活档案”，把“故纸堆”变为“思想库”，把“对外宣”变成“对内育”，使档案和校史成为“大思政”育人格局的重要组成部分。精心策划组织了“《档案法》知识竞赛”“‘青春有你，校史同行’校史文创作品竞赛”“校史校情知识竞赛”“‘游园忆校史　展望新时代’校史游园”等多个活动。走进“青马工程”和二级学院开展校史讲座，联通“第一课堂”“第二课堂”和网络课堂，引领和教育青少年坚定立项信念、厚植家国情怀，充分发挥校史育人功能。

（四）践行现代化理念，提升档案治理核心力

数据作为新的生产要素加速融入经济社会发展各环节。服务中心大局，必须全力推进数字赋能档案工作。学校坚持以现代化管理为落脚点，以“存量数字化、增量电子化、利用网络化、管理智能化”为思路，加速推进档案数字化赋能档案信息化、档案信息化助力档案工作现代化，不断提升档案工作服务中心大局的能力水平。

一是积极推进档案服务利用便利化。将档案移交、档案利用等业务流程上网，开通学籍档案远程服务，实行审批“不见面”、办事“零跑腿”、服务“零距离”的远程查档模式，确保档案利用服务的“高效率”和“不断档”，实现档案利用量的扩大和质的提升。

二是推动档案数字化工程。启动档案数字化工程，持续推进存量档案数字化、增量档案电子化，建成档案文件级目录数据库和声像档案数据库，有效保护档案原件，提升档案利用水平和效率。启动数字档案馆建设，推动档案生命周期业务流程的信息化和标准化。

二、成果成效

一是学校档案管理和制度体系得到进一步完善。构建起了党委领导的，以综合档案室为主，基建档案分室、财会档案分室、人事档案分室和学生档案分室 4 个分室为辅的管理架构，各二级单位（部门）设立分管领导和档案员，档案管理网络覆盖全校。建立了以《成都航空职业技术学院档案管理办法》为核心的档案制度体系，为学校档案工作标准化、规范化管理奠定了坚实的制度基础。

二是档案资源和载体进一步丰富。通过开展档案宣传、专题培训和业务指导，师生员工的档案意识得到增强，档案管理人员的业务能力和档案归档率逐步提升，声像档案、电子档案和实物档案数量增加明显。

三是档案服务能力和宣传影响力得到进一步提升。随着档案数据库的建立，及档案移交和利用流程上网，档案查全率和查准率得到极大提升。通过档案文化宣传，突出展现了学校教育事业的新变化、新面貌、新气象、新成就，激发了广大师生员工爱党爱校学史的热情。学校相继获得四川省高等学校档案协会“档案文化建设先进单位”称号和“服务抗疫大局典型案例三等奖”。

Chapter Eight

第八章 提升信息化水平

提升数字化转型能力，构建教育治理新体系

王津，周俊，陈婉如

成都航院聚焦内在数字化转型能力提升，助推教育治理体系和治理能力现代化，基于《教育信息化2.0行动计划》《职业院校数字校园规范》等文件精神，按“找准差距补齐短板”的思路，在组织制度、基础条件、数据管理、应用创新和数字教学五个方面积极提升学校自身内在的数字化转型能力，通过建立健全工作机制，合能创新服务优化供给模式，协同治理体系发挥管理效能，再造内控流程提升治理水平，改革教学模式提升教学质量，有效推进了学校数字校园升级改造，全校师生信息化素养得以显著提升，提升了学校决策科学化、管理精细化和服务个性化水平，在推动学校治理体系现代化的进程中迈出了坚实的一步。

一、主要做法

（一）加强统筹协调，建立健全组织保障体系

成都航院加强信息化工作组织领导，建立上下协同、专兼结合、统筹协调的运行机制，提升学校信息化建设组织保障能力，形成全员参与、一体化、多层级的信息化工作组织保障体系。

1. 加强信息化工作组织领导

成立成都航空职业技术学院网络安全和信息化领导小组，加强对网络安全和信息化工作的统一领导和统筹协调，落实网络安全和信息化工作主体责任，明确各二级单位（部门）职责，确定单位负责人为本单位信息化建设第一责任人，全面保障学校数字校园建设工作顺利开展。

2. 强化主管部门牵引能力

发挥信息化建设与管理处统筹协调职能，推行“校园产品经理”模式，各专职信息化管理人员与二级单位（部门）签订服务“合同”，搭建与各单位联络沟通的桥梁，主动谋划二级单位信息化建设工作，不断消除“信息孤岛”、优化再造业务流程，推进单位数字化转型升级。

3. 建立协同推进工作机制

制定信息化联络员管理制度，设置各二级单位（部门）信息化联络员，明确其工作职责，

要求深入参与单位网络安全、业务交流、应用推广、系统建设等工作，落实数据管理职责，确保部门业务系统数据源头的准确性和更新及时性，形成与信息化建设与管理处协同推进、共同参与的工作机制，不断提升学校信息化建设水平。

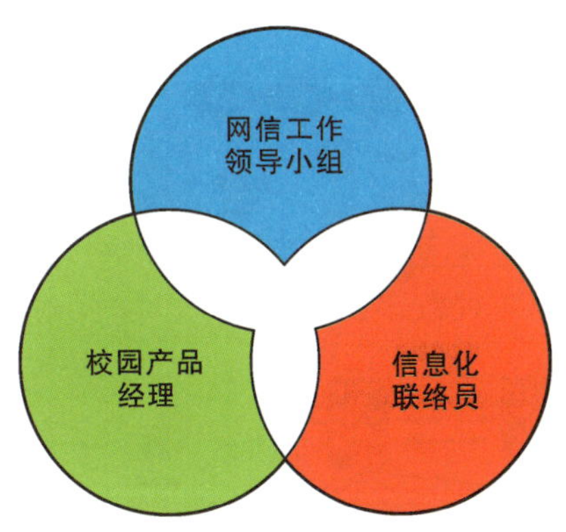

图 1　信息化工作组织保障体系

（二）优化供给模式，夯实信息化基础支撑能力

成都航院优化信息化建设与服务供给模式，与投资方、运营商、服务商合作，赋能推进基础网络设施建设和基础支撑平台建设，实现了学校信息化基础支撑能力质的飞跃。

1. BOT 模式赋能网络基础设施升级改造

联合投资方、运营商实施全校网络基础设施改造，实现多网络架构融合，学校主要区域、Wi-Fi、5G 信号实现高质量全覆盖。引入投资公司投入资金 1200 万元用于网络基础设施建设，校园网络出口带宽提升至 20.8G，部署 3300 多个无线 AP 点位实现校园无线网络全覆盖；引入三大运营商进行共同运营，形成了有线网、无线网、电信网、教育网多网融合管理模式；投资方安排驻场技术人员负责学校网络日常运维服务。基础网络三方合能建设与运营模式，不仅让学校基础设施建设得以升级改造，而且引入多家运营商，优化供给模式，形成竞争机制，既保障了为师生服务的质量，也保障了投资方和运营商的利益，形成多方共赢局面。

2. 基础平台支撑数字校园升级改造

集中力量建设基础支撑平台，完成中台基座搭建，在支撑能力得到提升的同时，不断丰富完善上层应用、服务，形成一条数字校园建设的高效路径。投入少量资金引入软件厂商建设学校的数据中台、业务中台、身份中台、物联中台和支付中台，建成共享服务中台底座，全面支撑学校数据管理能力、应用开发能力和集成开放能力提升，形成了规范的信息标准、认证标准和接口标准；依据学校各单位信息化服务需求，引入不同的软件服务商和信息化建设与管理处共同基于中台构建个性化应用服务，基于统一接入规范融合第三方系统。产品商、服务商与学校合能建设与运维模式，不仅“花小钱办大事”，还形成了一套建设标准、规范，保障信息化服务质量持续提升。

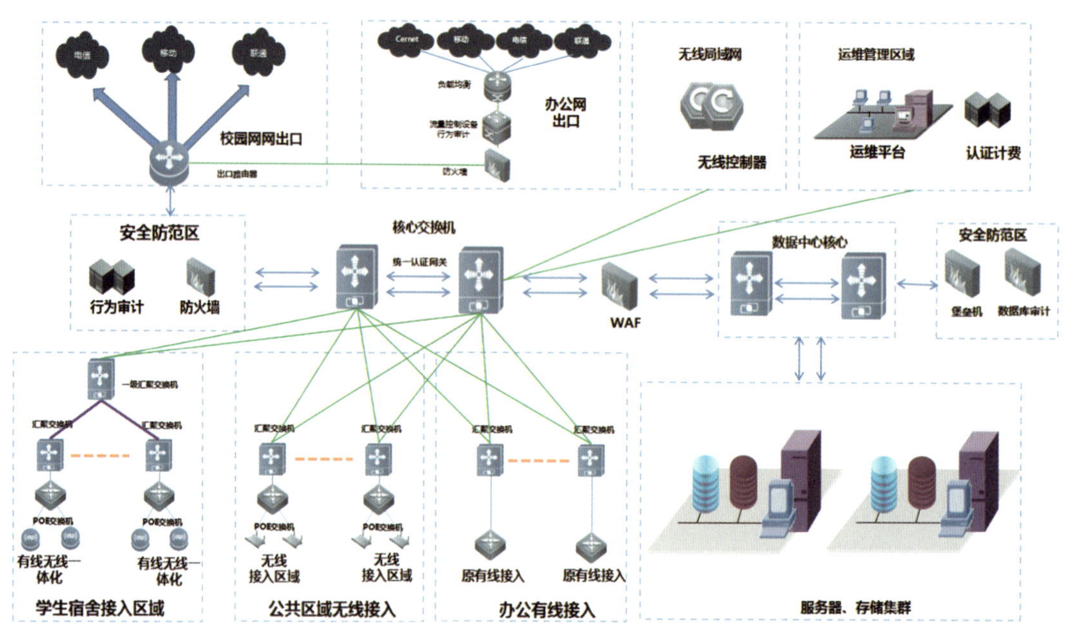

图 2　网络基础设施拓扑图

管理流程化　教学信息化　内涵标准化　评价过程化　决策智能化　体系数字化

领导空间　部门空间　院系空间　专业空间　教师空间　学生空间

融合服务门户

职业院校内部质量保证系统运行与诊改平台

组织管理　目标链管理　标准链管理　指标管理　目标设置　质量生成　质量画像　监测预警　督导评价　诊断改进　诊改报告

一网通办	管理中心	教学中心	决策中心	集成中心
党政办、组织部、宣传部、教务处、学生处、人事处、财务处……	党建思政管理、教务综合管理、学工综合管理、人事综合管理……	教学资源制作、教学资源管理、课堂教学服务、在线教学服务……	数据综合查询、校情统计分析、数据画像对比、数据监测预警……	一卡通平台、健康校园平台、平安校园平台、绿色校园平台……

共享服务中台底座

数据中台	应用中台	身份中台	支付中台	物联中台
数据标准管控　数据融合集成　数据质量治理　数据安全管控	业务服务开发　数据服务开发　应用集成管理　服务开放管理	统一账号管理　统一身份认证　统一认证审计　统一人脸库…	校园码管理　商户管理　自动对账　支付安全	智能应用　设备互联　设备安全　设备管理

基础设施设备

人脸门禁、教学设备、照明、配电、视频监控、水控、应急报警、校园广播、停车场

分布式云数据中心设施	分布式云管理平台	数据中心机房环境建设
基础网络（5G网络\WIFI6\有线网络）	物联网络（NB-IOT\LORA\ZigBee）	监控网络（VLAN\PTC/IP\光纤网络）

信息安全体系　运维服务体系

图 3　基于共享服务中台支撑的数字校园架构

（三）推进协同治理，提升数据管理效能

1. 组织、制度、流程与技术协同治理

转变数据管理组织模式，构建了一套组织、制度、流程与技术协同治理的数据管理体系。在健全数据管理组织的同时，推行数据治理、数据照管、信息标准等规范和制度，严格执行数据全生命周期管控流程，通过数据中台加强数据安全管控和数据应用敏捷开发，全面提升学校的数据管理能力。

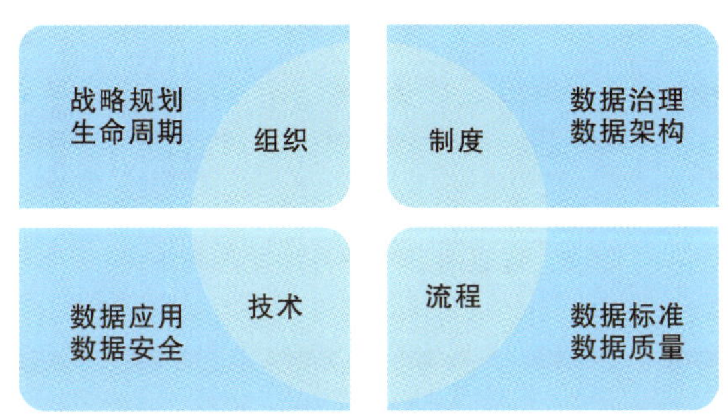

图 4　组织、制度、流程与技术协同的数据管理体系

2. 需求、指标、标准与业务协同治理

以问题为导向，构建了从需求、指标、标准到业务的自上而下的协同治理模式。首先梳理学校各层级负责人的顶层管控需求，形成教学运行、专业建设、教师发展、学生成长、财务管控等多条决策路径，溯源监控指标和评价模型所需数据，聚焦数据缺失、数据低质量问题，优化校本信息标准和数据架构，最后通过敏捷应用开发补充应用短板，实现了从决策需求到应用响应的精准闭环。

（四）搭建服务平台，赋能内控治理能力提升

1. 构建统一应用开发平台，敏捷响应个性化需求

建设 OA 和一网通办系统，基于设计即开发的理念，实现应用服务从设计、构建、调试、部署、运行到运维的全生命周期管理。通过系统低代码开发能力，快速响应构建网上办事服务、优化办事流程、提升管理和服务质量，使学校获得更低成本、更高质量、更快交付的内控流程再造能力。

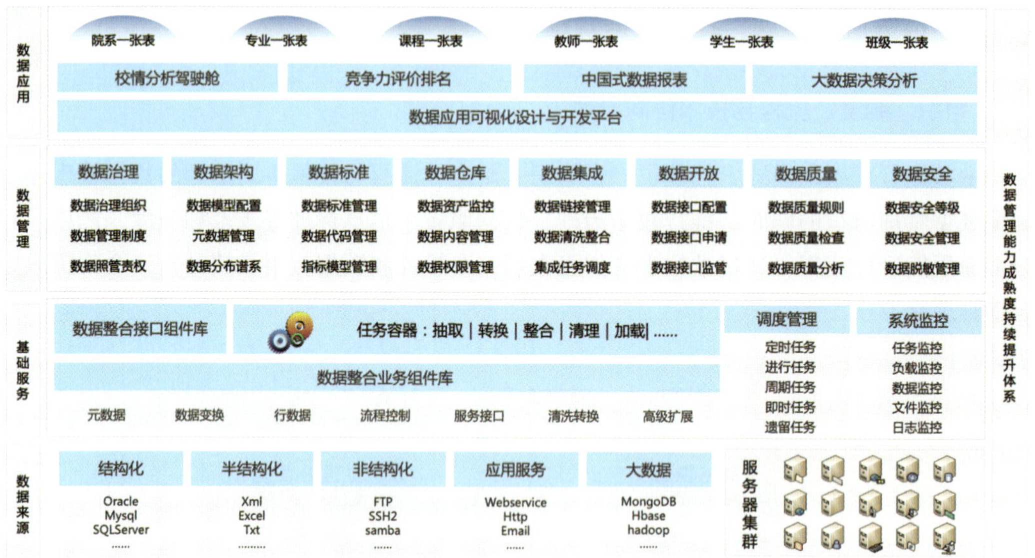

图 5　数据治理与业务治理协同平台

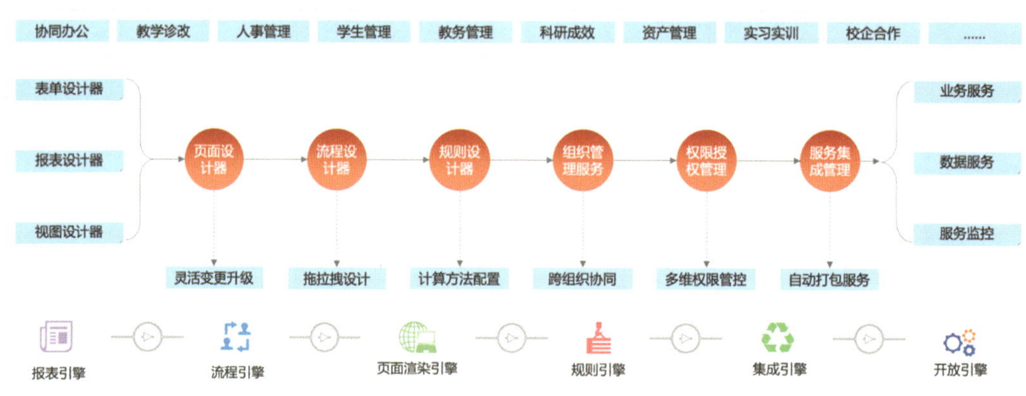

图 6　统一应用开发平台架构

2. 构建一网通办服务门户，实现内控治理流程化

识别学校人、财、物、事多场景内控管理需求，精简归并不同层级、部门的同类事项，利用统一应用开发平台按需敏捷构建应用服务，推动内控治理流程服务全程网上受理、网上办理和网上反馈，实现“一号申请、一网通办”，让“数据多跑路、师生少跑腿”。

（五）构建智慧大脑，助力教育教学评价改革

以数据的“采、管、用”为目标，以全量数据中心建设和数据中台服务为依托，推进数据治理体系建设，提升智慧校园数据服务能力，依托校情分析与辅助决策中心，开展科学决策与质量诊改，为学校提供全面、高效、精准的数据支撑和决策支持。

图 7　一网通办服务门户

1．建设大数据中台，推进校园数据治理

通过立标准、建中台、管数据，实施数据治理工程。建立成航校本数据标准体系，制定代码标准表 768 张，落实“一数一源”，明确数据照管责任，调研梳理各部门与师生相关业务的数据责任，完成了 31 个重要业务系统的数据整合和数据清洗。搭建数据中台，建成了数据共享开放平台，接口数量达 170 个，实现了 21 个业务部门数据的动态汇聚和实时更新，目前已采集 3 万余条数据，实现了教学、科研、资产、财务、人事、学生数据融合交换共享。

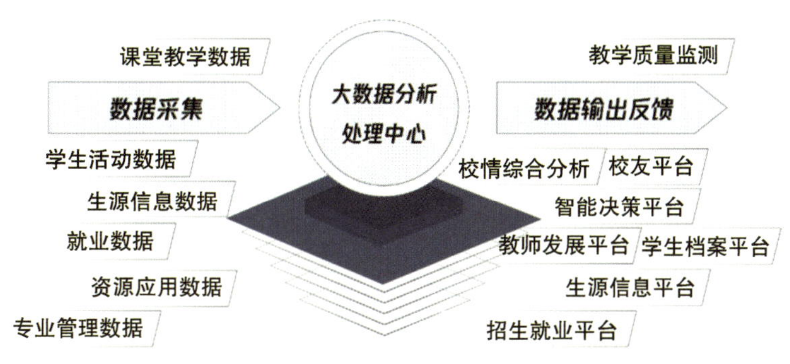

图 8　大数据分析处理中心——成航智慧大脑

2．建设智慧决策中心，助力教育教学诊断改进

通过设主题、建模型、拟画像，开展校情分析，助力科学决策与质量诊改。依托校情综合分析与辅助决策中心，进行大数据综合建模与分析，根据质量监测点和评价指标，构建办学条件、教学运行、专业建设、教师发展、学生成长、科研成效、财务状态等多个主题模型和学校、

专业、课程、教师、学生五个诊改画像，辅助科学决策、精细化管理和质量诊改，促进教育管理服务和教育治理水平的提升。

二、成果成效

成都航院结合实际办学特点和发展模式，探索出一条适合自身发展的数字化转型途径，教育治理体系基本建成，在提升学校管理能力和现代化治理水平上取得了一定成效，得到了上级领导的肯定和兄弟院校的广泛认可。

（一）信息化合能创新机制初步形成

学校按照多方共赢的原则整合资源和优化运行机制，改善了基础条件并实现固定资产增值，通过合能创新机制推动了从“重项目建设”到“重服务创新”的转变，建设激励机制引导全员参与信息化建设，打造了一支积极进取、专兼结合的信息化建设与服务队伍，解决了学校信息化建设人才紧缺的难题。

（二）创新打造内需驱动的建设模式

通过提升学校自身组织制度、基础条件、数据管理、应用创新和数字教学五个方面的数字化转型能力，师生信息化应用意识显著增强，数字化应用场景持续增长，以内需驱动的数字校园建设模式基本形成。2021 年 11 月学校被遴选为四川省教育评价改革试点高校，2023 年 5 月学校被遴选为全国第一批职业院校数字校园建设试点校，2019—2022 年连续四年获评为全国优秀易班共建高校。

（三）数字化治理水平显著提升

通过聚焦顶层决策和数据应用需求，探究数据规范性、完整性短板，实施数据呈现与分析能力提升工程，形成了需求治理、数据治理、流程治理和应用治理的闭环模式，确保信息化应用建设有的放矢，大幅度提高了学校决策和管理的精准化、科学化水平，目前已经完成 200 多个内控流程服务和 100 多个数据决策看板的建设。

（四）智慧校园建设成效广受认可

2020 年 5 月，时任四川省委常委、宣传部部长甘霖到校指导工作，充分肯定了学校在数字教育教学、疫情防控措施、开学复课准备等方面的工作实效。近三年空军通信士官学校、四川水利职业技术学院、四川护理职业学院、雅安职业技术学院等兄弟院校相继来校交流数字校园建设、数字化转型方面的经验与教训，建设成效得到广泛认可和推广应用。

夯实优质资源建设，紧扣教学模式改革，信息化赋能高素质技术技能人才培养

王津，周俊，罗影

成都航院贯彻落实《国家职业教育改革实施方案》《职业教育提质培优行动计划（2020—2023年）》，积极响应国家数字化转型战略，以“人才培养质量”为核心，积极开展实施“互联网+教育”，推动信息技术与教育教学深度融合，扎实推进优质课程资源建设、虚拟仿真基地建设，打造泛在网上学习空间，开展线上线下混合模式教学，利用现代信息技术推动人才培养模式改革，推进优质教育资源共建共享，提高育人质量，培养具有国际竞争力的高素质技术技能人才。

一、主要做法

（一）建立健全工作机制，大力推进优质资源建设

1. 建立健全资源开发机制，扩大优质资源供给

围绕现代职业教育课程内涵建设，落实新一代信息技术与职业教育教学融合发展要求，定期组织数字化资源建设、在线精品课建设与应用、专业教学资源库建设、新形态教材建设等专题培训，大力推进优质数字教育资源建设。以专业教学资源库和在线精品课程建设为抓手，梯队培育国家级、省级、校级精品课程；基于专业教学需求与岗位能力培训要求，推动专业教学资源库改革与建设工作，积极推动专业教学资源库更新、应用、推广工作，形成了“边建边用、共建共享、动态更新”的资源库建设机制，全校专业教学资源库实现30余个专业全覆盖。落实国家智慧教育平台试点工作，持续供给优质数字资源，加强推广宣传，不断扩大资源覆盖面和使用率。

图1　精品课程梯队培养机制

2. 加强统筹协调，完善云教学技术支持服务体系

加强在线教学的组织保障，明确教学单位、管理职能部门、技术支持部门的职责，健全技术支持队伍，不断提升服务保障能力。加强相关单位统筹协调合作，教务处制定在线教学管理规范和在线精品课程建设标准，负责课程教学质量监控；教师发展中心建成信息化课程资源制作与研发中心和信息化课程录播中心，建设从课程设计、制作到使用的资源管理平台，开展课程录播、制作服务，助推优质资源高质量建设；信息化处建设部署了在线教学平台，并持续开展在线教学的技术支持服务，保障线上教学顺利进行。

图 2　慕课教室录制

（二）实施虚拟仿真工程，构建实践教学新模式

聚焦航空装备智能制造与维修育训融合过程中的“三高三难”问题，利用虚拟仿真具有的沉浸感、交互性、构想性三大特征，对接产业转型升级需求，积极推进虚拟仿真实训资源和基地建设，以虚助实、虚实结合，助力人才培养落地见效。

1. 打造航空特色鲜明的虚拟仿真实训基地

以实带虚大力加强航空装备虚拟仿真实训教学场所建设。依托现有空客、波音、无人机等虚拟现实资源条件，充分发挥虚拟现实 + 技术能力，助力航空装备智能制造与维修虚拟现实资源体系构建，丰富航空装备智能制造与维修虚拟仿真资源，新建无人机模拟飞行实训室、直升机虚拟维修仿真实训室等 10 个虚拟仿真实训中心，打造集教学、实训、对外服务等功能的基地。

2. 成体系开发虚拟仿真实训教学资源

以虚助实精心构建航空装备虚拟仿真实训专业课程体系。聚焦航空装备智能制造与维修产业，采用最新的虚拟现实资源创作技术，根据航空装备智能制造与维修专业以及岗位特点，引入企业真实工作场景，按照真实工作流程以及专业课程思政的原则要求来设计实训内容，制作成生动有趣、浅显易懂、主题鲜明的虚拟仿真实训作品。新建航空智能制造、航空维修、无人

机应用相关虚拟仿真资源 47 项，满足不断增加的专业实践教学需求和社会服务需求。

图 3　航空装备智能制造与维修虚拟仿真实训项目架构

飞机厨房灯拆装测试仿真实训

《飞机厨房灯拆装测试操作与指示实验》采用世界领先的虚拟现实技术，以逼真的三维场景和...

飞机大气数据计算机部件拆装仿真...

《飞机大气数据计算机部件拆装测试操作与指示实验》是全新一代的B737-300飞机虚拟仿真实...

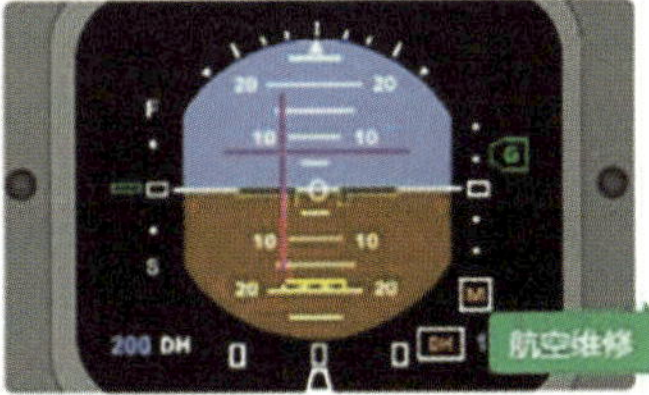

飞机飞行指引系统操作仿真实训

《A320飞行指引系统操作与指示实验》是A320飞机虚拟仿真实训虚拟仿真教学软件，采用世...

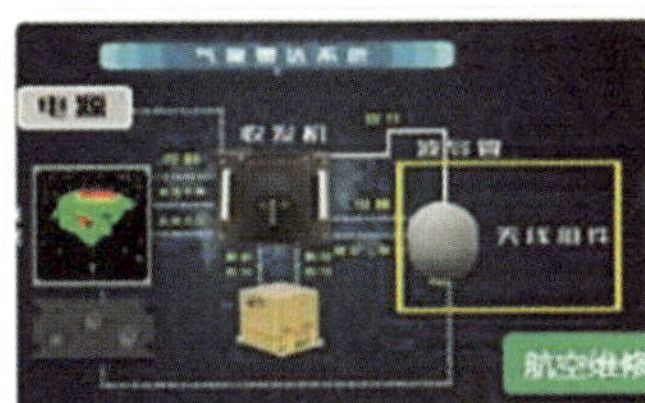

飞机气象雷达系统操作仿真实训

《飞机气象雷达系统操作与指示实验》是A320飞机虚拟仿真实训虚拟仿真教学软件，软件设计...

航空结构件智能制造单元认识实训

智能制造作为制造业发展的必然趋势，本项目通过基础知识认知、布局规划、负载平衡、智能...

前机身装配及双机器人铆接仿真实训

以逼真的三维场景和三维虚拟装备，营造出身临其境般的教学与实训体验，通过前机身壁板组...

图 4　虚拟仿真实训资源

3. 搭建沉浸式的虚拟仿真实训教学平台

建设实训教学共享平台，提供远程访问、在线学习和互动交流等实训教学服务。围绕信息化教学的真实需求，运用计算机网络技术、数据存储技术、快速数据处理技术等，构建安全可靠的虚拟仿真教学管理云平台，实现教学管理、项目发布、过程监控、成绩记录等功能，满足当下“泛在化”“碎片化”的学习和使用需求，面向全体师生真正做到“管起来”和“用起来”。

图 5　虚拟仿真实训教学云平台

（三）打造网上学习空间，推动教育教学模式变革

1. 打造泛在网上学习空间

顺应“互联网 + 职业教育”网上教学的信息化教学需求，联合企业和行业协会共同开发优质数字化课程教学资源，持续更新专业、课程和素材层面教学资源，依托国家智慧教育平台、智慧职教资源库、各大慕课平台等，打造专业教学资源库、在线精品课程、慕课等开放共享的网上学习空间，充分发挥网络学习空间作为数字教育资源共建共享主渠道的作用，营造时时可学、处处能学、人人皆学的学习氛围。

2. 开展线上线下混合式教学

以学习者为中心，结合线上和线下教学优势，设计最优的教学内容和课程结构，满足学习者的学习需求。建设部署智慧职教云平台，提供资源管理空间、教学设计空间、教学互动空间、课堂互动空间、题库与组卷系统、作业系统、考试系统、教师个人空间、学生空间等，支持功能完备的 SPOC 在线教学服务，实现课前预习、课中互动、课后作业、线上考试和主题讨论等功能，为校内师生提供 O2O 教学和课堂移动端学习服务，推动开展线上线下混合式教学。

图 6　智慧职教慕课网上学习空间

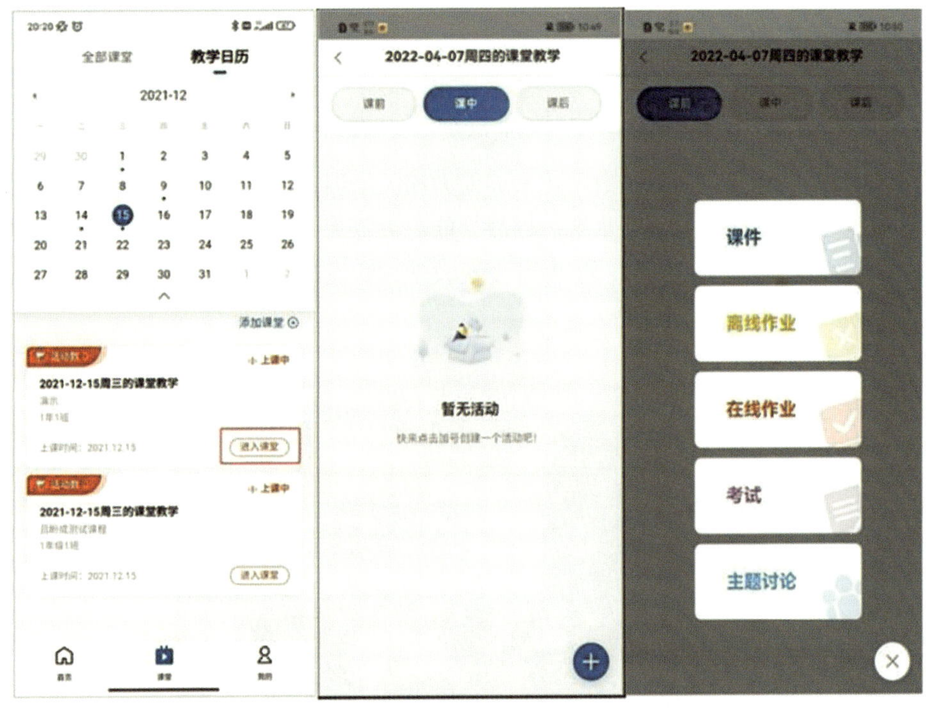

图 7　职教云手机端界面

3. 构建多元评价体系

建立基于在线学习平台的多元评价体系，利用信息化手段跟踪教与学的全过程，推动开展基于知识能力、学习能力、分析能力等的多元学生评价，评价过程贯穿课前、课中、课后，更加客观、全面、真实地反映学习者的学习情况，并通过平台及时将评价结果反馈给学习者，有效提高教学效果和教学质量。

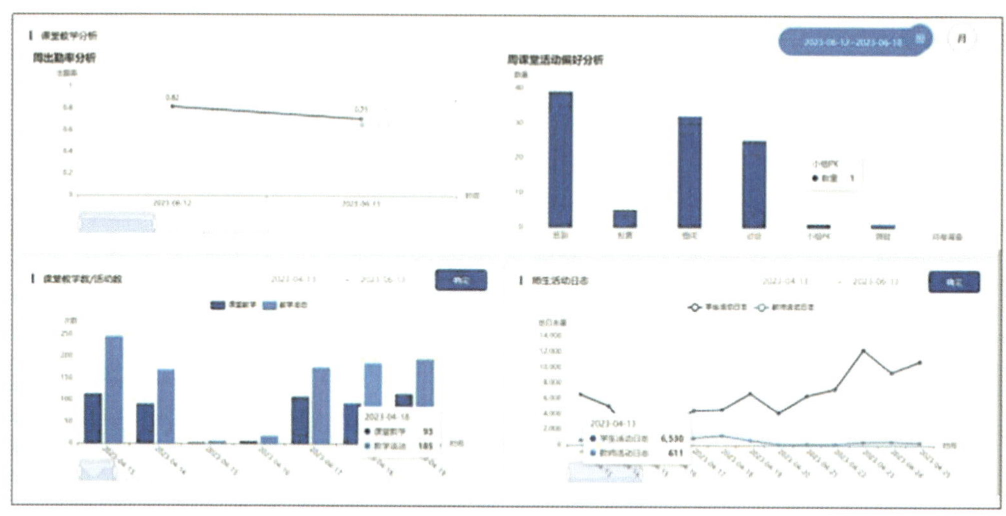

图 8　职教云课题教学分析

（四）开展信息技术培训，助力教师教学能力提升

依托教师发展中心，定期组织数字化素养能力相关培训，进一步提升教师资源设计开发、平台应用、教学模式创新等的能力水平。以教学能力大赛为牵引，以赛促建、以赛促教、以赛促学，从智能教具使用、课件制作、资源开发、教学方法设计等方面进行指导，全面提升教师的信息化教学水平和育人效果。

图 9　在线教学平台操作培训

二、成果成效

（一）扩大优质资源供给，促进优质资源广泛共享

建成模具设计与制造和飞机机电设备维修 2 个国家级专业教学资源库，认定职业教育国家在线精品课程 5 门、省级 20 门，国家级课程思政示范课 2 门，省级创新创业示范课 3 门。持续向国家智慧教育平台推送优质资源，现有专业教学资源库资源 206 项、在线精品课程资源 53 项、视频公开课资源 4 项、教师能力提升中心资源 1 项、教材资源 16 项，面向社会服务达 10.9 万余人次。

图 10　模具设计与制造专业教学资源库

（二）虚拟仿真赋能数字时代技术技能人才培养

2021 年航空装备智能制造与维修基地入选教育部职业教育示范性虚拟仿真实训基地培育项目，新能源汽车智造数字化虚拟仿真实训基地入选四川省第二批职业教育示范性虚拟仿真实训基地建设名单，获评四川省 2022 年职业教育示范性虚拟仿真实训项目 2 项。2022 年学校航空虚拟仿真实训教学项目先后代表四川省智慧教育成功案例参展中国国际智能产业博览会四川馆“智慧教育”板块和四川省产教融合博览会，四川省委教育工委书记李建勤，省委教育工委副书记、教育厅党组成员张澜涛参观成都航院展区，并对成都航院产教融合、校企合作等办学成果给予了肯定。

（三）师生参赛斩获佳绩

教师参加教师教学能力大赛，获国家级三等奖 2 项，获省赛一等奖 7 项；参加四川省高校思政课“精彩一课”比赛，获特等奖 2 项；获高校就业创业指导金课 3 项。学生参加各类技能竞赛，获国家级一等奖 5 项、二等奖 11 项，省赛一等奖 27 项；学生参加中国“互联网 +”大学生创新创业大赛，获国家级铜奖 2 项、省级金奖 3 项。

Chapter Nine

第九章 提升国际化水平

聚焦非洲，整合多方资源，彰显中国职教国际影响力

杨湘伶

共建“一带一路”是习近平主席提出的一项重大国际合作倡议，是推动构建人类命运共同体的重要实践平台。当前，非洲是参与“一带一路”合作最重要的方向之一，中非职业教育合作是“一带一路”职业教育合作的重要内容，具有现实必要性和深远历史意义。

成都航院积极服务于“一带一路”建设和国际产能合作，坚持“共育非洲技术技能人才、助力非洲工业化发展”的宗旨，聚焦人才培养、技术互通、民心相通，多模式、多举措、多维度构建中非职业教育合作的新特点与新内涵，受到加蓬、塞内加尔、坦桑尼亚等多国政府主管部门与合作院校的认可，获得了官方媒体报道称赞，为“一带一路”职业教育国际合作提供了重要参考与示范。

一、主要做法

（一）校企协同，共商共建“加蓬鲁班工坊”

1. 顶层规划，执行有力

应加蓬总理府就业、公职、劳动和职业培训部邀请，受中航国际推荐，我校与中航国际成套设备有限公司（简称：中航国际）、加蓬恩考克国际职业教育和培训中心（简称：恩考克教培中心）确立了平等互利、长期稳定、共建共享的战略合作关系，搭建起“校企校”顶层合作模式，建立了“高层沟通、中层对接、基层落实”三层贯通的工作机制，明确了三方职责边界，形成了上传下达、前线与后方紧密协调的联动工作保障体系。

2. 深入调研，办学有序。

三方团队对加蓬产业结构、职教环境以及恩考克教培中心办学现状进行深刻调研，确立了项目建设的“三阶计划”：第一阶段针对加蓬急需产业领域实施师资培训、专业建设，耕耘本土化人才培育沃土；第二阶段实施辅助运营管理，构建学校治理体系与技术服务体制机制，孕育办学内生动力；第三阶段适时建成“加蓬鲁班工坊”，拓展合作内容，提升育人质量，形成中非职业教育高质量发展的典范，科学谋划了项目初创建设与战略发展的方向。2023 年 1 月，成航一行 5 人远赴加蓬，与中航国际、恩考克教培中心签署了“加蓬鲁班工坊”三方共建协议，合力探索建成具有加蓬特色和杰出育人成效的鲁班工坊。

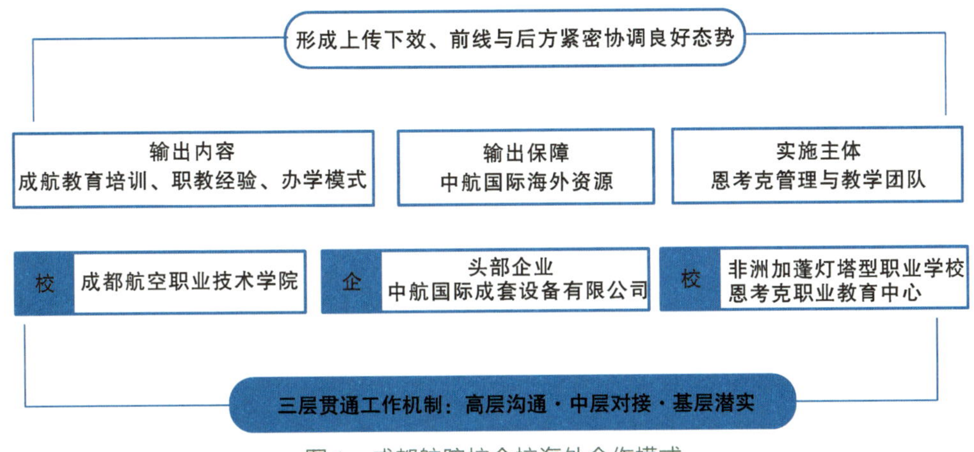

图 1　成都航院校企校海外合作模式

3. 因地制宜，精准有度

三方立足于恩考克教培中心办学现状，以问题为导向，梳理出组织架构、核心能力、专业建设三大发展需求，形成一体化建设服务方案。在具体工作执行中，三方协同共进、不断磨合，将尊重差异、和而不同的工作理念贯穿项目始终，并遵循“凡事依逻辑而行，循章法而动”的工作思路。

（二）育人为本，一体构建“加蓬鲁班工坊”模式

“加蓬鲁班工坊”是在当地新建的一所院校。非方院校急需的不仅是丰富的教学资源与先进的专业建设，还包括高质量的办学治理体系和能力。由此，学校与中航国际、加蓬恩考克教培中心共商共创，明确构建师资培训、办学治理、专业建设的一体化建设服务模式，纵深全面地推进中国职教范式在非的应用。

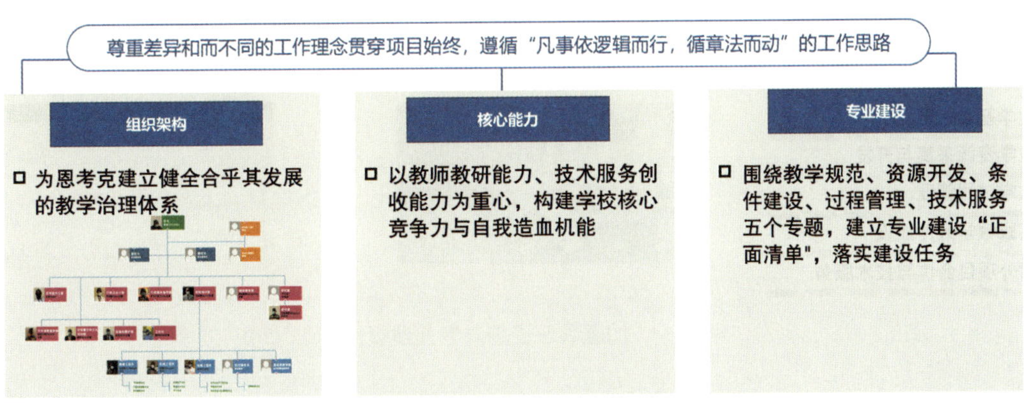

图 2　恩考克教培中心发展需求

1. 立足师资，做优培训

在师资培训方面，学校坚持以优质优先原则，聚焦机械加工、焊接工程、电气与电子工程、汽车维修、航空服务五个专业开设知识技能、实训操作培训课程，按因地制宜的原则，围绕教师团队课程教研能力、技术服务创收能力两项核心能力建设，构建“教学法 + 职业技能”的培训内容。截至目前，已派出 6 名骨干教师，克服困难，在加蓬实地培训恩考克教培中心教师 29 名，海外培训量超 5400 人次。

2. 协同治理，辅助运营

在办学治理方面，学校先后派出 6 名中层管理干部赴加蓬协助恩考克教培中心办学治理，梳理明确各职能部门协同关系、岗位职责，共同编制《加蓬利伯维尔职业技术学校[1]运营方案》，围绕学校运营目标体系、运营内容体系、运营管理体系、运营保障体系、运营评价体系、运营实施六个方面的内容明确辅助运营的主体功能定位、业务体系架构、拟实施的事务性工作举措及拟达成的阶段性目标任务，协助恩考克教培中心建立完善的学校治理体系，完善新生入学后勤保障条件，实现新生入学“吃好第一顿饭、上好第一堂课”。

3. 专业引领，标准共建

一是共同制定专业建设内容。专业建设涵盖教学基本规范、教学资源采集与开发、实践教学条件建设、教学过程管理、对外项目合作与技术服务五大内容，为专业建设提供了指引与方向。二是联合建设实训室。三方联合建立教学运行管控规制，完善优化实训场地布局，策划“实训基地开放日”活动，主动推介恩考克教培中心先进的教学设备和学生的优越学习条件，树立首届新生专业技术学习和未来职业发展信心。三是联合开发教学标准与教学资源。学校派出的教师是教学资源建设的重要桥梁，将前方的建设情况与需求及时反馈给国内教研团队，再联络驻地企业专家与加蓬教师进行修订。现已按加蓬方认可的标准范式完成包括“机械加工”等 3 个专业的教学标准输出和“机械制图”等 10 门课程标准的输出。

图 3 “加蓬鲁班工坊”专业建设内容

1 恩考克教培中心旧称。

（三）立足优势，高质量支撑重点项目

1. 院校结对，深度融合

成都航院深入参与教育部“未来非洲——中非职业教育合作计划”，作为中非职业教育联合会发起单位之一，积极承担执行秘书处工作，同时与非洲塞内加尔圣路易理工学院结对，实施电气自动化专业人才联合培养项目。一是突出优势资源，共建与服务结合。学校发挥在机械、电子类“国家示范”“国家双高计划”专业优势，聚焦标准打造，将课程标准共建与输出教育服务结合起来，与圣路易理工学院联合开发《机械工程材料》等课程标准，并开展国际职业教育认证标准的研究与对接。二是强调共育要素，技能与人文结合。围绕“中文 + 技能 + 证书”三位一体人才培养目标，定制塞内加尔国际班人才培养方案和专业教学标准，以“1+2+1”的模式中塞联合培养国际化电气工程师技术技能人才，促进中塞青年人文交流互动。三是重视能力建设，理念与方法结合。为圣路易理工学院开展管理人员和骨干教师专题培训，将教育理念与方法结合起来，以互动研讨、案例分享的形式，凝聚职业教育共识。

2. 标准导向、质量为要

职业标准输出是职业教育国际化的新内容与新挑战。成都航院依据坦桑尼亚行业岗位职业需求，组织国家职业标准编制专家和国际化专家成立标准编制专班，认真研究坦方职业标准框架与编制规范，确立以坦方产业需求为导向、融合中国职业教育经验的职业能力标准开发与修订思路，高标准完成了坦桑尼亚“航空电子维修工程技术员职业标准 6 级”“汽车工程技术员职业标准 6 级”的国家标准修订和配套人才培养方案的开发。上述两项标准已通过坦桑尼亚国家职教委审核，正式纳入坦桑尼亚国家职业教育体系。

二、成果成效

（一）授人以渔，“加蓬鲁班工坊”生根结果

经过近四年的建设，依托三方协作，学校一体化援助实现了恩考克教培中心于 2021 年 4 月开门办学，务实合作推动了 2021 年 12 月成都航院加蓬分校正式落成。2022 年 8 月，首批鲁班工坊建设运营项目成功获批，持续发力促成了 2023 年 1 月校企校三方签署“加蓬鲁班工坊”深化共建协议。同时还形成了系列对外输出物化成果，包括航空服务、信息技术应用人才培养方案 2 份，客舱服务、信息图形设计等专业课程教材 16 种，机械加工、电子电工、汽车维修专业标准 3 个，机械制图等课程标准 10 门，以及教学和管理文件 40 余份。“加蓬鲁班工坊”将成为加蓬技术技能人才的培育沃土，支撑加蓬的国家战略——新兴加蓬。

（二）民心认可，共识与影响力持续提升

通过“加蓬鲁班工坊”共建三方的精诚合作，工坊得到了加蓬政府的高度认可，加蓬总统阿里·邦戈·翁丁巴、时任总理露丝·奥苏卡·拉邦达、外长穆贝莱等多位加方领导和两任中国驻加蓬大使均亲临项目考察，加蓬职教部长会见成航代表团并听取“加蓬鲁班工坊”建设汇报，加蓬国家电视台多次做专题报道。“未来非洲”计划中塞电气工程师人才联合培养，实现了教育资源的跨区域流动，提升了中非院校师资能力建设和互信互认，促进了中塞人文交流和民心相通，得到了赛尔加尔驻中国大使馆的高度关注，该项目也成功入围“未来非洲——中非职业教育合作特色项目”全国首批20强。在坦桑尼亚国家职业标准的修订和配套专业标准的开发中，成都航院展现出的专业能力以及对行业与职业教育的深刻认识，受到坦桑尼亚技术与职业教育委员会的认可与赞许，中新网（四川）以“成都航空职业技术学院：独立修订坦桑尼亚国家职业标准获得认证”为题作专题报道，中非日报、非洲时报等多家非洲媒体相继转载报道，学校的国际影响力持续提升，学校海外辐射进一步增强。

强化中塞技能人才培育　提升中塞职教合作水平

曾圣洁

为全面践行中非合作论坛框架下职业教育领域交流与合作精神，积极促进与非洲国家的国际合作与交流，学校作为全国首批“中非应用型人才联合培养项目”试点院校与隶属塞内加尔著名公立院校加斯顿·伯杰大学的圣路易理工学院联合培养技能人才。该项目由中国教育国际交流协会、非洲技术与应用型大学和学院协会牵头发起，主要针对非洲各国基础建设和工业化起步阶段对人力资源的需求，聚焦机械、电子电气等急需专业领域，输出中国产业标准为基础的职业技能，扩大就业、推动目的国经济社会发展。目前，学校与塞方院校围绕“人才共育、资源共享”的整体目标采用“1+2+1”办学模式（图 1）联合培养电气自动化专业国际化技术技能人才，留学生第一年在塞内加尔学习，主要开设通识课程和基础课程；第二年和第三年在中国学习，第二年主要开设专业基础课程、专业核心课程（英文授课）和中文基础课程，第三年主要开设专业核心课（英文授课）和中文基础课程，修满学分者获得学校专科学历毕业证书；第四年在塞内加尔学习，主要开设学位课程和毕业设计（论文），完成者获得塞方学士学位证书。此外，中塞双方在师资培训、资源建设等领域开展深入沟通与务实合作，推动双方在教育领域的互学互鉴，全面提升中塞职业教育合作水平。

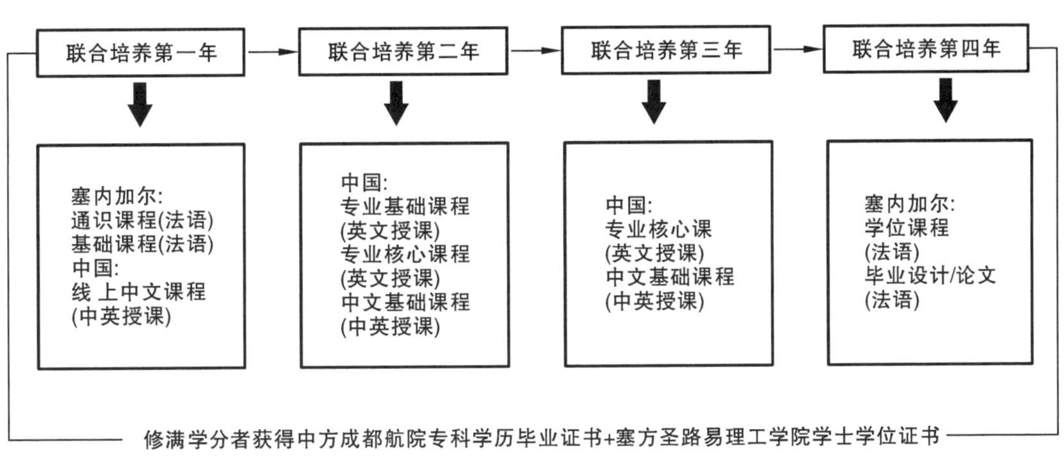

图 1　中塞人才联合培养项目“1+2+1”办学模式

一、主要做法

（一）顶层设计与统筹协调发展

稳步实施教育部《推进共建“一带一路”教育行动》文件，将推动中非职业教育作为首要任务。围绕“未来非洲——中非职业教育合作计划”深入了解非洲教育现状，明确新时代背景下以“实事求是”为基本出发点开展中非教育合作与交流的可行性和必要性，“三步式”渐进实施“走向非洲”到“扎根非洲”到“中非合作”的教育交流模式。

结合塞内加尔高等教育发展历程与经济社会发展情况，组建国际化双语师资团队因地制宜地提供优质职教服务；紧密围绕塞内加尔制造业发展潜势培养国际化电气工程师技术技能人才；聚焦电气自动化专业开展国际职业教育认证标准的研究与对接，打造适合塞方院校的机电类专业共享资源库，促进教育服务输出。通过共建“一带一路”教育行动，以中非应用型人才联合培养项目为切入口开展包括留学生学历教育、师生短期培训以及联合科研等在内的普适性教育国际合作与交流，深化中塞职教合作，以知识共享、人才共育为目的推进中塞两校国际合作动态化、多元化发展。

（二）人才培养与人文教育融通

落实“中非职业教育合作计划”整体目标，与塞方院校签署合作协议，共商共建中塞人才联合培养项目，统筹教学组织与实施，深化教学方式方法改革。2022 年，中塞两校层层选拔并顺利招收 15 名塞内加尔优秀留学生。通过深入了解塞内加尔圣路易理工学院的办学层次、专业设置、人才培养需求以及学生就业导向，为项目内留学生专门制定中法双语版本的《“中非应用型人才联合培养项目”人才培养方案》（图 2）和《“中非应用型人才联合培养项目”电气自动化专业教学标准》，新建包括“单片机技术”“电气与 PLC 控制技术”“传感器与检测技术”等在内的 14 门全英文专业课程，其中包括“装配钳工实训”“数控设备操作”“数控设备操作与编程”等实训课程，培养学生扎实的电气自动化技术知识和专业技术技能，进一步增强塞方留学生毕业后在本地制造业市场的竞争能力。与此同时，为了使学生具有电气控制系统的综合设计和应用能力，结合学校现有的优势与特色开设航空特色鲜明的“空气动力学基础及飞行原理”“航空概论”等专业拓展课程，将航空服务“一带一路”元素融入教学。

开设“初级汉语综合”“初级汉语读写”“初级汉语听说”3 门对外汉语公共基础课程，在提升学生双语沟通能力的基础上传播中华优秀传统文化，加强中非人文交流互鉴。为培养学生良好的工作素质，给项目内留学生提供参加社团活动、校园文体活动、科技创新活动等多样化平台，进一步展示校园文化，丰富课余生活。作为中非职业教育联合会执行秘书处，2023 年学校在中国教育国际交流协会的大力支持下承办首届“未来非洲计划青年营”（成都站），精心设计职教工坊、主题讲座、文化沙龙等活动，让来自深圳职业技术大学和四川建筑职业技术学院在内的 52 名非洲学生在巴蜀特色活动和小组任务中深度体验中华传统文化的魅力，为中非职业教育注入青春活力。

CH

成都航空职业技术学院教学基本规范
Spécifications fondamentales en matière d'enseignement pour l'Institut Polytechnique Aéronautique de Chengdu (IPAC)

CDHY/C-PYFA- 460302-2022

电气自动化技术专业

Spécialité de technologie d'automatisation électrique

2022 级专业人才培养方案

(塞内加尔留学生)

Programme de formation de talents de la promotion 2022 (Étudiants internationaux du Sénégal)

2022-09-01 发布
Publié le 1er septembre 2022
2022-10-01 实施
A appliquer le 1er octobre 2022

成都航空职业技术学院 教务处

Bureau des Affaires académiques de l'Institut Polytechnique Aéronautique de Chengdu (IPAC)

图 2　中塞人才联合培养方案中法双语版

（三）对非师资培训与师资队伍建设并重

为夯实与塞内加尔圣路易理工学院在应用技术及职业教育领域的合作，学校进一步探索多模态、深广度的线上对非教师研修培训模式。2022 年 3 月，在中国教育国际交流协会组织下，学校承办首期非洲职业院校管理人员和骨干教师“一对一”专题培训，吸引 30 名圣路易理工学院骨干教师报名参加。结合非方院校师资培训需求，师资培训内容主要聚焦机电类专业，围绕国际校企合作、产教融合、人才培养、课程建设等主题，以专题讲座、互动研讨、案例分享、场景教学展示等形式开展，促进师资能力提升。在培训中，为进一步生动展示电气自动化中工业机器人在教学、企业、行业中的具体应用，通过云直播方式让非洲合作院校教师身临其境感受中国职业院校实操教学现场。此外，通过云录播的形式带领非洲教师云参观学校校园和学校多个校企合作实训基地，展示学校优质硬件教学条件，加深非洲合作院校对现代中国职业教育的理解与认识，增强双方合作的信心。截至目前，圣路易理工学院教师已受邀参加 2 期非洲职业院校管理人员和骨干教师专题培训，培训量达 250 人天。

基于非盟《2063 年议程》，积极推进中非职教项目，聚焦电气自动化专业，打造学校双语专业教师团队，通过外引内培储备 20 名双语教师，含博士 3 人、硕士 15 人、学士 2 人，“双师型”教师占比 85%。2020 年，学校引入“中澳国际化双语双师建设项目”，对标国际职业教育师资标准，以全英文教学分模块、分单元组织培训，提升学员课程设计、教材研发、课堂授课、情景教学、能力评价和英语教学的综合能力，包括教学设计模块、能力评价模块、教学实践模块和教学评价模块。通过培训，不仅为中塞人才联合培养项目双语教师团队注入新鲜力量，也让项目内教师能更加系统化、科学性地评估塞内加尔留学生的学习能力、应用能力和职业能力，并在此基础上针对性开展全英文教学工作，在评估中不断创新教学思路、优化教学结构、强化教学能力，真正做到教师队伍国际化。

二、经验总结

（一）立足政策完善反馈机制

明确与非洲国家教育合作中“政策沟通”的引领作用，充分理解援助正确方向，对非洲合作项目实施可行性、合作国别具体发展情况进行充分评估，专门成立项目管理团队和教学管理团队，对项目推进情况、教师教学情况以及学生学习情况展开追踪、管控、调整、优化。建立中长期动态监测机制，保障并推进项目内多元主体和国际教育市场的联动能力。

（二）拓展输出对非教育资源

立足“一带一路”倡议，从塞内加尔经济发展所需的技术型人才需求出发，整合学校优质教育教学资源，将国际化人才实际所需的专业技能培训、跨文化交际能力等纳入对非教育教学，参与开发“机械工程材料”国际课程标准，推动高质量、有特色、国际化的机电类专业课程标准体系建设，提升课程建设国际化水平。2023 年 7 月，中国教育国际交流协会公布“未来非洲——中非职业教育合作特色项目”入围和培育院校名单，学校“中非应用型人才联合培养项目”成功入围全国 20 强。

（三）促进联动教育发展模式

在“双高计划”建设背景下，学校以专业群建设为载体，以中塞电气工程师联合培养项目为抓手，开发专业课程标准，并在师资能力培训、技能等级证书研发等方面与塞内加尔开展联动合作，建立包括解决方案、专业技能、智库建设、语言资源等在内的资源共享，实现中国技术与塞方需求有效对接，促进教育资源的跨区域流动，通过降本增效推动国际教育的交流与合作，提升中国职业教育国际化办学水平，助推中国职业教育“走出去”。

服务中国航空装备走出去，“一带一路”倡议助力非洲国家职业教育发展

周树强，郭庆丰，蔡江

作为国家对职业教育国际化办学的基本要求，服务航空装备制造专业群精准对接航空装备“走出去”，成都航院联手航空头部企业中航国际，顺利通过国家项目标准审核与认定，学校“加蓬鲁班工坊”成为全国首批鲁班工坊运营项目。成都航院是全国首批25所获批鲁班工坊运营项目的院校之一，且为西南地区唯一入选高校。成都航院积极开展共建“一带一路”国家职业教育与技能培训，提升共建国家师资队伍水平。与塞内加尔圣路易理工学院合作办学，中非共育高技术技能人才。积极参与“未来非洲”计划，参与制定中非国际技能等级标准。

一、主要做法

（一）联手中航国际，共建“加蓬鲁班工坊”

签署战略合作协议助力非洲工业化进程。学校2019年与中航国际签署战略合作协议，合作开展国际职业教育研究和职业技能培训。

逆流而上为非洲带来中国职业方案，共同创造非洲职业美好未来。专业群团队为非洲加蓬恩考克教培中心编制了人才培养方案、培训大纲和培训教材，派出12名骨干教师赴加蓬实施为期三个月的海外师资培训和辅助运营管理。在此过程中，成都航院制定了一系列计划：第一阶段对加蓬师资进行职业教育和技术技能培训，实现本土化人才培养，帮助将非洲人口优势转化为人口红利；第二阶段对恩考克教培中心学校实施辅助运营管理，形成范式，可复制推广。

校企校三方协同，共建“加蓬鲁班工坊”。“加蓬鲁班工坊”位于成都航空职业技术学院加蓬分校（恩考克教培中心），采用成都航院、中航国际、恩考克教培中心“校企校”国际产教融合运营模式。2020年至今，成都航院共派出12名骨干教师和中层干部赴加蓬利伯维尔，对标《鲁班工坊建设规程》，针对恩考克教培中心所需，开展职教师资培训、教学资源开发与辅助运营管理服务等建设培育工作，先后开发人才培养方案、课程标准和管理文件50余份，培训加蓬教师30余名，海外培训量超4500人次，并建立起恩考克自身的办学组织架构、教学教育、科研创新机制。

（二）积极开展“一带一路”培训，提升共建国家师资队伍水平

成都航院连续 5 年承接商务部“援外”项目，为共建“一带一路”国家政府官员和技术人员开展职业教育和技术技能培训。2022 年，专业群教师为马来西亚、印度尼西亚师生举办多场“‘一带一路’中文 + 职业技能系列培训讲座”。

成都航院自 2015 年首度实施商务部“援外”项目到 2021 年成立成都航空职业技术学院加蓬分校以来，始终秉持面向全球、开放共融的办学理念，注重并加强与共建“一带一路”国家的国际教育交流合作与中非文明互鉴，精准助力非洲国家职业教育发展。结合学校办学资源对接优势产业资源、协同中资企业开展职业教育境外合作办学、对接非洲加蓬发展需求提供优质职教产品与服务，为学校“加蓬鲁班工坊”建设奠定了坚实基础。与此同时，学校作为全国首批 14 所“中非应用型联合人才培养项目”试点院校之一、首批坦桑尼亚国家岗位职业标准开发项目中方立项单位以及中非职业教育联合会发起单位，还将持续开展更大范围、更广领域、更高层次的对非互利合作，助力培养非洲经济社会发展需要的青年技术技能人才。

（三）与圣路易理工学院合作办学，中非共育技术技能人才

2021 年，成都航院作为全国首批 14 所“中非应用型人才联合培养项目”试点院校之一，与非洲塞内加尔圣路易理工学院合作开展基于电气自动化专业的“1+2+1”模式人才联合培养，中非共育技术技能人才。“成都航院 - 塞内加尔圣路易理工学院中非应用型人才联合培养项目”以实际行动诠释着中非合作论坛和中非友好合作精神。

（四）“未来非洲”中非职教标准制定，中非共育技术技能人才

2022 年成都航院作为全国首批 14 所“中非应用型人才联合培养项目”试点院校之一，与宁波职业技术学院、无锡职业技术学院共同开发电工、钳工标准制定，中非共育技术技能人才。

二、成果成效

（一）校企联手，服务共建“一带一路”，建立首批鲁班工坊

校企联手向非洲提供中国智慧与中国方案，帮助非洲青年掌握以通用产业标准为基础的职业技能，扩大就业，推动非洲国家经济社会发展，落实“投资于人、援助于人、惠及于人”。

通过对共建“一带一路”国家的培训，为学员教学、管理、科研和生产提供了切实可行的范例和经验，形成了良好的国际辐射和影响。外派非洲加蓬的郭庆丰老师在中国教育电视台“提质培优增值赋能典型案例”网站发布，进一步拓展专业国际影响。

（二）输出中国标准，共育技能人才

成都航院以中外合作办学为依托，与非洲职业教育相关国家密切合作，搭建了职业教育领域深层次、多形式、实质性合作平台，服务“一带一路”建设的能力不断提升，使师资队伍国际化水平显著提高，国际化技术技能人才素质显著提升。通过中非技能标准制定，使标准输出，展现中国职教世界水平。

多渠道多形式多样化，助力非洲国家职业技能提升

郭庆丰，周树强，蔡江

为服务国际产能合作，服务职业教育国际交流发展，培养适应非洲当地经济社会需要的技术技能人才。通过对非洲国家开展技术技能培训、联合培养学生、输出专业和职业标准、提供优质课程资源等，提升非洲国家师资队伍技能水平，培养非洲领军技术人才，助力非洲国家职业教育发展。

一、主要做法

（一）积极开展技术技能培训、联合培养非洲学生和提供优质课程资源

积极举办面向非洲国家的职业教学培训班和讲座班，提升非洲国家师资队伍技能水平。此系列讲座现已成功举办十多场，将持续开展，逐步构建“中文＋职业技能”国际交流与分享的有效窗口，推进我校与共建“一带一路”国家高等院校深化理解、密切交往，为未来孕育更多国际合作与交流的机会。

与非洲塞内加尔圣路易理工学院合作开展基于电气自动化专业的“1+2+1”模式本科人才联合培养项目，为塞内加尔国家产业发展培养高质量应用型、创新型的技能人才。“中非应用型人才联合培养项目”是由教育部国际合作与交流司指导、中国教育国际交流协会（CEAIE）和非洲技术与应用型大学和学院协会（CAPA）牵头组织的项目。我校为四川省两所入选学校之一，由制造学院与国际教育学院联合承接、共同推动部署，旨在为塞内加尔国家产业发展培养高质量应用型、创新型的技能人才，同时这也是推动中非两校教育国际合作与交流、进一步提升学校职业教育国际传播力和影响力的有效尝试。参与此项目的学生由塞方层层选拔，这些学生是中非友好关系源远流长的见证，让中非友好合作精神代代相传、发扬光大。

持续为加蓬恩考克教培中心的电子电工专业、汽车维修专业和机械加工专业提供我校的专业标准和课程资源，注入新的能量和动力。学校在与中航国际签署战略合作协议的基础上，又签署了科特迪瓦（汽车维修专业、土木工程专业）和加蓬（航空服务专业、信息技术应用专业、焊接技术专业、电子电工专业、机械加工专业）海外培训合作协议。学校为非洲加蓬利伯维尔职业培训学校 5 个专业编制人才培养方案、培训大纲和培训教材，派出 8 名骨干教师赴加蓬实施为期三个月的海外职业教育和技能培训。

针对恩考克教培中心所需，开展职教师资培训、教学资源开发与辅助运营管理服务等建设

培育工作，先后开发了人才培养方案、课程标准和管理文件50余份，培训加蓬教师30余名，并建立起恩考克自身的办学组织架构、教学教育、科研创新机制。成都航院“加蓬鲁班工坊”的建设目标在于：经过3年左右时间建设，通过探索国际化的产教融合、校企合作方式，为海外中国企业培养国际化的技术技能人才，培养当地企业急需的职业技术人才，助推加蓬及次地区的经济多元化进程，助推加蓬2025国家战略愿景“新兴加蓬战略计划”，同时加强中国职业教育与外国职业教育之间的交流与合作，向世界输出中国职业教育标准。

（二）引进国际优质资源、参与国际标准制定，打造高水平的国际化教学团队

打铁还需自身硬，因此也要提高学校教师的国际化水平。为加大海外研修及国际资格培训力度，打造“双语双师双能”国际化师资团队，学校组织开展教师专业发展系列培训，选拔30名教师参加由全国航空工业职业教育教学指导委员会组织的“德国智能制造专业课程体系及设计”线上讲座；选拔30名中青年骨干教师参与中国教育国际交流协会组织的“中澳国际化双语双师建设项目”和“中德双元制精英师资提升项目”，历时8个月参培人员均获得相应国际资格证书，通过点面结合整体提升师资队伍的国际化水平。

引入北美资深授课专家团队，围绕专业环境中英语教学适用的教学法理论、专业英语课程设计、课堂组织及教师发展等内容进行深度解析。采取全英文授课，课程形式包括专家讲座、引导师带领的分组讨论、小组作业、课堂教学实践等。项目旨在整合国际优秀教育资源，紧密结合国内高校的实际需求，提高双语教师素质和教学能力，助力复合型人才培养和双语教师队伍建设。

引进法国施耐德教学资源，提升数字化配电人才培养的需求。为深化学校办学模式和育人模式改革，借鉴法国职业教育经验和专业优势，为中国向制造强国、工业数字化转型和绿色发展提供人才与技能支撑，学校积极响应参与教育部国际合作与交流司实施的“法国施耐德电气绿色低碳融合项目”，并成功成为全国入选的38所院校之一。成航自入围以来，多次与施耐德专家沟通交流，组织项目团队前往施耐德万州工厂调研，深入了解施耐德电气绿色低碳解决方案与实施案例，最终结合学校发展需要确定了新校区绿色能源管理和智能配电实训基地的规划方案。该项目根据数字化和自动化配电系统运维的典型功能和配置方案，结合施耐德电气的成熟架构和产品，采用施耐德提供的配电系统的智能化方案，以及如何基于该系统组织相关应用场景的教学工作，学习模块从设计、建造到部署、运维的全生命周期数字化管理，其应用场景从绿色能源发电系统到智能配电系统，以期满足对智能运维和数字化配电系统人才培养的需求。

引进瑞士乔治费歇尔教学资源，提升学校智能制造创新实践基地的人才培养国际化水平。2021年，教育部国际合作与交流司发布了《关于与瑞士联邦乔治费歇尔集团公司在智能制造领域开展应用型和技术技能型人才培养合作的通知》（教外司欧〔2021〕610号），启动培育建设“教育部—瑞士GF智能制造创新实践基地”工作，以提升我国智能制造领域人才培养国际化水平，推动智能制造应用型和技术技能型人才培养模式创新。

制定“中非职业技能等级证书”电工和钳工标准，可以推动学校更多的教师参与制造、电子和通用航空等领域全球标准的制定。

二、成果成效

助力非洲项目经过四年多的积极探索和实践，对接航空装备走出去，共建海外“加蓬鲁班工坊”助力非洲，提升共建国家师资队伍技能水平，与圣路易理工学院合作办学，培养非洲领军技术人才。具体体现在如下方面：

（一）“加蓬鲁班工坊”获批全国首批鲁班工坊运营项目

2022 年在世界职业技术教育发展大会上，成都航院被授牌成为全国首批 25 所获批鲁班工坊运营项目的院校之一，且为西南地区唯一入选高校。其中电气类专业作为“加蓬鲁班工坊”主要专业，将围绕“新兴加蓬”规划培养适应当地经济社会发展需要的电气类技术技能人才，服务于中国与加蓬企业国际产能合作，服务于职业教育国际交流发展。

（二）塞内加尔项目入围“中非职业教育合作特色项目”20 强

学校与非洲塞内加尔圣路易理工学院合作实施基于电气自动化专业的“1+2+1”模式本科人才联合培养项目，已有 15 人在成航通过全英文的方式参与学习，入围“中非职业教育合作特色项目”20 强。学校为 15 名塞内学生定制的人才培养方案，不仅涵盖了本专业所需要专业技术技能，也包含了厚重的中国文化，让他们能够感受到职业教育的温度和中华民族的热情。该项目得到塞内加尔驻华大使伊玛・锡拉的高度认可。

（三）主要参与“中非职业技能等级证书”项目，提升专业国际化能力

宁波职业技术学院牵头，我校参与完成的电工和钳工证书的标准制定，经中国教育国际交流协会（CEAIE）和非洲技术与应用型大学与学院协会评审发布。该项目是在中非合作论坛框架下，针对非洲各国基础建设和工业化起步阶段对高技能人才的需求，拓展职业教育领域交流与合作的重点项目，旨在发挥中国职业教育优势与非洲人口优势，探索联合培养非洲高技能人才的可行路径。

（四）引进国际先进教学科研资源，打造创新基地

学校报送的“成都航院 -GF 加工方案智能制造技术应用创新基地”经省教育厅推荐，由教育部 - 瑞士乔治费歇尔教育合作工作领导小组办公室组织专家综合评审后入围本次培育建设单位名单，学校成为四川仅有的两所获批高职院校之一。

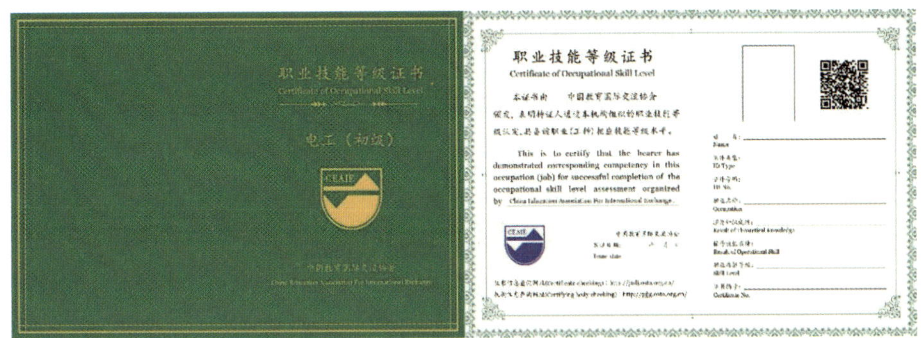

图 1　职业技能等级证书鉴定样例

（五）施耐德项目入选教育部“法国施耐德电气绿色低碳融合项目”

为深化学校电气类专业办学模式和育人模式改革，借鉴法国职业教育经验和专业优势，学校积极响应参与教育部国际合作与交流司实施的“法国施耐德电气绿色低碳融合项目”。2022年3月学校入围教育部首批38所“法国施耐德电气绿色低碳产教融合项目”建设单位。

Chapter Ten

第十章 加强党的建设

聚焦“六个过硬”“五个到位”“七个有力”，打造党建业务融合发展的“成航样本”

胡君奇，冯文英

成都航空职业技术学院党委坚持以习近平新时代中国特色社会主义思想为指导，坚定社会主义办学方向，落实立德树人根本任务，按照新时代高校党建示范创建和质量创优工作要求，扎实深入开展“示范高校”“标杆院系”“样板支部”和“双带头人”教师党支部书记工作室培育创建工作，有效推动了基层党组织全面进步、全面过硬，实现了党建工作与中心工作深度融合、同频共振。目前，学校共有省级党建工作“示范高校”1个、教育部立项的全国党建工作“样板支部”2个、省级“标杆院系”1个、省级“样板支部”2个、省级“双带头人”教师党支部书记工作室1个。

一、主要做法

成都航院以“高校党建示范创建和质量创优”工作为新时代党建突破点，坚持为党育人的初心、为国育才的立场，通过党建工作聚焦解决方向问题、价值问题、态度问题、共识问题、凝聚力问题，以实现全校思想上的统一、政治上的团结、行动上的一致，为做好各项工作提供政治保证和组织保证，让党建成为引领发展最强大的动力。围绕这一目标，学校党委紧扣“把方向、管大局、抓队伍、作决策、保落实”的根本职责，以构建党建与业务工作深入融合的机制为动力，以“双创”工作为学校党建着力点，推动党建工作和业务工作同频共振，抓住基层党组织建设根本，从而打通党建引领事业发展的根本路径。

（一）党委高度重视，切实加强领导

1. 聚焦重点，明确具体任务

按照教育部党组关于写好教育“奋进之笔”的总体部署和省委教育工作、省委教育工委高校党建重点工作要求，学校党委聚焦“六个过硬”“五个到位”“七个有力”重点任务要求，构建校内三级培育体系，稳步推进党建“双创”培育工作。学校党委把“党建示范创建和质量创优”作为学校一项长期重点工作和制度安排，列入学校年度党政工作要点。并多次专题研究党建“双创”工作，制定印发《成都航空职业技术学院党建示范创建和质量创优工作方案》，明确建设任务、条件支持、组织保障等。成立了成都航空职业技术学院党建“双创”工作领导

小组，明确工作职责，合力推进实施。

2. 加强领导，全面督促落实

校党委先后多次召开党建“双创”工作领导小组会议和研讨交流推进会，主要领导参加会议，听取学校党建“双创”工作进展情况，督促已经获批立项的项目进一步细化任务书、路线图、时间表，制定《成都航空职业技术学院党建示范创建和质量创优工作方案》。学校培育的项目创建单位深入挖掘特色亮点，丰富建设内容，创新活动方式，注重梳理提炼好做法、好经验。

（二）落实条件保障，建立长效机制

1. 强化保障，狠抓工作落实

近年来，学校持续加强基层党支部建设，凝练特色活动品牌，连续 10 年开展基层党支部特色项目立项，共投入经费 120 余万元，组织实施特色项目 40 多项，及时总结和开展优秀“支部工作法”和“党建品牌”创新案例推介活动，坚持典型引路、经验推广，打造了一批主题鲜明的党支部特色活动品牌项目，为学校开展党建“双创”工作提供基础支撑。截至目前，学校已经立项培育 3 批“标杆院系”“样板支部”和“双带头人”教师党支部书记工作室，建立一批“预备军”。经过几年的持续创建，目前学校“双创”工作形成了“全国—省级—校级”三级接续创建和培育体系。全校 8 个二级学院教师党支部书记已实现“双带头人”全覆盖，各二级学院全部建设“党员之家”活动室，加强空间共享，保证党支部的学习活动场地。

2. 落实政策，建立长效机制

学校党委严格落实《关于进一步加强全省普通高等学校党务工作者队伍建设的意见》，建立健全专职组织员工作制度，出台《成都航空职业技术学院专职组织员队伍建设与管理办法（试行）》，有效调动党务工作者的积极性和主动性。各学院加大投入力度，完善和规范基层党建硬件设施，建设党员活动室，制作党建文化墙，着力抓好党建阵地建设，营造浓厚的党建氛围。

（三）创新方法载体，坚持主动而为

1. 把握要求，加强组织建设

层层压实党建工作责任，抓好基层党组织书记抓党建述职评议考核，实现二级党组织书记和基层党支部抓党建工作述职两个全覆盖。制定《成都航空职业技术学院党支部工作考核实施办法》，将党建“双创”工作纳入各级党组织书记抓基层党建述职评议考核的重要内容。

2. 立德树人，突出课程思政

学校党委将“课程思政”和“思政课程”作为思想政治教育亮点项目，以教师党支部为课

程思政实施主体，遴选立项校级 55 门、省级 10 门和国家级 2 门课程思政教学课程，实现“一支部一项目”全覆盖，打造一批成都航院课程思政“金课”，努力实现党建和业务的有效结合、组织育人和课程育人的有机融合。

（四）发挥头雁效应，引领事业发展

1. 头雁引领，创建成果丰硕

学校各级党组织把党建“双创”工作作为重要的政治任务，上下同心、持续发力，高质量党建与事业发展深度融合。党建“双创”工作启动以来，学校人才培养质量和科技创新能力不断提升，全校 17 个二级党组织、39 多个党支部成为坚强有力的“战斗堡垒”，上千名党员成为干事创业的先进模范，汇聚成建设有国际影响的应用型职业技术院校的磅礴力量。

截至目前，汽车工程学院学生党支部顺利通过首批“全国高校党建工作样板支部”验收，并荣获省委教育工委表彰“先进基层党组织”；航空工程学院学生党支部入选第二批“全国高校党建工作样板支部”；校党委入选首批“全省党建工作示范高校”培育单位；航空工程学院党总支入选首批“全省高校党建工作标杆院系”培育单位，并荣获省委表彰“先进基层党组织”；士官管理学院第二党支部、通用航空学院教师党支部入选首批“全省高校党建工作样板支部”培育单位；民航运输学院教师党支部李欢同志工作室入选首批“全省高校‘双带头人’教师党支部书记工作室”培育单位。

图 1　成都航院党建示范创建和质量创优奖牌

2. 加强“双创”，带动学校发展

学校党委通过高质量党建“双创”工作，人才、科技、学科建设等工作均取得突破性进展，引领带动了学校事业的高质量发展。为迎接建党100周年和党的“二十大”胜利召开，系统总结工作成效，学校开展“双创”成果展示及案例征集评选活动，推广基层党组织建设典型经验，进一步扩大党建“双创”成果。

二、经验总结

（一）成果成效

校党委成为四川省首批“全省党建工作示范高校”培育单位（仅10所）。校党委将继续按照“双创”工作要求，坚持培育为基、重在创建、典型引领、整体推进，完善工作方案、培育工作品牌、总结创建经验，助推学校基层党建工作水平的提升，以高水平党建引领学校事业高质量发展。

两个全国党建“双创”样板党支部顺利通过验收。汽车工程学院学生党支部和航空维修工程学院学生党支部在建设期内，紧紧围绕“七个有力”目标任务和“四个一”建设要求，坚持统筹规划和分步实施相结合、整体提升和品牌塑造相结合、软件建设和硬件建设相结合，扎实开展创建工作，顺利验收。

学校党建“双创”培育创建工作稳步推进。学校上下对培育创建工作高度重视，责任到位，对照标准，措施扎实。目前，学校1个省级党建工作“示范高校”、1个教育部立项的全国党建工作“样板支部”、省级“标杆院系”、2个省级“样板支部”、1个省级“双带头人”教师党支部书记工作室培育创建工作正在顺利推进。

（二）经验总结

强化党建引领，促进党建与业务融合发展。学校党委对照上级要求部署安排。各基层党组织在培育和创建工作中按照任务台账挂图作战，并结合本单位实际突出学院特色、凝练党建品牌，推动党建“双创”与中心工作双向深度融合。

兼顾好规定动作和自选动作，严格落实好党建“双创”任务。对照学校“双创”工作方案中的创建目标，按照任务书和分解表推进学校党建“双创”重点任务落实落地。各单位同时结合自身创建任务和具体情况，逐一落实好本单位的各项具体任务。

做好总结凝练，不断开创学校党建工作新局面。在培育创建工作中注重立标杆、树榜样，出经验、创品牌，入选的“标杆院系”和“样板支部”发挥好“头雁效应”，带头找准着力点，发挥示范作用，带动全校总结凝练航空历史传统与精神文化，把党建优势不断转化为发展优势。

“四融八入”促党建业务生态式融合

李欢

成都航院民航运输学院教师党支部“李欢同志工作室”功能发挥把握整体性、协同性和实践性原则，明确目标、选择丰富载体、创新党建工作方法，促进“党建＋业务”生态式融合。梳理党建和中心工作目标耦合落脚点，“目标嵌入”找准“融点”；党支部书记在心理、思想和认知层面形成“双带头人”角色自觉，“自我涉入”把握“融机”；围绕目标，厘清题材，“内容融入”精选“融料”；“资源导入”“情景引入”“活动切入”“文化沁入”“考评介入”，从载体、形式上创新“融策”。

一、主要做法

（一）着眼“三性”，提升融合的系统性

坚持“党建—教研—学工”一盘棋，全局统筹、顶层设计。坚持问题导向，抛弃“佛等躺”，主动谋划、积极作为。“双融双促”工程做到有方向、有方案和有方法，避免随意性，强调整体性。找准党务、业务的契合点，把握好融合的目标、时机、节奏、载体和策略，促进专业建设、课堂教学、科学研究、学生工作的管理与设计中政治性、思想性、职业性和专业性有机统一，避免机械性，体现协同性；坚持理论联系实践，拒绝喊口号，将融合落地、落实、落细。健全资源系统、文化系统，完善支持机制，推进党建内容与教研会议、学习培训、日常训练、团学活动、社会实践、志愿服务等业务载体的融合，避免空洞性，突出实践性。

（二）紧扣“四融”，借助“八入”，提高融合的有效性

1. “目标嵌入”找准“融点”

全体党员师生和群众统一思想，形成共识，在目标上明确业务工作推进到哪里，党组织作用就发挥到哪里。2022 年 3 月，成都航院民航运输学院教师党支部结合学院实际组织实施“转作风、提能力、抓落实”专项整改。明确活动目标定位，将“转提抓”这一巩固党史学习教育成果的重要抓手活动融入学院高质量发展的工作大局，将党员作风建设和师生教风学风建设相统一，将党员素质能力提升和教研、学习能力提高相统一，将支部党建活动开展与课程建设等具体工作落实相统一。

2. “自我涉入”把握“融机”

支部书记高度关注学院工作的重点、节点和师生的沸点、堵点，充分发挥“双带头”作用，为学院教师量身定制“教学能力提升计划”“科研能力提升计划”“中高职衔接梦起民航计划”“党建联翼计划”等，指导教学能力比赛、课程建设、课题申报等，实现从角色领悟到角色实践。

促成其他党员老师角色互动。党支部开展“赛点子、鼓干劲”活动，面向学院全体教师征集“我心目中的‘双带头人’工作室”金点子，要求围绕“你认为‘双带头人’工作室是什么，应该发挥何种作用？”“你在‘双带头人’工作室建设过程中如何散发自身能量？”等展开阐述。充分调动全体教职工发挥主观能动性，深度参与工作室建设，促进党务业务同向发展。

为构建学生成长支持体系，形成学院“三全育人”格局，党支部牵头制定并实施了“党员导师＋专业导师”双导师制，引导专业课教师既做经师，又做人师。每名教师党员联系学生班级，通过节日慰问、谈心谈话、“疑难杂症”会诊，参与主题班会和该班学生党员发展等，协助班级导师（辅导员）做好学生的思想引导、学业辅导、就业帮扶、生活指导、心理疏导，使难为情、难开口的问题得到关注和有效解决，从而对党的事业饱怀忠心，对学业充满信心，投入热情。

3. “内容融入”精选“融料”

创新性将党性教育融入大三学生的顶岗实习，支部书记发布例如“结合岗位职责谈谈自己如何发挥党员带头作用”等阶段性小结主题，要求学生党员从中选题并向指导老师书面汇报，将思想觉悟、政治站位、党性修养与专业技能、职业道德有机结合起来，督促学生党员在实习中进行党性与本领的双重淬炼，发挥先锋模范作用。

党支部在学院官微开设专栏“讲个故事给你听”，以故事分享实现价值引领。每位老师录制音频，向学生娓娓道出红色革命、行业模范、感动中国人物、“七一勋章”获得者等的经典故事，将党史、发展史、奋斗史、贡献史等内容融入网络思想政治教育作品，用先锋人物精神触动师生坚定理想信念，传承红色基因。

4. “资源导入”“情景引入”“活动切入”“文化沁入”“考评介入”创新“融策”

合理利用校外实习基地、党性教育基地等资源，开展以党建为引领的校企合作。支部书记组织调研国航西南分公司客舱部、新希望服务集团川渝党支部（2021 年“全国先进基层党组织”）和成都航空基层党组织，多次开展“踔厉奋发希望红、学思践悟二十大”“党旗飘扬，逆风起航”“中国梦、民机梦、成航梦”等党建共建活动，以标准引领、价值认同等方面联动培养优质人才。携手校内优质资源，联合无人机产业学院教师党支部，赴四川顺丰速运有限公司开展“党建赋能产教融合共建育人‘红色引擎’”主题党日活动，共话“无人机＋物流”

人才培养新格局。

党支部开展“忆党史，砺初心”“读万卷书，行万里路”等主题党日活动。通过红色基地参观见学，寻先辈足迹，重温入党誓词，融合党性、师德，开展教师“六问”：“入党为什么？”“作为党员能做什么？”“作为党员带动了什么？”“为师为何修德？”“为师修什么德？”“为师如何修德？”以历史情景、入党情境唤醒初心使命。

党支部策划开展“研思政，致匠心”专题活动。面向全体教师征集“课程思政”典型案例，支部书记组织对提交的案例进行提炼打磨，形成专业群思政元素体系和“课程思政”案例集。利用支部组织生活会进行典型案例展示、研讨，促使老师钻研教学设计，提高业务水平；打造教书育人匠品、铸造立德树人匠心，提升育人能力。

融合党建精神教育与职业精神教育，打造“党建＋业务”的一线工作阵地。将党建文化融入民航运输学院实训基地文化建设，红色元素凸显、党建标语上墙，营造“又红又专”氛围，提升实训基地文化意蕴，变身党建宣传阵地。推进党员活动室实体建设，通过支部理念显现、制度上墙、书架陈列、资料到位、文化渲染等形式，开辟“学习园地”“党员风采”“时事资讯”等专栏，为师生营造浓郁的党建氛围，提升党员的荣誉感、归属感。

采用“线上测试打卡＋线下团队竞答”方式开展党史主题学习活动，按团队总积分进行各专业教研室排名。以考促学、以赛代学，创新党建学习方式，激活学习热情，增强团队凝聚力。

图 1　党员活动室与民航实训基地

二、成果成效

（一）建设成效

建立了党建业务融合的目标责任机制、管理监督机制、工作运行机制、队伍培养机制和激励保障机制。

凝练了教师党支部“臻心向党”党建品牌、“慧雅精英”民航精神文化育人品牌和“学‘习’社”红色基因思想教育品牌。强化了支部战斗堡垒作用、党员先锋模范作用和“三全育人”功能。

形成了“三同三带三全”支部工作法，以党建引领为核心，有效推动了学院省级“三全育人”综合改革及多个思想政治教育项目的建设。

（二）成果推广

两年里学校官网报道相关新闻 11 篇、易班发文 5 篇；学院官微发布党建活动报道 62 篇、“忆党史，对党说”17 篇、“学党史，讲故事”33 篇、“青年学习园”57 篇，开辟“党旗红”专栏推进宣传、倡议。

与四川汽车希望职业学院、广西电力职业技术学院等省内外院校开展党建专题交流。在川观新闻平台与 985 院校“工作室”同台展示，获得了较高点赞率，良好地呈现了具有民航特色的支部书记“红色专家”形象和支部“战斗堡垒”风貌。

（三）经验总结

通过聚焦融合关键点，整体精心设计，做好平台、环境、载体和品牌创建，回应支部书记“我是谁？”“做什么？”“对谁做？”“从哪做？”“怎么做？”的价值追问，系统解决党建和业务“为何融？”“融什么？”“融在哪？”“怎么融？”的现实疑问。

党建引领赓续红色基因，三全育人培育时代尖兵

许楠，徐雨夏，卢春花，周玲如

学校军士管理学院以党建为引领，赓续红色基因，军地协同开展三全育人工作，确立了以军士生"爱党、爱国、爱校、爱专业，献身国防和军队建设"的"四爱一献身"精神为教育主线，将理想信念教育与行为养成教育融入军士培养实际，全员、全方位、全过程培养"留得住、用得上、有发展"的军士人才。已入伍军士生赓续红色基因，到祖国需要的边防地区奉献青春，50% 的学生扎根于新疆、内蒙古、西藏、南海岛礁等地，大部分被优先选派服役于歼 -20、辽宁舰、山东舰等国之重器保障岗位。截至 2023 年 4 月，累计向部队输送了 3200 余名有灵魂、有本事、有血性、有品德的新一代"四有"又红又专革命军人，毕业生中 30% 以上立功受奖，育人效果显著。

一、主要做法

（一）构建全员育人格局，探索红色文化育人新模式

1. 确立"四爱一献身"精神培育思路

在理念文化上，通过"三色教育"，即红色基因文化、蓝色航空文化、绿色军营文化等内容，坚定军士生服务国防的初心。利用开班典礼、接兵入伍等与部队指导院校共同抓好军士生思想引领，坚定强军信念、系好第一粒扣子。抓好军士生每日收看新闻联播、每周二开展团学活动，形成了"严肃·紧张·尚武·精业"院风，"忠诚·使命·奉献·卓越"的院训。在精神文化上，融合"严·慎·细·实"的航空文化、"航空报国·追求卓越"的成航精神和"四爱一献身"的军士生精神，建设学生党员公寓活动室、军士生红色营区等精神文化载体，利用走廊、板报、橱窗等载体积极宣传革命先辈的优良作风，设置红色荣誉墙、照片墙传播优秀军士事迹，推动了革命文化、社会主义先进文化教育。在行为文化上，开展责任教育、劳动教育、励志教育和感恩教育等浸润式教育工作，全方位搭建展示平台，提升军士生的综合素质和实践能力。

2. 军企校协同合力共育红色人才

与空军工程大学航空机务士官学校、海军航空大学（青岛校区）、武警部队特勤局航空处、武警四川省总队等指导单位建设军校融合平台，设计富有"军味"的人才培养方案，将红色文

化纳入人才培养方案，按照“军地协同、共建共育、分段实施、定制培养”的思路协同育人，邀请部队指导院校为军士生开展理想信念专题教育讲座，到企业开展航空国防、三线建设等精神教育，引导学员增强理想信念，树立长期扎根一线、献身国防的志向。

图 1　三全育人培育军士生红色基因框图

（二）实施全方位育人体系，打造红色育人平台

1. 打造媒体宣传平台，讲好红色故事

利用新媒体技术，开发红色基因网络传播平台，建立红色基因教育模块，创作具有历史厚度、思想高度和情感温度的“五微”（微讲堂、微视频、微动漫、微阅读、微广播）红色网络作品，为军士生提供红色基因学习资源，实现多媒体互动的网络传播效果。构建学校军士管理学院新媒体矩阵“微信公众号—微信视频号—抖音官方号—B 站视频号—QQ 空间”，打造成航军士发声筒，宣发红色之声。学校军士管理学院官方公众号 10 余次进入全国高校辅导员个人（工作室）微信公众号影响力排名和热文前 30 位。2023 年上半年，官方视频号影响力进入全国高校官方视频号百强。

2. 建立军士生红色基因育人课程体系，完善课堂教育平台

将红色基因融入人才培养方案，编写融入学校精神、红色文化的校本教材，开设“人民军队导论”等军事理论课程和“士官生心理健康教育与疏导”等公共基础课，在“航空发动机原理与结构”等所有专业课中融入军政素质要求，将军政理论贯穿培养全链条，做到课课有军政知识、堂堂有军政元素。与川陕革命根据地红军烈士纪念馆、张思德纪念馆签订了校馆共建协议，定期组织军士生赴馆开展思想政治教育和素质拓展等活动，打造富有特色的“红色课堂”，做到课课有红色基因培养要求，堂堂有红色基因元素，实现红色基因教育的课堂全覆盖。

图 2　军士生到革命根据地红色基因教育活动

3. 创新联盟教育平台，做好思想引领教育

整合全国高校思政工作者力量开展思想政治教育，与 100 所高校辅导员工作室合作，发起开展“我眼中的中国精神——高校思政工作者接力讲”活动，组织学校军士管理学院党员参加“同上“四史”思政大课”等，做到活动全覆盖。以庆祝中国共产党成立 100 周年、中国共青团成立 100 周年为契机，开展各项教育活动，组织观看《从胜利走向胜利》《新兵——磨砺》等军旅题材纪录片，精准选取教育主题。

（三）贯穿全过程育人，构建红色文化浸润体系

1. 建设红色文化阵地，构建浸润平台

承继“航空报国・追求卓越”红色基因，以红色文化传承为精髓，厚植“四爱一献身”的军士生精神。丰富教室、寝室、网络等“六室文化”，庆祝建军节、入伍日等七个节日，行为管理、集体影响、环境熏陶，形成独具特色的军政素养浸润培养土壤。改造、美化军士生公寓，形成以“强军目标”“当代革命军人核心价值观”背景墙、党员学习室、楼道强军标语墙、门岗卫兵岗亭、军士生行李库房等为标志的营区文化标志建筑，利用500平方米军士礼堂建成“三色”教育平台，专题展示“四史”和国防知识，营造红色文化育人氛围，构建特色鲜明的红色文化教育阵地。

2. 聚焦思政主题活动，打造文化名片

利用“4・23”海军节、“11・11”空军节等军种重大节日为载体，举办全院师生参加的活动，提升军士生军政军体素质。通过精心设计“学党史，跟党走，强军魂活动”，定期祭扫烈士陵园、参观天府家风馆、学唱红歌等，引导军士生自觉传承红色基因，打牢理想信念根基，潜移默化培养军士生的内涵修养、自觉践行社会主义核心价值观。开展“传承红色基因，坚定青春信仰”“重温青运史，建功新时代”“学两会，强精神”等主题团日活动，将红色文化贯穿全

程培育，全方位培育，实现全维度各节点的红色文化浸润。多载体、多渠道打造形式多样的成航红心军匠文化名片。

二、成果成效

一是军士生成为全校学生的“四个标杆”。军士生成为全校学生思想觉悟、严谨行为、勤勉学习、强健体魄的标杆。军士管理学院各项学习、实践、活动参与率均达 100%，团员入党申请率达 100%。无偿献血人数超 85%，获成都市无偿献血服务奖。毕业已入伍军士积极投身于河南洪灾、西昌森林救火等急难险重任务一线，每年承担成都市大中小学 3 万人次的军训任务，学校成为扎根地方的“军营”。我校入伍不到 3 个月的 2020 级学生魏志豪在武警安徽总队新兵实弹射击中打出满环的好成绩，被中央广播电视总台采访报道。《解放军报》报道全军深入学习党的“二十大”精神工作中，在头版位置报道武警部队学习情况，组织学习者为我校 2017 级军士生张银峰。

解放军报

加快把人民军队建成世界一流军队

永葆“赶考”的清醒和坚定

——解放军和武警部队代表团讨论党的二十大报告综述之六

搏击长空，战鹰振翅砺硬功

劈波斩浪，勇闯大洋当先锋

欢庆党的二十大特刊

图 3　学校入伍军士组织学习党的二十大精神

二是定向军士“从工位到战位”无缝对接。历届军士生毕业入伍后表现优异，屡获嘉奖。定向军士特别能吃苦，80% 以上毕业定向军士主动申请到新疆、西藏等祖国边疆；特别能战斗，入伍后军事政治素质考核优秀率达 51%（全国平均值约为 20%），大部分在山东舰、辽宁舰、歼 20 部队的装备保障重要岗位上。已入伍的 2629 名定向军士毕业生中（不含 2020 级军士生），有 755 人立功获奖（表 1）。定向军士已成为“成航学子”品牌代言人，全国影响力持续上升，近 5 年定向军士招生第一志愿录取率 100%，录取分数超本科分数线比例超 30%，报到率 100%。

表1　入伍定向士官立功获奖人数统计

入伍时间（年份）	2014	2015	2016	2017	2018	2019	2020	2021	2022	总计
合计/人	68	94	154	222	299	469	665	658	665	3294
立功获奖人数/人	20	45	65	80	110	140	145	150	0	755

三是红色文化育人成效产生了示范引领效应。"'四爱一献身'精神培育——红色基因融入军士生思想政治教育"入选四川省高校精品思想政治教育培育项目，建成"航空发动机原理与结构"等2门国家课程思政示范课，完成航空军工教学资源库、中国两弹城等6个思想政治教育基地的建设。

航空报国精神融入高校思政课教学的成航实践

张志军，陈阳，蓝旭

航空报国精神是伟大民族精神的重要组成部分，是全体航空人最宝贵的精神财富，成为推动中国航空工业发展的强大精神动力。通过实施“三转四化”专题化教学，构建“一课四好”教学体系，推进各类课程与思政课程同向同行，教育引导青年大学生在推动航空科技自立自强上奋勇攀登，在促进航空工业高质量发展上积极作为，争做有理想、敢担当、能吃苦、肯奋斗的新时代好青年，为全面建设社会主义现代化国家、全面推进中华民族伟大复兴做出贡献。其中，培养出了“中国民航英雄机组”成员吴诗翼（2018 年 9 月 30 日受到习近平总书记接见）等一批践行航空报国精神的优秀校友；“毛泽东思想和中国特色社会主义理论体系概论”等 12 门课程被评选为省级课程思政示范课程。

一、主要做法

（一）推动教学改革，实施“三转四化”专题化教学模式

学院以“马克思主义理论研究和建设工程重点教材（2023 版）”系列丛书为基础，根据教学要求和学生实际，坚持“八个相统一”的原则，以推动教材体系向教学体系转化，知识体系向信仰体系转化，学习者向社会服务者转化为主线，着力推进党的理论创新成果进教材进课堂进头脑，构建报国精神融入高校思政课教学的顶层设计。基于专题化逻辑，推进教学形式实践化，教学考核多元化，教学手段信息化，推动形成思政课教育教学新局面。

（二）坚持问题导向，构建“一课四好”教学体系

以践行和弘扬“三个敬畏”“四个意识”“五个到位”“严慎细实”“忠诚奉献·逐梦蓝天”等工作作风和航空报国精神为重点，以航空军工特色思政课教学资源库为载体，以专题化教学改革为抓手，系统设计课堂教学、实践教学、教学组织与管理、教学效果评价、教学科研等子项目。每门课程坚持问题导向、目标导向，系统做好四项工作，即做好一套优秀教案的编写，做好一个课题的培育，做好一种学生学习指导书的编印，做好一类信息化教学工作。

（三）优化评价方式，注重学生综合素质培养

探索思政教育教学评价改革新路径，把学生的考试成绩与平时学习成绩、社会调查报告、社会实践活动、理论征文等结合起来，实行过程性考核与终结性考核相结合的评价方式，立体评价学生思想政治、道德修养、法治思维等方面的素养。

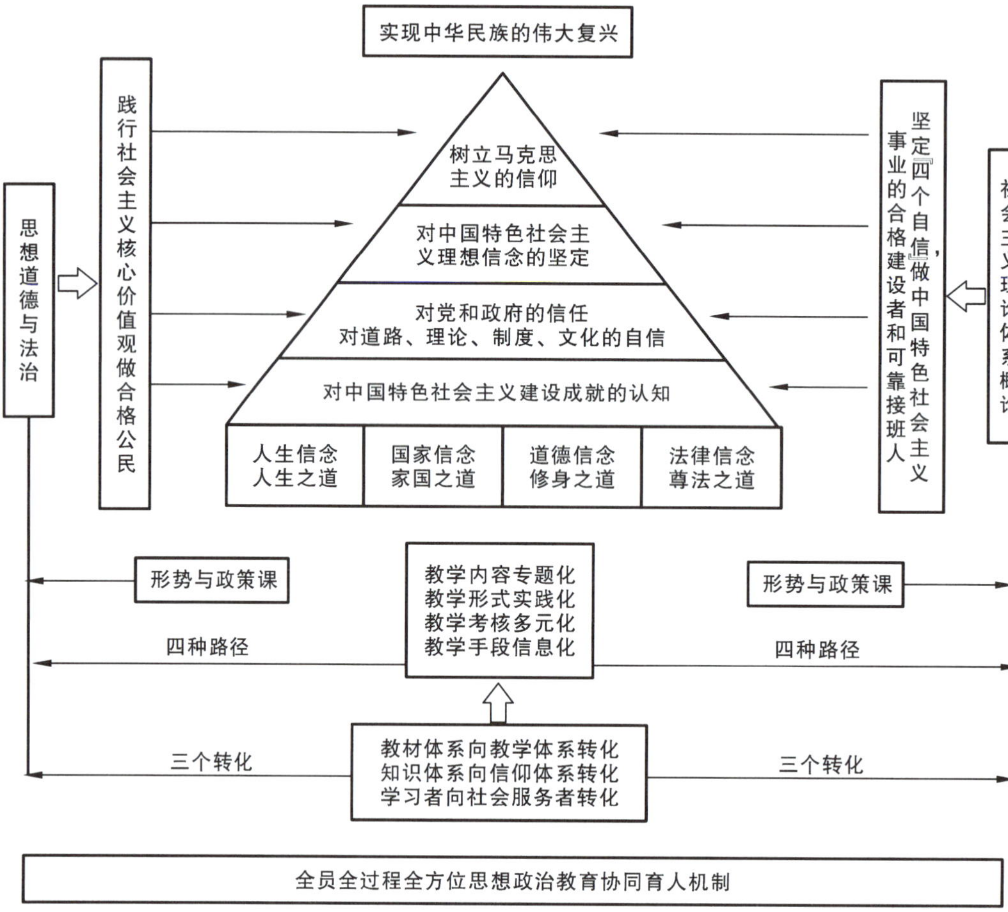

实现中华民族的伟大复兴
树立马克思主义的信仰
对中国特色社会主义理想信念的坚定
对党和政府的信任
对道路、理论、制度、文化的自信
对中国特色社会主义建设成就的认知
人生信念
人生之道
国家信念
家国之道
道德信念
修身之道
法律信念
尊法之道
思想道德与法治
践行社会主义核心价值观做合格公民
坚定"四个自信"，做中国特色社会主义事业的合格建设者和可靠接班人
毛泽东思想和中国特色社会主义理论体系概论
形势与政策课
形势与政策课
教学内容专题化
教学形式实践化
教学考核多元化
教学手段信息化
四种路径
四种路径
教材体系向教学体系转化
知识体系向信仰体系转化
学习者向社会服务者转化
三个转化
三个转化
全员全过程全方位思想政治教育协同育人机制

图 1 “三转四化”专题化教学模式

航空军工特色思想政治教学资源库
航空报国 立德树人
首页 龙腾东方 文化传承 奋斗人生 军工报国 思政教育 信息通报 教学新闻 友情链接
弘扬航空报国精神 担当航空强国使命

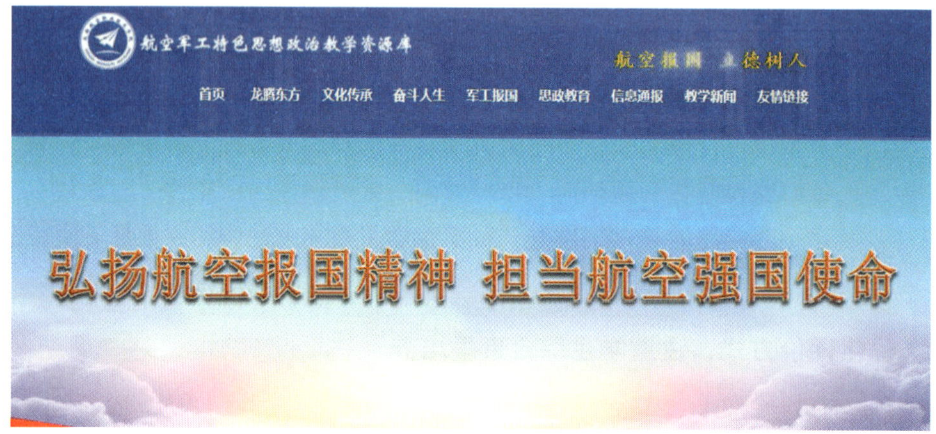

图 2 航空军工特色思政课教学资源库

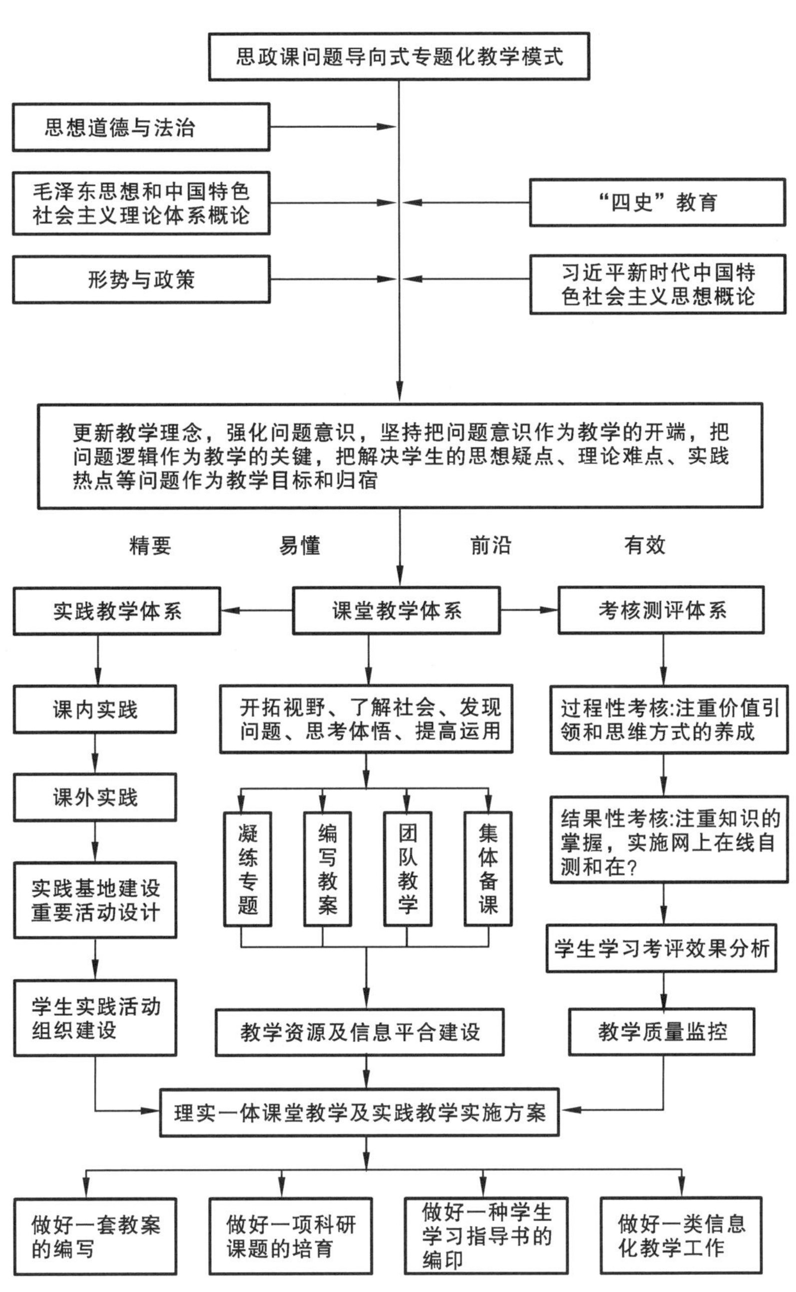
思政课问题导向式专题化教学模式
思想道德与法治
毛泽东思想和中国特色社会主义理论体系概论
形势与政策
“四史”教育
习近平新时代中国特色社会主义思想概论
更新教学理念，强化问题意识，坚持把问题意识作为教学的开端，把问题逻辑作为教学的关键，把解决学生的思想疑点、理论难点、实践热点等问题作为教学目标和归宿
精要
易懂
前沿
有效
实践教学体系
课堂教学体系
考核测评体系
课内实践
课外实践
实践基地建设重要活动设计
学生实践活动组织建设
开拓视野、了解社会、发现问题、思考体悟、提高运用
凝练专题
编写教案
团队教学
集体备课
教学资源及信息平台建设
过程性考核:注重价值引领和思维方式的养成
结果性考核:注重知识的掌握，实施网上在线自测和在?
学生学习考评效果分析
教学质量监控
理实一体课堂教学及实践教学实施方案
做好一套教案的编写
做好一项科研课题的培育
做好一种学生学习指导书的编印
做好一类信息化教学工作

图 3　“一课四好”教学体系

表1　思政课学生学习评价

评价分类	评价目标	评价方式	评价比重
过程性评价	情感态度评价	课堂操行任务（出勤等）	40%
	知识能力评价	课堂互动任务	
	理论思维评价	课堂阶段性考核任务	
	实践创新评价	课程实践任务	
总结性评价	价值认知、判断、选择能力	无纸化考核任务	60%

（四）注重平台搭建，系统开展思政课实践教学

学院先后组织成立“红星知行社”“知心学长学姐”等学生社团。积极与校外相关单位建立联系，共建大学生实践教学基地，目前已建成中国两弹城、川陕革命根据地红军烈士纪念馆、中国工农红军强渡大渡河纪念馆、朱德同志故居等思政课实践教学基地9个。多批次、常态化开展大学生论坛、军士生践行当代革命军人核心价值观等活动，并取得了积极反响。同时，在“毛泽东思想和中国特色社会主义理论体系概论”“思想道德与法治”理论教学过程中，同步开设思想政治实践课程，两门课程分别制作实践任务书。学院根据学生提交的实践作业评选出优秀作品并汇集成册，制成《学生实践活动优秀报告集》。

图4　思政课实践教学基地

（五）聚焦协同育人，构建“大思政课”发展格局

结合学校航空军工特色、人才培养规格以及专业定向职业岗位要求，以专业人才培养方案为载体，从“专业—课程—课堂”系统挖掘思政元素，针对专业教师思政素养不足、课程思政教学资源开发不力的问题，由专业教师、思政教师和企业大师组成的校内外两个课程思政团队，以团队的力量共同开展课程思政，系统设计了思政元素与专业课程的融入方法，以有效解决专业教师开展课程思政难、教学成效不足的问题，形成“53325”工作法。

“5”即5个抓手，抓好思想建设，聚焦“主干线”；抓好顶层设计，坚定“主心骨”；抓好教师队伍，建强“主力军”；抓好课程建设，聚力“主战场”；抓好课堂教学，夯实“主渠道”。

“3”即3层推进，学校教务处主导，马克思主义学院技术指导，整体推进、分类指导、以点带面；二级学院主抓，拟定建设规划和实施办法；教师为主体，形成专业带头人、课程负责人牵头的课程思政建设团队。

“3”即3类构架，以专业核心课程建设为龙头，专业基础课、公共基础课为基础的课程思政课程架构。

“2”即2项结合，课程思政与思政课程相结合，课程思政教学改革和教学科研相结合，实现课程思政与思政课程同向同行，提升教师课程思政建设的内生动力。

“5”即5种形态，课程思政建设要努力达到专业有特色、教师有风格、课程有内涵、教学有示范、成果可固化。

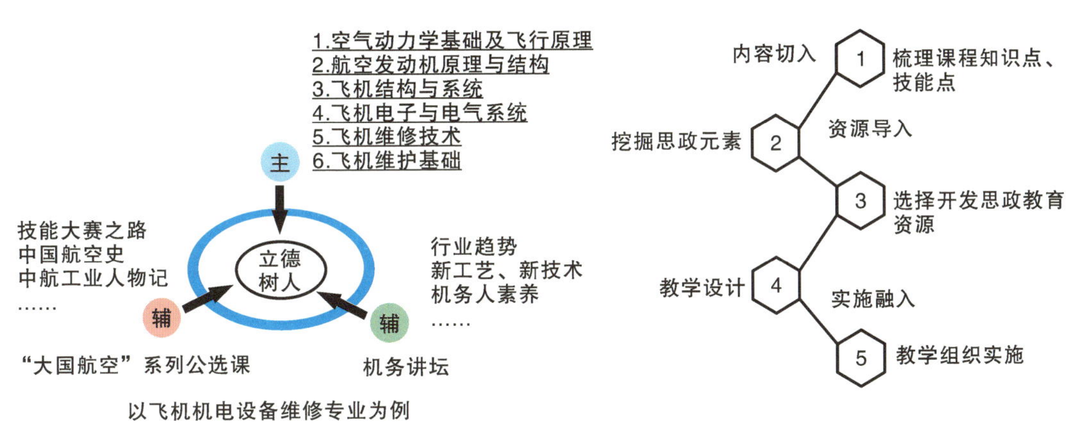

图5　专业课程思政建设

（六）注重青年教师培养，打造高水平教师队伍

结合思政课教学需要，为锻造一支政治强、情怀深、思维新、视野广、人格正的教师队伍，学院专门制订“思政课青年教师培养计划”。一是树立“按需培养、立足教学、强化实践、提升能力、推进发展”的工作思路。通过“五个进一步”加强对学院青年教师基本素养的培养，即：进一步提高青年教师的思想政治觉悟，不断提升其政治意识、大局意识、核心意识、看齐意识；进一步使青年教师确立现代教育教学理念，掌握教育教学的方式方法，使青年教师教学能力显著提高；进一步拓宽青年教师的视野，提升创新意识和能力，丰富青年教师教学管理和教育教学经验；进一步增强青年教师的哲学和社会科学研究能力，促进青年教师在科研中担当主力；进一步使青年教师取得创新性、应用性、推广性的高水平教育教学成果，在课堂教学、实践育人等方面有示范性成果。二是制定思政课青年教师具体培养方案。通过“六大举措”助力学院青年教师能力的提升，即：推荐学习书目，引导青年教师把读书与工作有机结合起来，实现多读书、勤思考；围绕教育改革与发展中的热点、难点问题，组织青年教师开展学术研讨；组织青年教师到教育发达地区交流、考察，学习全国先进的教学理念；

推荐青年教师参加技术技能培训，掌握现代信息化教学手段；围绕教学内容、教学方法、课程建设等，指导青年教师确立研究方向，开展课题研究；聘请校外知名专家，在科学研究、教学比赛等方面为青年教师提供专题培训。

二、成果成效及经验总结

（一）成果成效

一是学生对思政课教学满意度高，“立德树人”典型成效连续多年位居全校第一。二是及时将航空报国精神融入“思想道德与法治”等课程，并开设“航空记忆——中国航空工业发展简史”选修课程，航空军工资源库不断得到丰富完善。三是“四史教育”经验做法被四川省教育厅官网和四川教育电视台宣传报道，“忠诚奉献·逐梦蓝天——新中国航空工业及其精神传承”获评2021年四川省“四史教育”优秀课例。四是青年教师教学竞赛成果丰硕，2019年在四川省“精彩一课”教学比赛中荣获省级二等奖1项、三等奖2项；2021年在四川省“精彩一课”教学比赛中荣获省级特等奖1项；2021年在教师教学能力大赛中荣获省级二等奖1项；2023年在教师教学能力大赛中荣获省级一等奖1项。五是指导学生学习贯彻习近平新时代中国特色社会主义思想大学习领航计划主题教育成绩获得新突破，2019年荣获省级三等奖1项；2021年荣获省级二等奖1项；2023年荣获省级特等奖1项、二等奖2项以及国家级二等奖2项。六是“课程思政”建设成效显著。2020年以来，“毛泽东思想和中国特色社会主义理论体系概论”等12门课程被评选为省级课程思政示范课程；“航空发动机原理与结构”“无人机飞行原理”2门课程被评选为教育部课程思政示范课程。

（二）经验总结

一是要处理好知识传授与价值引领的关系。“思政课程”与“课程思政”协同育人，就是要在知识传授中寓意价值塑造，在理想信念传播中丰富知识传授。二是要处理好显性课堂与隐性课堂的关系。充分发挥思政课作为显性课堂，在精神塑造和价值培养中的主渠道作用，同时，深挖各类专业课程的价值元素，发挥隐性育人的熏陶、感染作用。三是要处理好思想政治主导性和知识丰富多样性的关系。既要在改进中加强思政课的主导地位，又要根据专业特点、学生发展需求，增强知识结构的丰富性、多样性。

深化“三全育人”综合改革，构建航空特色鲜明的“大思政”育人格局

叶峰，蒋晓敏，邵红梅

自2020年10月学校获批四川省首批“三全育人”综合改革试点高校以来，学校党委按照省委教育工委的整体部署，对标《“三全育人”综合改革试点工作建设要求和管理办法》，以习近平新时代中国特色社会主义思想为指导，紧紧围绕立德树人根本任务，立足于有“航空报国”理想信念、有“追求卓越”工匠精神的“三好一优一强”（思想素质好、身心素质好、文化素质好、职业素养优、专业能力强）的高素质技术技能人才培养，探索符合高职人才培养规律和具有航空职业教育特色的“1235A”一体化育人模式，确立了“航空报国、技术立身，追求卓越、文化成人；育人为本、德育为先，创新服务、促进发展”的人才教育观；创新了系统集成的“1235A”一体化育人模式，破解了学生思想政治工作碎片化问题；形成了思政课教师、辅导员、专业课教师与管理服务人员“四方”协同，课内、课外、生活和网络“四课堂”协同，教学、管理、服务“三维”协同，校企链、家校链、校社链、校军链“四链耦合”全域联动的“4434”协同机制，多措并举推进全员、全过程、全方位育人落地见效，全力构建“大思政”工作格局，服务学生成长成才，试点工作取得了显著成效。

一、主要做法

（一）健全长效工作机制，推动综合改革行稳致远

学校党委高度重视。坚持党委对“三全育人”工作的全面领导，成立“三全育人”综合改革试点工作领导小组，将“三全育人”改革试点工作纳入学校“十四五”工作发展规划和人才培养方案，出台《成都航空职业技术学院关于推进“三全育人”综合改革的实施方案》等，构建了横向到边、纵向到底的组织体系。

学校党委统筹领导。学校党委书记担任试点工作总负责人，全体党委班子成员落实领导和分管责任，全面统筹办学治校各领域、教育教学各环节、人才培养各方面的育人资源和育人力量，实现育人工作的校内外协同协作、同向同行、互联互通；围绕“十大育人”成立十个工作小组，分别制定落实举措清单、实施路线图和完成时间表，定期召开“三全育人”阶段性工作汇报与推进会和年度总结大会，形成工作联席会议制度、工作简报制度等部门联动协作机制，常态化推进“三全育人”改革任务落实。

打造协同育人机制。通过广泛讨论、深入调研和具体实践，形成了思政课教师、辅导员、

专业课教师与管理服务人员“四方”协同，课内、课外、生活和网络“四课堂”协同，教学、管理、服务“三维”协同，校企链、家校链、校社链、校军链“四链耦合”的全域联动“4434”协同机制，畅通育人渠道。

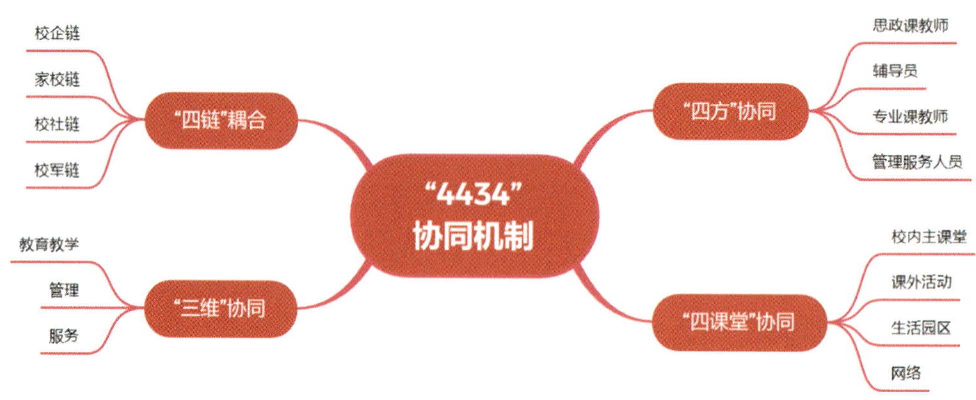

图 1 “4434”协同育人机制

（二）突出特色品牌建设，发挥典型示范引领作用

围绕立德树人创新“1235A”一体化育人模式。受飞机集成制造启迪，学校把学生思想政治工作作为系统工程，整体规划、统筹推进，注重系统性、整体性和协同性，在方法上突出整体智治、综合集成、系统融合和协同作业，增强各项措施的关联性和耦合性，实现整体推进与重点突破的统一，创立了融入航空报国精神的“航空报国、技术立身，追求卓越、文化成人；育人为本、德育为先，创新服务、促进发展”人才教育观和系统集成观。通过对育人主体、时间、空间、内容、手段和媒介进行一体化、系统化构建，形成了系统集成的高职院校“一体两翼三全五工程十育人”的“1235A”一体化育人模式。

“1”即“一体”：围绕立德树人目标，践行“育人为本、德育为先、创新服务、促进发展”理念，以涵盖思想水平、政治水平、道德水准的思想政治素质教育为主体。

“2”即“两翼”：以大学生文化素质教育和学生事务服务为两翼。

“3”即“三全育人”策略：全员育人与队伍建设、全程育人与课内外活动、全方位育人与养成教育。

“5”即架构日常思想政治教育工作“五个工程”：政治铸魂工程、思想导航工程、道德引领工程、文化陶冶工程和服务发展工程。

“A”即创新实施大学生思想政治工作“十育”（十六进制之十，隐喻思政为首、德育为先）：整合育人要素，发挥课程与实践、文化与网络、心理与科研、资助与服务、管理与组织等十个方面工作的育人功能，寻求“三全育人”最大公约数，画出最大同心圆。

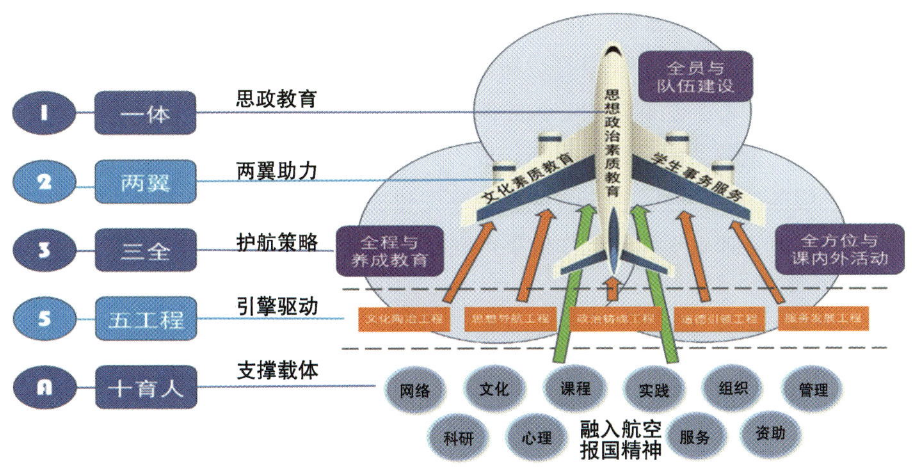

图 2　“1235A”协同育人机制

协同创新，搭建思政育人“大平台”。全域联动，健全学校内部“三全”协同、与外部多元“四链”协同的“三全多元”协同育人机制，聚合育人资源，畅通育人渠道。制订实施《关于加强新时代马克思主义学院建设的实施方案》，全面推动习近平新时代中国特色社会主义思想进教材、进课堂、进头脑，推进思政课程改革，2 门课程获国家级“课程思政”示范课程，10 门课程获省级“课程思政”示范课程。充分调动全社会的力量和资源，建设“大课堂”、搭建“大平台”，推动思政小课堂与社会大课堂相结合。初步建成航空军工特色思想政治教育资源库 1 个、思想政治理论课教学资源库 1 个。与川陕革命根据地红军烈士纪念馆、绵阳科技馆、中国两弹城、建川博物馆、张思德纪念馆、中国工程物理研究院科学技术馆等共建思政课实践教学基地，为有效开展实践教学提供了平台支撑。青年思政教师担任“青马班”导师，深入学生开展马克思主义理论宣讲、学生干部培训等工作，指导学生参加四川省高校“大学生讲思政课”“微电影展示”活动，荣获特等奖 1 项、二等奖 5 项、三等奖 2 项。航空维修工程学院、民航运输学院入选四川省“三全育人”综合改革试点院（系），学校案例获评四川百万大学生同上“‘四史’大课”系列课程优秀课例。

推进“全员、全过程、全方位”育人载体建设。挖掘学校资源、依托航空优势，丰富“第二课堂”内容，课程育人循序渐进、科研育人攻坚创新、实践育人走深走实、文化育人启智润心、网络育人有知有味、心理育人润物无声、管理育人春风化雨、服务育人走心给力、资助育人精准到位、组织育人有力有序，努力打造十大育人品牌。深化社会主义核心价值观和理想信念教育，大力开展学习宣传贯彻党的“二十大”精神专项行动、庆祝中国共产主义青年团成立 100 周年活动、铸牢中华民族共同体意识主题教育实践活动等校园活动，将航空报国、工匠精神等有机融入学生思想政治教育。始终立足于“大思政”格局聚焦“五育”融合，不断创新途径和方法，从理论研究、体系构建、物质文化、精神文化和制度文化五个维度做好文化育人的顶层设计。

深化航空科技文化节、校园文化艺术节“一年两节”美育承载模式，推进“一团一品”品牌打造，开展好文化素质学校和艺术团工作，开展“成航大讲堂”“成航大讲堂青春就业公开课”“成航·青年说微讲坛”品牌活动。积极打造新媒体思想政治教育矩阵，基本形成了以学校官方微信公众号、易班发展中心、全媒体中心为主阵地，各二级学院的微信、抖音等公众平台为辐射的全方位、立体化、全覆盖的新媒体矩阵，成为开展大学生思想政治教育的新阵地，不断增强思想引领和成长服务的实效性。在全省高校中率先建成融媒体系统，实现新闻编审合规化、舆情监测智能化、阵地管理扁平化、工作效果可视化、资源共享信息化。

二、经验总结

（一）思想是行动的先导，创新育人工作理念

应用系统理论，把学生思政工作作为系统工程从整体上进行系统思考、规划设计和统筹推进，注重思政工作的系统性、整体性和协同性，在方法上突出整体智治、综合集成、系统融合和协同作业，增强各项措施的关联性和耦合性，实现整体推进与重点突破相统一，创立了融入航空报国精神的“航空报国、技术立身，追求卓越、文化成人；育人为本、德育为先，创新服务、促进发展”人才教育观和思政工作系统集成观。

（二）聚焦精神融入 + 系统集成，创新育人工作模式

坚持系统思维，实施思想政治教育综合改革，在育人主体、时间、空间、内容、手段和媒介上进行一体化、系统化构建，最终形成了航空特色鲜明、系统集成的高职院校“一体两翼三全五工程十育人”的“1235A”一体化育人模式，破解了学生思想政治工作碎片化问题。把“忠诚奉献·逐梦蓝天”的航空报国精神有机融入课程、教学和教材体系以及管理体系，融入社会实践、社团活动、校园文化和网络文化。

（三）全域联动协力协同，创新育人工作机制

应用协同理论，将过去相对独立、各自为战的思想政治工作体系与其他工作体系相贯通，建立健全四方四课堂三维四链的多元协同机制，实现信息互通、方案合订、要素共享、载体相融，开展校内外协同育人，达成育人系统的整体功能效应。

“入专业入课程入课堂，入耳入脑入心”的课程思政综合改革的成航实践——“无人机飞行原理”国家级课程思政示范课程及团队建设工作典型案例

王洵、何先定、高庆、李恒

“无人机飞行原理”课程是一门为学生操纵及保障正常类通航飞机及军用中大型固定翼无人机的能力形成提供理论与操纵技术基础的专业核心课程。教师将思政教育、航空文化教育、军政素养教育自然融入教学全过程，立足于民航“三个敬畏”精神教育，以课程结构创新引领教学模式改革，将“认识飞机—了解飞机—操纵飞机”作为专业知识技能教学实施主线，将“育家国情—立蓝天志—树必胜心”作为课程思政教学主线。将原有的纯理论课程转变为基于职业素养与能力形成和学生认知规律的理实一体化、模块化课程；把原有的纯理论讲授的传统模式转变为虚实结合、讲练结合、项目引入、工作过程引领的教学模式，将原有的单纯专业技能课程转变为“德技并修、德技并进”的融合课程思政教学模式的课程。解决了“思政教育和专业教育两张皮”的现象。灵活运用多种教学方法，科学选择载体，通过“一个项目、一个主题，双线耦合，三环递进”的方式开展混合式教学活动，实现了由单一知识传授向综合价值引领的转变，并实现了由一门专业课程开发建设与实施经验向相关专业（群）辐射的示范效应。

一、主要做法

2021 年，成都航院以“无人机飞行原理”等两门课程及课程团队获批国家级课程思政示范课程、国家级课程思政教学名师及团队称号为契机，开始了全面启动综合素质指标融入专业人才培养全过程的改革项目。无人机产业学院建立了“课程思政名师工作室”，经过近一年的建设，形成了具有成航特色的“课程思政 + 专业教育”双线耦合的无人机应用技术专业人才培养模式，进一步将职业素养指标拓展到思政教育指标，探索出了基于系统化设计，具有显著航空特色的课程思政综合改革的成航实践。

无人机应用技术专业整体部署、全面推进，初步解决了课程思政建设无序化的问题；由上而下系统科学地构建出了从“专业—课程—课堂”的课程思政建设体系和教学体系，有效破解

了课程思政碎片化、零散化问题。以内容切入、资源导入、实施融入使“知识、技能”与“思政”有机融合，有效解决了课程思政机械拼合、生硬说教的问题。系统构建了知识传授、能力培养与价值引领相结合、思政与专业有机融合的课程思政建设方案。

（一）构建“专业＋思政”的人才培养模式

以培养合格的社会人和职业人为核心，构建“专业＋思政”的人才培养模式，系统解决课程思政建设无序化问题。

由学校党委书记牵头，教务处、马克思主义学院主要领导组成课程思政建设领导小组，无人机产业学院成立课程思政名师工作室，制定课程思政建设标准，将行业企业对人的“品质”要求进行综合分析，凝练出校级综合素质一级指标，进而扩展到思政育人目标，以教改项目为抓手从顶层全面推进思政育人目标融入专业人才培养方案和教育教学全过程。

（二）落实分解“专业群—专业—课程”三级课程思政育人目标

落实分解“专业群—专业—课程”三级课程思政育人目标，开展课程思政整体设计工作，解决课程思政教育碎片化问题。

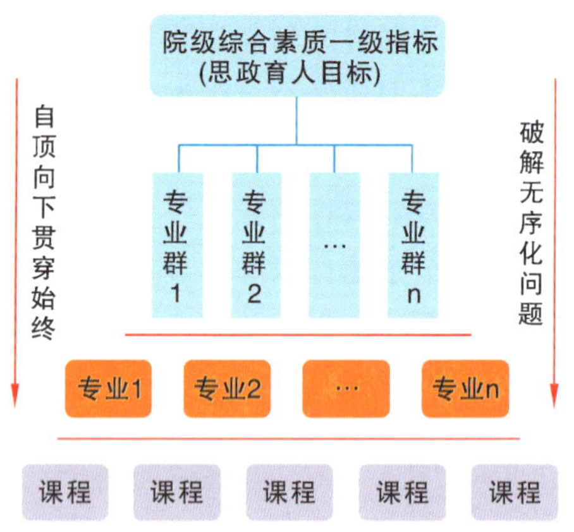

图1　课程思政开发三级分解路径示意

按照专业群、专业，提取、凝练、开发出具有专业群职业岗位特征、体现专业属性的思政元素，形成“专业课程思政元素地图”，修订专业人才培养方案，重塑专业人才培养目标。在此基础上分解落实各门课程思政育人目标，改革公共基础课程和专业技术课程，使专业课程思政教育体现连续性、支撑性和成长性；系统设计专业选修课程和拓展课程，形成立体化、全方位的专业课程思政育人体系。

（三）构建“专职教师 + 思政教师 + 企业大师”三师协同育人模式

构建“专职教师 + 思政教师 + 企业大师”三师协同育人模式，解决专业课教师开展课程思政胜任力不足和资源开发不力的问题。

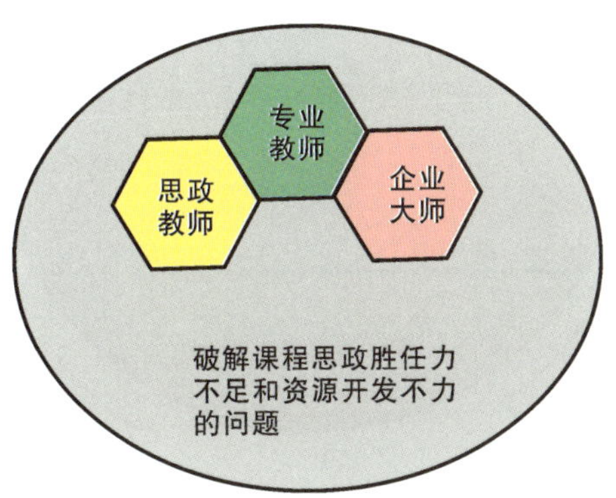

图 2　课程思政三师协同育人模式

学校统筹部署，整合人力资源，建立合作机制，由专职教师、思政教师、企业大师共同组成课程思政教学团队，构建“共建、共育、共享”的协同育人模式，使各类教师在课程思政建设中充分发挥各自的专业优势，有效破解当下专业课教师因“孤军作战”开展课程思政面临的思政素养缺乏、思政知识储备不足、思政教育资源匮乏等突出问题。

（四）创新课程思政教学模式，打造课程思政示范课堂

创新课程思政教学模式，打造课程思政示范课堂，引领教师全面提升课程思政教学设计和实施能力，有效解决了课程思政机械拼合、生硬说教的问题。

以内容切入、资源导入、实施融入的“三入”课程思政教学模式，打造了“知识、技能”与“思政”有机融合的“国家级—省级—校级”课程思政分类示范课堂，通过“线上 + 线下”的引领、示范、交流，为教师开展课程思政提供有益借鉴，促进教师提升课程思政的教学设计能力和教学实施能力。

（五）构建“三方多维”的课程思政评价体系

构建“三方多维”的课程思政评价体系，创立教师课程思政教学胜任力模型，保障课程思政实施实效。

适应改革需要，推进课程思政评价体系建设，构建教师、学生、企业三方与三观引领、职业素养、行业规范等多个维度打造评价体系，并创立相关胜任力评价模型，保障课程思政实施的质量。

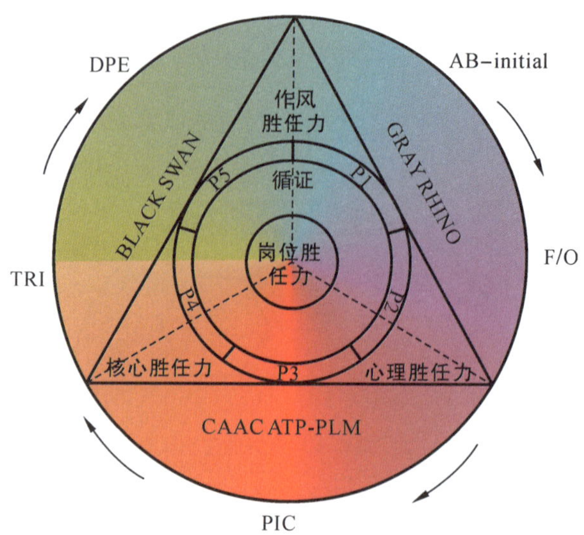

图 3　无人机应用技术专业教师课程思政教学胜任力模型

二、经验总结

该课程思政建设方案符合高等职业教育的特色要求，满足学生全面发展和提高人才培养质量的需要，教师团队也在课程建设中提升了能力，取得了一大批成果。“无人机飞行原理”教学团队先后获得四川省高等职业院校教师教学能力大赛一等奖（交通运输类第一名）、四川省2021年“最美教师团队”等荣誉，课程负责人受邀参加第二届全国航空航天类课程思政教学改革论坛并做主题演讲。

荣誉证书

成都航空职业技术学院无人机教学创新团队：

评为2021年度

最美教师团队

图 4　教学创新团队获评省“最美教师团队”

改革实施后，教学效果显著提升，教师专业技术知识与实践操纵能力得以全面更新与强化，通过对课程的全面梳理、分析与重构和对信息化教学平台和虚拟仿真平台的使用，教师教研水平得到全面提升。

运用课改成果的多篇论文业已出版，多项省部级教学成果获奖，融入课程思政内容的新形态活页式教材已出版。

学生学习课程后，强化了对知识的理解和运用能力，参与专业技能竞赛，与双一流院校同场竞技，获多个奖项。参与教师科研项目，解决“卡脖子”问题，实现国产替代。